Unfinished

アン=マリー・スローター　篠田真貴子解説／関美和訳
Anne-Marie Slaughter

Business

Women Men Work Family

仕事と家庭は両立できない？

「女性が輝く社会」のウソとホント

NTT出版

3人の大切な男性
夫のアンディ、
息子のエドワードとアレキサンダーへ

Unfinished Business
Women Men Work Family
by Anne-Marie Slaughter

賞賛の声

「仕事と家庭の両立」という概念をひっくり返すような、目から鱗の啓発書。人生への向き合い方を変える一冊。

――ピープル

すべての人に理知的に立ち上がることを呼びかける書。シェリル・サンドバーグを超えて行け。

――エコノミスト

『リーン・イン』を補って余りある本。変わらなければならないのは、女性ではなく組織だ。

――スレート

働く女性のバイブル。 **――フィナンシャル・タイムズ**

「厳しく自問しろ」とスローターは説く。男性も女性も家庭にコミットしながら仕事でも能力を発揮できるような社会にできるはずだ、という著者の希望と前向きさに、読者は打たれるだろう。

――ヒラリー・クリントン

日々のささいな出来事を通して大きな社会問題に光を当てている。仕事でリーダーになりたい人にも、家庭にしっかりとコミットしたい人にも必読の書。

――アリアナ・ハフィントン

スローターは驚くほど正直に、働く親たちの葛藤を描き、家族のためにどんな人生を築きたいかを示している。

――ケイティー・クーリック（ジャーナリスト）

男性にも女性にも重要な本。育児や介護の責任を人々が等しく分かちあえば、男性も女性もより健康で、経済的に安定し、自由な人生が生きられることを示してくれた。

――メリンダ・ゲイツ（「ビル&メリンダ・ゲイツ財団」共同会長）

必読書。革命の書である。人生には、他者へのケアが必要だ。子供の時も、病気の頃も、弱っている時も、そうでない時も。ケアを「女性の仕事」と受け止める社会は健康でもなければ幸福でもない。この本は次の社会変革のためのガイドブックだ。

――アトゥール・ガワンデ（医師・作家、『死すべき定め』著者）

男女平等だけでなく、職場の未来図をありありと描き出している。家族のために時間をとった才能と教養ある大勢の女性は人材の宝庫だ。その宝の山を開拓することの重要性を本書は示している。

――エリック・シュミット（グーグル元CEO）

日本のみなさんへ

日本といえば、偉大な文明を生み出してきた国のひとつです。世界で最も精緻で美しい美術や工芸、そして文化を世界に発信しています。お隣の大陸と比べるとそれほど大きくない島国でありながら、日本が生み出す技術やアイデアやリーダーは世界に大きな影響を与えてきました。私のタンスの上には、金つぎを施した日本の猿の置物（根付）が飾ってありますし、祖父は16世紀に日本で作られた見事な青磁の花瓶を私に残してくれました。幾重にも塗られたうわぐすりの美しい発色を見るたびに、私はそこに人類が成しうることの頂点を感じます。強さと控えめさを合わせもつ芸術と社会。それが私にとっての日本です。

もうひとつ、私が信じていることがあります。それは21世紀に、日本がこれまでより一層グローバルリーダーとして認知されるようになるだろうということです。２０１１年にフォーリン・ポリシー誌に２０２５年の世界を予想するように頼まれ、こう書きました。「２０２５年に最も力を持つのは、より少ないリソースでより多くを生み出せるようになった国だ。つまりそれは、ほぼすべてを再生可能エネルギーでまかなったり、有機素材を再利用して活発な経済を維持する、そんな過激とも言えるサステナビリティを上手に取り入れる国である。そのような国は、サステナビリティの低い国が生み出す排出物や既存の資源をもとに、成長戦略を立てることができる。その先頭に立つのは、何世紀ものあいだ自然と共生し、自然を見事に美しい形で役立ててきた日本だろう。中国の若者がすべてを追い求めるのに対して、日本の若者ははるかに持続可能な国家再生の道を受け入れる準備ができている」

人工知能やオートメーション、そして仕事の未来を理解しようとするなかで、消費をもとにした経済モデルがもはや機能しないことは、ますますはっきりとしてきました。これからは循環性のある、リサイクルをもとにしたモデルに変えていく必要があります。それは、工芸や創造性や心遣《ケア》いに価値を置くモデルでもあります。日本はその先端を行く国です。

ですが、日本がその潜在的な力をフルに発揮するには、女性の能力をすべて引き出すことが欠かせません。安倍首相も、この問題を理解しています。だからこそ、「ウーマノミクス」を通して女性の労働参加率を引き上げ、日本経済を成長させる戦略を打ち出してきたのです。２０１６年2月時点で、15歳から64歳までの日本女性の労働参加率は66パーセントまで上がっています。アメリカと比べて2パーセント高い数字です。もちろんこれはまだはじまりにすぎません。というのも、日本の男性の姿勢が劇的に変化しなければ、女性が対等な地位を得て、生産的に働くことはできないからです。

この本の核になるのは、男性の平等が達成されなければ女性の平等もないという視点です。そして、男性の平等には、その役割を作り直し、養い手であると同時にケアの担い手として大切な存在になることが欠かせません。男性は競争の側面が過剰に発達している半面、ケアの側面は発達不足です。現代の社会は、競争に勝ち、多くを成し遂げ、カネを稼いだ男性に価値を認めています。他者に投資し、他者を自分より優先させ、他者の世話をする男性に、私たちは価値を認めていないのです。

養い手としてだけではなく、育児や介護といったケアの主体者としての男性に価値を置くべきだと言えば、日本の男性はとんでもないと思うかもしれません。ですが、宮崎駿監督の「となりのトトロ」を思い出して下さい。あの、サツキとメイのお父さんです。サツキとメイはお父さんと田舎の民家に引っ越し、その深い森に棲む不思議な生き物に出会います。恐れはやがて友情となり、人間と自然とのハーモニーに変わります。

ふたりのお母さんが出てくるのは、映画のラストシーンだけ。母親が田舎の病院に入院したために、家族が近くに引っ越してきたことがわかります。お母さんが家にいないサツキとメイは、森の中を自由に探検します。ですが、お父さんはいつもそこにいて、優しく、強く、どっしりと構えています。雨が降るなか、お父さんの帰りを待つバス停で、ふたりはトトロに出会います。トトロに性別はありません。そしてトトロもまた優しく姉妹をケアしてくれる存在です。下の息子は「となりのトトロ」が大好きで、何度も何度も飽きずに見ていました。息子がこれほどトトロに熱中したのは、もしかしたら、メイたちの環境を自分の家庭と重ね、それが前向きで暖かいイメージをくれたからかもしれないと思ったものです。私の家庭もまた、私よりも夫の方が家にいることが多く、両親が留守にしているあいだに息子たちに自立心が生まれたのかもしれないと思ったりもしました。

そして、幼い頃のふたりの息子の生活に欠かせなかったのが、ポケモンです。さまざまに魅力的なキャラクターが、姿かたちを変えて進化します。ポケモンたちに性別はありません。代表格のピカチュウについても、ネット上で男性か女性かについて盛んに議論されています。ファンが作成したポケモン図鑑によると、ほとんどのキャラクターは4代目まで性別が分かれず、意図的に性別を分けていないキャラクターも存在するそうです。トレーナーのサトシは男子ですが、手ごわい女子のトレーナーも多く登場します。

日本のティーンエイジャーの文化、特に中性的な文化やフェミニンな男子の文化は、伝統的な性的役割に挑戦するものです。日本が誇るデザイナーの川久保玲氏は、ブランド名を「コム・デ・ギャルソン（少年のように）」としています。アーティストやデザイナーは、伝統にとらわれない性的なアイデンティティや役割を生み出すことに、躊躇がありません。日本のアーティストたちは、男っぽく迎合的な日本の職場の対極にあるように思えます。

日本の文化は、国内的にもグローバルにも、この国の最高の資産です。それは偉大な文明のしるしであり、世界に誇るソフトパワーの源泉でもあります。「ウーマノミクス」は出生率の改善と女性の労働参加率の向上を超えたものを目指してもいいはずです。職場における女性の役割と家庭における男性の役割をもういちど作り直し、男性と女性の両方にとっての家族の価値を考え直し、家庭の仕事を別の形で分担することができるはずなのです。

もし日本がこれまでの男女の役割にこだわれば、つまり男性が支配する世界にこだわっていると、他国の成果の上に自分たちの成果を積み上げることも、イノベーションを起こすこともできなくなってしまいます。日本の女性と男性が、何千年もの歴史を持つ日本の文化を問い直し、新しいロールモデルを見つけ、男女が平等に働き、愛する人を平等にケアできるような生き方を発見することを願っています。

アン＝マリー・スローター

仕事と家庭は両立できない？――「女性が輝く社会」のウソとホント｜目次

仕事と家庭は両立できない？——「女性が輝く社会」のウソとホント

はじめに――国務省を辞めなくちゃならないなんて「かわいそう」

2010年12月、国務省の政策企画本部のスタッフと私はプロジェクトの仕上げに追われていた。ヒラリー・クリントン国務長官の要請で、8か月を費やした大々的なプロジェクトだった。外は歯がカチカチと鳴るほどの強烈な寒さ。チームのメンバーと私はやっと夜明け近くに帰途につけた。風を避けようと襟を立て、中間選挙のあとに誰がどの役職につくかを当てっこする。ここワシントンではお馴染みのお遊びだ。私は黙って聞いていた。でも、自分が間違いなく昇進しそうな気配を感じていた。その地位に昇れるのは、ほんの一握りの人間だけ。内心では興奮でドキドキしていた。それと同時に、ひどく悩んでもいた。

私が国務省の政策企画本部で史上初の女性本部長になったのは2年前。国務長官に直接報告し、アメリカの外交戦略と枠組みの立案と実施を率いる立場だ。心から尊敬してやまないクリントン長官からの電話で、この仕事をやってくれないかと頼まれたとき、一も二もなく引き受けた。外交政策に関わる人間なら誰しも夢にみる仕事だった。それでも、引き受けられるのは2年間に限定される。大学から休みをもらって政府の仕事を許される期間は、通常2年と決まっていたからだ。もしそれ以上となれば、学者としての終身在職権を失ってしまう。だとしても、ワシントンに行くと決めた時点で、より高い地位に就くチャンスを提示されたら絶対に引き受けたくなるだろうことは、私も夫のアンディもわかっていた。私はそれまでずっと大学教授として働いていた。でも、外交政策は私にとって人生をかける価値のある仕事だった。

今ここで「踏み出さなければ《リーン・イン》」いつやるの。そんな瞬間がやってきたのだ。このとき、この場所にいるという幸運を握りしめ、さらに上に昇るチャンスが、目の前にあった。もちろん、候補に名乗り出たからといって私が昇進する保証はないけれど、選ばれる可能性はかなり高かった。しかも、もし私が選ばれれば、また女性としては初になる。そして、私が熱烈に信じてきた外交政策を推し進めるチャンスをもらえる。それはクリントン国務長官時代の功績として後世に残るものになるはずだ。

これまでの私なら、なんのためらいもなくイエスと言っただろう。キャリアウーマンで、法学教授で、学部長で、国務省に入ることを夢見てロースクールに進んだ私なら。だが、仕事の面では順調だった私の人生も、私生活は複雑だった。２００９年に国務省入りしたとき、夫と話し合って私が毎週ワシントンに通うことにした。息子２人と夫とみんなで引っ越すよりも、そのほうがいい。当時、息子たちはまだ10歳と12歳。小学校４年と６年だったし、地元が好きで、地域に根付いた生活を送っていた。息子たちは家に留まりたがった。もちろん、私がワシントンに行くと聞いて動揺したのは確かだ。でも、「一緒に来ない？」と誘ってみると、「ママ、行ってらっしゃい！」と返された。

夫のアンディはプリンストン大学で政治と国際関係を教えていた。終身在職権を持つ教授だ。これまでも、家にいる時間は私より長かった。というのも、私はプリンストンの公共政策大学院の学部長だったし、外交政策がらみの出張も多かったからだ。実は、家にいるときでも、私はコンピュータを肌身離さなかった。上の息子が小学校1年のとき、家族の絵を描かされたことがある。その絵に描かれた私はノートパソコンだった。ノートパソコンをひざにおいている母親の姿じゃない。ノートパソコンそのものが私だったのだ。それでも、私の職場は家や息子の学校から歩ける距離だった。保護者会にも運動会にも参加できた。出張があったり毎日忙しかったりしても、大学勤めなら長期休暇のあいだに普段の埋め合わせもできたし、家でのんびりする時間も作れた。

夫と私は、これまでもなんとかやってこられたのだから、今回だって新しい生活のリズムに慣れるだろうとタカをくくっていた。だけどそれは、大間違いだった。それまでは職場まで歩いて10分だったのに、仕事が変わってからは月曜の朝5時に家を出て金曜の夕方か夜に帰宅する生活になった。クリントン国務長官から電話を受けてたったの2週間で、生活はがらりと変わってしまった。オバマ政権の要職者でそんな生活を送っている人は珍しくなかった。ニューヨークやペンシルバニアに家族を残して仕事をしている女性も男性もいた。カリフォルニアから毎週通ってくる人さえいた。それにワシントンに家族と住んでいる政府高官も、ほとんど家族に会えていなかった。異常な勤務時間だった。もちろん、政府中枢の仕事は急を要するからだ。世界は私たち家族のスケジュールに合わせてはくれない。次々と危機が訪れ、大切な家族の祝い事に出席できないことも多い。有給休暇は月に1日。アメリカにしては悪くない条件だ。といっても、6月までほとんど休みは取れなかった。

仕事の上では、犠牲に見合うだけの見返りがあったし、夫もそれを理解し支えてくれた。だけど、息子たちへの影響は大きく、すぐにそれが目に見えて表れた。まだ10歳だった下の息子は日曜の夜になると泣いていた。翌朝私が出ていくと察してのことだ。慰めようと私が口を開こうものなら、ひとことでも言う前に息子は叫び出した。「ママ、行っちゃいやだ。アメリカがどうなっても知るもんか！」以前に息子には、私だけでなく家族も一緒に国に仕えているのだと説明したことがあった。クリントン国務長官も息子に会ったとき同じことを言っていた。息子はそんなきれいごとにうんざりしていた。

上の息子は大人ぶって、私に理解を示そうと努力してくれた。毎朝私が作っていた果物ジュースを自分が作るとまで言ってくれた。私がどれほどこの仕事を夢見ていたかを知っていたからだ。それに、上の息子はもっと広い目で私の仕事を理解していたように思う。ワシントンに通い始めて間もない頃、まだ政治の世界に慣れきれずにいた私はイライラして、辞めて家に戻りたいというようなことを口走ってしまった（もちろん、本気じゃない）。すると上の息子は私を見つめてこう言ったのだ。「ママ、辞めちゃだめだよ！ ママはみんなのお手本なんだから」。おそらく誰かの受け売りかもしれない。ママ友から聞いたことを、自分の考えのように思っていたのだろう。

上の息子は私のことを自慢に思っていた。それでも、中学に入ったばかりで友達も変わり、授業もだんだん難しくなったところで、日常生活が突然ガラリと乱れた。思春期にはよくある話だ。むっつりと黙り込み、たとえ口を開いても、あーとかうーとしか言わなくなった。友達も様変わりし、それから1年半のあいだに、宿題をさぼり、授業を妨害し、数学の単位を落とし、助けの手を差し伸べる大人をことごとくはねのけるようになった。夫と口論し、私を完全に無視しようとした。中学2年になる頃には、いよいよ問題行動が激しくなった。中学を停学になり、警察につかまった。私は何度か緊急の電話連絡を受け、重要な会議を抜けて、電車に飛び乗って自宅に戻るハメになった（クリントン国務長官と首席補佐官のシェリル・ミルズはいつも理解を示してくれたが、私のスタッフには重荷だった）。

息子のような問題行動は思春期なら誰にでもあることで、特別じゃないとみんなが言ってくれた。ただの反抗期だと。今だけのことだ、となぐさめてくれる人も多かった。それに夫もいる。夫は親として彼なりに最善を尽くしていた。それでも、息子のことは頭から離れなかった。仕事には情熱を持っていたけれど、電話やメールで息子の問題行動を知るたびに、自分はなぜこんな所にいるんだろうと悔やまずにいられなかった。家で息子が私を必要としているのに、私ときたら一体こんな所で何をやっているのだろう、と心が騒いだ。

私はさまざまなシナリオを考えてみた。もう1年だけなんとかワシントンで生き延びたらどうなるだろう？　次の仕事はおそらく上院の承認が必要な要職で、承認を得るのに3か月から6か月はかかるし、オバマ政権一期目の最後までやることが前提になる。するとあと2年だ。夫と息子たちにワシントンに移ってもらうことも考えた。すると、夫がプリンストンまで通わなければならない。それに息子たちと地元の縁が切れてしまうし、特に下の息子にはつらいだろう。そもそもプリンストンに移ったのは、公立学校の質が高く、子供が暮らしやすい地域だからだ。

お金の心配もあった。政府の仕事に就いたことで収入は半減した上、今ではワシントンの狭いワンルームの家賃も払っていたし、交通費もバカにならなかった。もしみんなでワシントンに移ればプリンストンの家を貸し出せるけれど、夫は遠距離通勤になり、引っ越し費用もかかり、生活費は膨れ上がる。

心の底では、私が家に戻るのがいちばんいいのはわかっていた。それまではずっと、自分が家庭を選ぶような人間だとは思っていなかった。でも最後に、私は家に戻ると決めた。クリントン国務長官は素敵な送別会を開いてくれた。私の人生の中でも、最高の思い出だ。家族全員が集まってくれた。

両親、兄弟、おじ、おば、いとこ。香港から来てくれた親類もいた。夫と息子たちもいた。古い友達も新しくできた知人も、私が国務長官賞を受け取るのを嬉しそうに見守ってくれた。それは国務省が授ける最も栄誉ある賞だ。私が愛し敬う仲間からのスピーチがあり、ジョークがあり、贈り物が渡される中で、自分が「諦めた」とか「脱落した」なんていう意識はまったくなかった。上に昇るかわりに、横にすべるという感覚だった。

翌日の金曜に荷造りを終えて、その次の週の火曜からプリンストンの教室に戻ることになった。私がワシントンの過酷な生活から回復し、家族も元に戻るにつれて、なにか根本的な変化が起きていた。私は教授として、また外交政策の専門家として教え、書き、話す生活に戻った。フルタイム以上に忙しかったものの、自分に合わせてスケジュールを組むことができた。そのときやっと、自由にスケジュールを組めるということが、子育てと仕事を両立させるのにどれほど欠かせない要因だったかに思い当たったのだ。

また同時に、以前は当たり前だと思っていたささいなことが、突然はるかに大切に思えてきた。家に戻って6か月間は、毎朝ベッドから飛び起きて、息子たちに豪華な朝食を作った。マフィン、スコーン、パンケーキ、ワッフル、ハッシュブラウン、卵料理、その他もろもろ。それまでの2年間、夫が毎朝息子を起こし、朝食を食べさせ、学校に送っていた。私が戻った翌朝、夫はベッドに丸まってこう言った。「君の番だよ」。でもしばらくすると、私がこれまでの埋め合わせに頑張りすぎてるんじゃないか、と夫がやんわりと切り出した。実のところ、料理は家族のためというより自分の楽しみでもあった。自分が作った料理を息子たちが食べている姿を見るのは純粋に嬉しい。それは、母になってはじめて知った喜びだった。なにか根源的な欲求に違いない。いずれにしろ、家に戻った私はこれ以上ないほど幸せだった。

　数か月が過ぎて、私は深い問いを自問し始めた。政府を去ると決めたのは、家族への愛と責任からだ。それでも、もしオバマ大統領が再選されたら、もういちど外交政策の仕事に挑戦する気はあった。政府要職に就ける立場にあって、自分の仕事が旬を迎える時期に支持政党が8年間政権を握っていられるとしたら、そのときこそ頂点を目指す絶好のタイミングのはずだった。２０１１年に政府を去ったとき、２０１３年に戻ってくる可能性をもちろん考えていた。

　なのに、私は落ち着かなかった。もし運よく政府に戻れるチャンスをもらえたとしても、また私が家を出ることになる。すると上の息子が大学に入学する前の貴重な2年を逃すことになるし、下の息子の高校生活への移行も見守ってあげられない。それまでは、家族にしわ寄せがこない限りは、自分の仕事を二の次にすることなど考えもしなかった。でも今は正直に自分を見つめ直した方がよさそうだった。今回の危機で、自分にとっていちばん大切なものは何かを、否が応にも突き付けられた。その何かは、それまでに刷り込まれてきたこととは違っていた。というか、それまで私が自分自身に刷り込んできたものではなかったのだ。そのことに気づいて、それまで信奉してきたフェミニスト神話に疑問を抱くようになった。成功した女性というと、仕事の上で華々しい功績をあげた人を思い浮かべるのはなぜだろう？　もちろん、成功した男性と言うときも同じだ。

　これまでずっと、若い女性たちに、女性だって「すべてを手に入れられる」と伝えてきたし、そう信じてきた。男性と同じレベルで、同じように、キャリアも家庭も手に入れることができる、と言ってきた。男性の社長にも、部長にも、管理職にも、部門のリーダーにも、家庭がある。女性にだってもちろん同じことができるはずだ。ただ必死に仕事に打ち込めばいい。そう学生に言ってきた。それなのに、これほど仕事に打ち込んでいる私自身が、思いもよらない選択をしてしまった。しかも、その選択に満足しているなんて。

１９７０年代に青春を送り、女性運動に影響を受け、女性のチャンスと力と未来を信じて努力してきた私が、キャリアより家庭を選ぶなんて裏切りのように思えた。そして、ある出来事をきっかけに、私はこの問題の全体像を、まったく違う角度で捉えるようになった。ワシントンを離れて4か月後の２０１１年5月、フルブライト財団が支援する国際関係学の講演者として、オックスフォード大学に招かれた。招へい側の依頼で、ローズ奨学生たちにワークライフバランスについて話をすることになった。40人ほどの自信に満ちた優秀な男女が集まった。みんな20代の半ばだった。

私の口から出たのは、講演というよりも、率直な打ち明け話だ。政府高官として、なかなか思い通りの仕事ができなかったこと。それと同時に、思春期の子供たちに対して理想の親になれなかったこと。遠距離通勤という状況の中で、そういう葛藤を予想しなかった私が甘かったのだろう。最初から難しいのはわかっていたはずだと諭す人も多かった。だけど私自身は、それまでもなんとかできたのだから、今回も大丈夫だろうとタカをくくっていた。そんなわけで、今回の経験をふまえると、息子が家にいるあいだは、ふたたび政府の仕事に就くことはおそらくないだろう。たとえ民主党政権があと6年続いたとしても、私が戻る可能性は低い、と語った。

意外にも、参加者たちは熱心に耳を傾け、深い質問をたくさんしてくれた。最初に手を上げたのは若い女性で、開口一番にこう言った。「あなたたちはなんでも手に入れることができる」なんていう紋切型の話じゃないのがよかった、と。「なんでもできる」という話は耳にタコができるほど聞いていて、そんなのは怪しいと疑っていたわけだ。その場にいた若い女性のほとんどは、なんらかの形で家庭と仕事の両立を望んでいて、昔の私なんかよりずっとたくさん情報を得た上でスタート地点に立っていた。25歳の私といえば、とにかく仕事に全力投球していれば、夫や家族は自然についてくるものだと勝手に思い込んでいた。あの場所にいた男性も女性も、あれほど若くて優秀なのに、仕事と家庭の両立は、たとえ充実していてもかなり難しいだろうと予期していた。今まさにその最中でもがいている人間の本音と、そのメリットデメリットを彼らは聞きたがっていた。ちょっとした知恵やアドバイスが、将来を計画する上で役立つと思ったのだろうし、少なくともこれから何が待ち受けているのかを予想する助けになると考えたのだろう。

私と同世代の女性の反応は、若い人たちとまったく違っていた。それに気づき始めたのが、ちょうどこの頃だった。数か月経ってから、もやもやの原因は私が大学に戻ったことではなくて、子供のために昇進を諦めたことだと思い当たった。地元で教職に戻ったわけを訊ねられたときに、2年の任期が終わったからだと答えてもよかった。財務長官のラリー・サマーズだって2年でハーバードに戻ったでしょ、とつけ足すこともできた。でも、家に戻ると決めたのは、キャリアと同じくらい家族が大切だからだと、私は公言していた。学部長時代にも、家族との食事に間に合うよう6時に帰宅することを明言していたし、子供たちの学校行事や保護者会に出席するためにスケジュールを調整しなければならないことを、周囲にはっきりと伝えていた。だから、どうして国務省を辞めたのかと聞かれたら、こう答えていた。「2人の思春期の息子がいて、まだなにかと手がかかるから。それにあと数年しか子供たちと一緒にいられないから」

すると突然、相手が私を見る目が変わる。反応は十人十色だ。「要職から降りなくちゃならないなんて、かわいそう」という人。「あなたの経験がみんなにあてはまるわけじゃない。私は仕事を犠牲にしなかったし、子育てもうまくいった」という人。私が本当に「使える」人材かどうかを改めて観察する人も多かった。

要するに、終身在職権を持つ大学教授としてフルタイムで働いていた私でさえも、なぜかいきなり別の分類に入れられて、それとなく格下げされてしまったのだ。優秀で高学歴で、働き始めた頃は輝かしい前途があって早々に成功を収めたのに、そのうち負担の少ない仕事を選び、時間を減らし、または家族のために働くのをパッタリと辞めてしまった大勢の女性のひとりになり下がったと見られたわけだ。私に肩入れしてくれた多くの人たちの期待を裏切ったような気持ちになった。先駆者たち。同僚。友人たちの期待をも、裏切ってしまった。私のキャリアをなんらかの形で助けてくれた人たちをがっかりさせたような気がした。

私はこれまでずっと、その反対側にいた。仕事を休んで家庭に入ることにしたとか、家族のために責任の少ない路線に切り替えたと語る女性たちに、少しだけ勝ち誇った微笑みを浮かべて頷いている女。それが私だった。大学やロースクールの同級生の中でも、志を貫いて妥協のないキャリアを築いた数少ない女性のひとりとして、同じフェミニストをたたえていた女。講義に出席する女子学生や聴衆に、どんな仕事に就いていても「すべてを手に入れ」て、「トップに昇る」ことができるはず、と私は説いていた。つまり、フルタイムのキャリアを持ち、男性と同じペースで出世の階段を上り、同時に家族の世話をして活発な家庭生活を送る（しかも、完璧な体形を維持して頭のてっぺんからつま先まできれいにしておく）ことができなければ、それはあなた自身のせいだと、ほのめかしていたわけだ。考えれば考えるほど、そんなのはおかしいと思うようになった。私と同じような選択をした多くの女性や、そんな選択をする多くの男性が、世間に認めてもらえないなんて、絶対におかしい。キャリアの成功だけが人間の幸福の証でもなければ人生の功績の尺度でもない。そのことを行動で示した人たちが、スポットライトの当たらない場所に追いやられてしまうのは、どう考えても間違っている。

そんな風に、「女性と仕事」について頭の中にぐるぐると渦巻いていた考えをまとめて、2012年にアトランティック誌に寄稿した。タイトルは「なぜ女性はすべてを手に入れられないのか（Why Women Still Can't Have It All）」。このタイトルをすぐに後悔したけれど、雑誌の販売にとっては間違いなく役立った。「ワーキングマザーが人材市場に留まってトップに昇るには、なぜこれまでと別の道が必要なのか？」というような正確でも長たらしいタイトルなら、あれほど注目を集めることはなかっただろう。5日もしないうちにオンラインの閲覧回数は40万回にのぼった。[*1] 1週間後には100万回になっていた。私の記事は150年の歴史を誇るアトランティック誌史上ほぼ最多の閲覧回数を記録し、今では300万回を超えている。これまで50年も議論されてきた真の男女平等について、改めて議論したい女性がかなりの数にのぼることは明らかで、そういう男性もますます増えているのは確かだった。

その後の数か月間に、記事を読んで感動したという人たちから何百通というメールを受け取った。ジェシカ・デイビス・ガナオは、2人の幼い子供を育てながら研究に励んでいる。子供のひとりは遺伝的疾患をわずらっているが、彼女は終身在職権を得ようと努力中だ。「アトランティック誌のあの記事を読んだあと、部屋のドアを閉めました。涙が止まりませんでした。ここ数年間背負ってきた苦しみが、あの記事にありありと描かれていました」。[*2] そう彼女は書いていた。私の心に突き刺さったもうひとつのコメントは、あるワーキングマザーからのものだった。私の記事を読んで、仕事を辞めてしばらく子供たちと家にいることを許された気持ちになったと言っていた。ずっとそうしたかったのに、それまでは踏み切る勇気が持てなかったのだ。

もちろん、みんながあの記事を手放しで受け入れてくれたわけではない。「贅沢な悩み」だと責められた。私のような力のある女性に許された特権階級の問題だと言う人もいた。「すべてを手に入れる」という考え方そのものが問題だと批判する人もいた。そもそもキャリアで成功しながら献身的に子育てにも打ち込めると思うこと自体、完璧主義者の単なる幻想だと言われた。一方で、私の記事は、これまでに先人が長年苦労して手に入れた職場での女性の地位向上に逆行しているという批判もあった。

国中を旅して講演を行ったり、質問に答えたりしているうちに、そうした批判と賞賛の両方を直接聞くことになった。その過程で、何が大切か、何が正しいか、何が自然かということについて、自分の中に深く刷り込まれた思い込みから、私はしだいに解き放たれていった。それはまるで、眼科で視力検査の機械の前に座ったときのような感覚だった。検査用のレンズがひらひらと裏返されるたびに焦点がいったりきたりして、ぼやけていたものがそのうちだんだんとはっきり隅々まで見えてくるような、あの感じだ。

女性を抑えつけていたステレオタイプの殻を破ったのは、ベティ・フリーダンやグロリア・スタイネムといったフェミニズムの先駆者たちだった。それまで、女性はいつも娘であり、姉であり、妹であり、妻であり、母だった。他者との関係が女性のアイデンティティになっていた。フリーダンたちが率いた女性運動は、もとをたどれば19世紀に立ち上がったスーザン・B・アンソニーとエリザベス・キャディ・スタントンらの革命的な女性たちにさかのぼる。女性運動もまた、市民権運動、グローバルな人権運動、反植民地運動、ＬＧＢＴ運動など、人間の解放を求めて闘った20世紀のさまざまな運動のひとつだ。

いろいろな意味で、この運動はまだ道半ばと言っていい。21世紀の曲がり角に立った今、女性だけでなく男性もステレオタイプや思い込みから解放されるべきだし、それが女性の前進につながるはずだ。つまり、これまでのさまざまな「常識」に疑問を投げかけなければならないということだ。何が大切か、それはなぜなのか、何をもって成功とするのか、何が幸福の源なのか、真の平等とはいったい何なのか？　それを問うには、職場環境から、人生設計から、リーダーのあり方まで、すべてを考え直してみなければならない。

私の理想とする社会は、すべての人に充実した働き方の機会が開かれている社会だ。もちろん、単に給料のいい仕事がしたいという人には、その道が開かれていればいい。ただし、仕事と同時に、家族や友人を愛し気遣う生き方が尊重され、そこから深い満足を得られるような社会であってほしい。この本が、そちらの方向に向かう助けになれば幸いだ。

でも、まずは一歩ずつ歩んでいくしかない。その理想に向けて、とりあえず今私たちがいるこの社会から、はじめの一歩を踏み出してみよう。多くの人が不満を抱いている、今の社会から。

Part 1

決まり文句を超えて

ベティ・フリーダンは、『新しい女性の創造』の第1章に、こんなタイトルを付けた。「名付けようのない問題」。そして、これを「20世紀半ばに女性を苦しめている、あせりにも似た奇妙な不満と叫び」と表した。[*1] フリーダンは、「社会が期待する女性としてのイメージと、現実の人生とのあいだに大きな落差があること」に、この問題の原因があると悟り始めていた。[*2]

フリーダンはすべての女性を代弁しているつもりだったかもしれないが、実際には当時の主流だった郊外に住む専業主婦の悩みを描いていた。彼女の訴えは多くの読者に響き、これが次世代のフェミニズム運動につながっていく。だから、フリーダンの功績は大きい。とはいえ、彼女が描いたフェミニズムの理想を追いかけるような時間も意志もない女性が数多く存在したことも事実だ。働きたくなくても、お金のために働くしかない女性は無数にいた。

私自身は白人の中流階級に生まれ育った。とはいっても当時の中流層は、安モーテルに泊まったり、長距離バスで移動していたし、配管工や電気工の子供と弁護士や医師の子供が普通に学校で机を並べていた。私は幸運にも、この30年間に着実に裕福になったアメリカの中流層のひとりとして、きちんと教育を受け、さまざまなチャンスを与えてもらった。一方で、経済の拡大に取り残され、チャンスに恵まれなかった層も確かに存在する。私が育った家は、昔ながらの家庭だ。両親は異性で法的に結婚していたし、2人の子供はどちらとも実子だ。今ではそんな家庭の方がめずらしい。

この本を書きながら、私は自省し、自問し、さまざまな環境の人たちからの多くの意見や批判を受け止めた。その中で否応なく気づかされたのは、他人がどう考え感じるかを、これまでは自分自身の経験をもとにした思い込みで判断していたということだ。他人の立場で考えようと努めるにつれ、これまで見落としてきた明らかな点を繰り返し自覚することになった。それは、おカネが物事を大きく左右する、ということだ。私たちが子供をいい保育園に入れられたのも、子供が少し大きくなったときにフルタイムのお手伝いさんを雇えたのも、教育程度の高い公立校や素晴らしい図書館のある地域に住めたのも、おカネがあったからだ。

生活の下支えになるものは、おカネで買える。それがストレスを軽減してくれるし、人生で不運に遭遇したときの助けになり回復に役立ってくれる。一方で、どれほど必死に働いても、たった一度だけ不運に出会うと、立ち直るきっかけなどなく人生が終わってしまう人たちが無数に存在する。そんな人たちには、「家庭か仕事か」を選ぶ余裕はない。ワークライフバランスの議論など、絵空事にすぎないのだ。おカネが必要なら働くしかないのだから。だから、私がこれまで抱いてきた信条を振り返るにつけ、私の物語は彼らの物語でないことを、繰り返し突き付けられた。

前に進むためには、この点を取り上げないわけにはいかない。女性も男性も、職場も、社会全体も、まずは一歩下がって、これまで自分たちが正しいと思ってきたことを厳しい目で深く考え直してみるべきだ。私たちの選択に影響を与え、この世界を形作っている常識や決まり文句や既成概念や物語に疑問を投げかけてみるべきだ。頑なな思い込みで、この世界のあるべき姿を決めつけていないかを自問しなければならない。私たち自身について、また私たちが勝手に想像している無数の他者の人生について、どんなことが思い込みなのか、なぜそう思い込んでいるのかを問うべきだ。

素直に心を開き、新しい考え方と可能性を受け入れてはじめて、私たちは変わることができる。そのときはじめて、すべての人のための変革がもたらされる。

1　女性神話のウソ

この20年間、私は大学教授として数えきれないほどの学生と出会い、数えきれないほど講義をしてきた。その中で、若い女性から必ずといっていいほど聞かれるのが、「どうやって家庭と仕事を両立しているんですか？」という質問だ。他大学で外交政策の講演をしても、聴衆が少なくなった頃にいつも若い女性が手を挙げて、家庭と仕事を両立するためのアドバイスを下さいませんかと聞いてくる。これは私だけではないらしい。女性教授はみんなそう。若い女性がそう聞きたくなる気持ちはよくわかるし、そう聞かれれば私たちも悪い気はしない。

でも、答えは簡単じゃない。結婚して二人の息子を育てながら仕事でトップに昇れたのは、自分も夫も同じ一流大学の終身在職権を持つ教授だからだと正直に答えた方がいいのだろうか？　それでは身もふたもないし、実のところ、それだけが本当の理由とも言えない。やる気と努力と幸運。そのどれもがキャリアを築くのに役立ったことは確かだ。それに、私ほど時間の自由がなく幸運にも恵まれない中で、仕事と家庭の両方で成功している女性はたくさんいる。

その後ワシントンで出会った若い女性たちに、こう打ち明けることもできた。「今はハラハラの連続で気が休まることがない。思春期の息子がとんでもない問題児になってしまった。私がいつも家にいない環境で、息子にどう対処したらいいか夫婦で悩んでる最中よ。気持ちが乱れて、内心ではこんな仕事やってる場合なのかと毎日考えてしまう」。でも、そんな話なんてありがたくないだろうし、またそれもすべてが真実とは言えない。たとえば、もし息子たちが思春期でなければ、話はまったく違っていたはずだ。もし男の子2人でなければ、ささいなことで父親と四六時中口喧嘩していなかったかもしれない。上の息子が警察のお世話になっていなければ、状況は違っていたかもしれない。ワシントンで周囲を見回せば、私と同じように遠距離通勤をしながら、それほど問題なく仕事を続けているワーキングマザーもいた。

とすると、どう答えたらいい？　私にとっての真実には複数の要因があったし、結局それも私だけの真実でしかない。私はフェミニストだ。女性は男性と同じように100パーセント充実したキャリアを築きながら、男性と同じように家庭生活の喜びを味わうことができると信じ、その信念に沿って生きていた。少なくとも、私にとって「すべてを手に入れる」とはそういう意味だった（2章でも書いたが、今では私もこのフレーズに違和感がないわけではない。とりあえず、ここではそのままこのフレーズを使うことにする）。だから必然的に、同世代の女性たちと同じように、私もまた一連の決まり文句を唱えてきた。まるでそれを唱え続ければ実現できるとでもいうように、同じ呪文を繰り返してきたのだ。

決まり文句の中でもいちばんよく聞くのは、次の3つだろう。

1 「必死に仕事に打ち込んでいれば、すべてを手に入れることができる」
2 「協力的な相手と結婚すれば、すべてを手に入れることができる」
3 「順番を間違えなければ、すべてを手に入れることができる」

どれも間違いではない。そこに真実が含まれているのは確かだ。でも、すべてが真実というわけでもない。こうした呪文は、まるであなた自身が正しい選択をすれば仕事と家庭が両立できるような幻想を与えてくれる。もちろん、あなたの選択は大切だが、一筋縄でいかないのが人生というものだ。この10年間を振り返ってみてほしい。思い描いた通りの人生が送れただろうか？　それに、あなた自身も変わる。私が最初に結婚したのは25歳のときで、当時は仕事のことしか頭になかった。子作りなんて、遠い未来のことのように思えた。35歳で再婚したときには、とにかく子供が欲しいとそのことばかり考えていた。その後の2年間、キャリアを優先したために母親になるチャンスを逃してしまったのではないかと悔やみ続けた。若い頃はそんなことを考えもしなかったのに。

だから、先ほどの呪文は不十分なのだ。若い女性を励ましたいのはやまやまだが、多くの女性が直面する現実も認めるべきだろう。結婚したときにはお互いに親としてもプロフェッショナルとしても同じだけのチャンスを手に入れられると思っていても、二人ともフルタイムで働き、何人か子供ができて、また年老いた親の面倒も見なければならなくなると、当初の思い通りにいかないのが現実だ。

そうした真実を知ることで、カップルは生活を始める前にお互いの選択とトレードオフについて、正直に、また率直に話し合うことができる。そうすれば、若い女性がパートナーに求めるものも変わってくるだろう。なによりも、現実を語ることで、真の平等を阻んでいる障害や壁をきちんと把握できるようになる。それが、壁を壊すための行動のきっかけにもなる。

「必死に仕事に打ち込んでいれば、すべてを手に入れることができる」のウソ

しばらく前から、私よりもひと世代前の先駆的な女性たちが、最近の若い女性の選択に苦言を呈することが多くなったように感じる。ニューヨークの名高い財団で外交政策の講演をしたあと、私は年上の女性数人に囲まれた。その女性たちは講義が良かったと言ってくれ、私が外交政策一筋に努力してきたことを褒めてくれた。だが、そのお褒めの言葉と同時に、最近の若い女性たちのやる気のなさを嘆き、キャリアを「諦める」ことを非難し始めたのだ。*1

あぁ、またきたぞ、と思った。女性が仕事を辞めるのは、やる気がないか志が低いからだと思い込んでいるのだ。心から望めば、どこまでも高く昇れるはずだと思っているから、そういう批判が出る。本当に仕事に打ち込んでいれば24時間働けるものだし、犠牲などいとわないはずだと考えているわけだ。

言い換えれば、もしあなたが仕事で成功するためにどんなことでもやるつもりなら、たとえば子供にめったに会えなくてもいいと覚悟を決めれば、仕事と家庭の両方を手に入れることは可能かもしれない。ＣＥＯや経営の上層にいる男性は、トップに昇るためにまさにそういう犠牲を払ってきた。いつも出張で家を空け、24時間３６５日クライアントのために時間を割いてきたからこそ、成功できたわけだ。１９６０年代の終わりにアフガニスタンで平和部隊を率い、その後大手通信会社ＡＴ＆Ｔの戦略企画部に入ったウォルター・ブラスは、キャリアのためにさまざまな犠牲を払ったことを、メー

ルにしたためてくれた。「3人の子供は専業主婦の妻にほとんどまかせっきりでした。海外勤務のあいだ、僕は1日中仕事のことばかりに頭を悩ませ、妻とも子供たちともゆっくり過ごすことはなく、妻は僕にはっきりと文句を言っていました」[*2]。AT&Tに入社したあと、9か月にわたるストライキのあいだはほとんど家に帰れなかった。「当時12歳だった娘が書いた詩があります。ベッド脇に僕が脱ぎっぱなしにしていた汚い靴下と下着を見てはじめて、父親がいたことを思い出したと書いていました」

とはいえ、ここからが複雑なところだ。長年そうして犠牲を払っている男性には、支えてくれる人がいる。ほとんどの場合、配偶者が専業主婦になるか、少なくとも家事の大半を負担してくれている。ウォルターもそうだ。企業経営者であれ、コンサルタントであれ、学者であれ、医師であれ、弁護士であれ、成功している男性はみな、配偶者が子供の世話をし、その成長のために最善を尽くすと知っているからこそ、仕事に打ち込める。もっと子供と時間を過ごしたいと願っているのは本心だろうし、家族と距離ができてしまったことを愚痴っていても、彼らには信頼して子供を任せられる誰かがいる。その上、「女は家庭、男は仕事」という社会に根付いた構造もまた、そんな男性の行動を促している。彼はすべきことをしているだけだ。夫が働いて家族を養い、妻はそれを支える。社会はそんな構造になっている。

キャリアの途上にあるワーキングマザーのほとんどには、男性と同じ自由はない。男性が家庭に入ることはほとんどないし、妻の仕事を優先させて夫が子育ての主導権を握ることもまずない[*3]。妻の成功を心からサポートしていても、夫が自分のキャリアを諦めたり、大きく妥協することはない。上を目指す男性はこれまで、24時間365日働いて、ほとんど子供に会えないという悩みを抱えていた。といっても、自分の子供の面倒は、誰かが見てくれている。一方で、上を目指す女性が24時間365日働けば、子供の面倒を見る人が誰もいなくなる。仮に誰かを雇ってずっと子供の面倒を見てもらえる経済的な余裕があったとしても（そんなケースはほとんどないが）、学芸会に行ったり、病気のときにそばにいたり、宿題を手伝ったり、夜中に学校や恋愛のことをあれこれおしゃべりしたりする人はいなくなる。

だから、女性ははるかに難しい選択を迫られる。そんな中で、自分が家にいれば子供や親や夫の成功を助けられると知りながら、長い会議に付き合わされたり、毎日遅くまで残業したりしていると、わざわざ「家族との時間を犠牲に」して自分自身を否定しているような気分になってしまう。自分の身勝手な夢のために愛する人の幸せを損なっているような、そんな気持ちになるのだ。

ニューヨークでの講演のあと、夕食の席で私の前に座ったのは30代前半の2人の女性だった。2人は、職場の先輩女性たちの中に、お手本になるような人がいないと言っていた。仕事と結婚するなんてごめんだ、と。ニューヨークに住むキャリアウーマンのケリー・ルービンとリア・マッコは、『30歳の私に起きた中年の危機《ミッドライフ・クライシス》』の中で、ユーモアたっぷりにこう語っていた。「私生活や人づきあいを犠牲にせずに仕事も充実させるワザを、今すぐ身につけなくちゃ。[*4] そうでないと5年後にはもう、マホガニーの机の向こう側でいつも怒ってるあの女みたいになってしまう。部下が普通に12時間働いても、仕事に身が入っていないと文句を言うような、あの女みたいに。あの女、家に帰ってアパートの部屋で独り淋しく中華の出前とか食べてそう。あんな風になりたくない」

ミレニアル世代の女性が思い描くワークライフバランスとは、まさにそういうものだ。彼女たちは、仕事で一流になるには野心と人一倍の努力が必要だとわかっている。だから、仕事をしながら家族のために時間を作るのは無理だと諦めているのだ。

サクセスストーリーはある？

ニュージャージーで女性と仕事について講演したときのことだ。60代の女性が近寄ってきて、妙にハキハキと自信ありげにこう言った。その女性の娘さんは弁護士で、ニューヨークの弁護士事務所に勤務していた。事務所の中で昇進しながら、3人の子供を育て、必要なときに子供のそばにいてあげている、と。私はにっこりと微笑んで、それは素晴らしいですねと言った。でも、なぜかその女性の口調には少しトゲがあり、その理由はわからなかった。あとになって、その女性は、私が仕事と家庭は両立できないと言っているのだと思い込み、娘さんの人生を否定された気持ちになったのだろうと思い当たった。私ができないと言ったことを、娘はやっている。そう言いたかったのだろう。その女性からすると、娘のように仕事と家庭を立派に両立させている女性がいることが、私が間違っているという証拠なのだ。

では、家族がいながら仕事でトップに昇っている女性はどのくらいいるのだろう？　事実を確かめてみよう。フォーチュン500社の中で女性のCEOは6パーセント。上院議員の中で女性は2割。企業上層部（役員クラス）では15パーセント、弁護士事務所のパートナーでは20パーセント[*5]、終身在職権を持つ大学教授では24パーセント[*6]、外科医では21パーセントになる[*7]。その他の職業では、女性比率はひとケタ台だ。投資銀行の役員クラスでは8パーセント[*8]（だがその半分は人事や広報部門のトップ）、ヘッジファンドやプライベート・エクイティでは3パーセント[*9]、エンジニアでは6パーセント[*10]、世界の長者番付に載るような億万長者の中では8・5パーセントだ。[11]

まだ理想には遠くても、多くの女性がトップに昇っていることは間違いない。フェイスブックのCOOになったシェリル・サンドバーグが書いた『リーン・イン』（村井章子訳、日本経済新聞出版社）がベストセラーになったのは、彼女のような女性に続きたいと強く望む人が多いからだろう。シェリルは並み外れた成功を収めているし、より多くの女性がトップに昇り、今より高い地位を得ることを純粋に望んでいるのだと思う。男性にうまく混じって働かなければ生き残れない業界で、新しいフェミニズムの顔になったのがシェリル・サンドバーグだった。しかも、新しい言葉まで生み出してくれた。今では「リーン・イン」しているか、していないか、と言われるようになった。

『リーン・イン』が与えてくれたいい影響を、私はこの目で見ている。これまで何度も一緒に仕事をしてきたプリンストン大学の友人が、トップを狙うべきかどうか考えていたときだ。彼女は、今が「リーン・インするときかもね」と口にしたのだ。私は狙うべきだと言い、彼女はその仕事を手に入れた。だが、『リーン・イン』の影響がなくても、彼女は上を狙って自分を売り込んだだろうか？　おそらく。だが、あの本を読んで心を決めたことが、違いをもたらしたことも確かだ。私が現在CEOを務めるシンクタンクのニューアメリカ財団でも、3人の女性社員が『リーン・イン』を読んで昇給を求めてきた。そのひとりは、「自分もここで一歩踏み出して、とりあえず交渉すべきだ」と思ったそうだ。そんな例を見るたびに、私はつい笑顔になってシェリルに敬礼したくなる。

若い女性が『リーン・イン』に惹かれるのは、この本が、自分のキャリアと家庭の行く末は自分次第だと教えてくれるからだろう。アメリカ人はそう言われるのが好きだ。それが、アメリカという国にやってきて、富を築き、人生を立て直した先人の精神を体現しているからだ。特に学校を出たばかりで人生これからという若い女性は、そう信じたがる。後ろ向きよりも前向きな方が人生うまく行く。*12それが希望と忍耐力を与えてくれるから。

だが実際のところ、人生はそれほど自分次第でもない。仕事と家族の命運が自分にはどうにもならないこともある。人生は自分次第だと思い込んでしまうと、逆に、私たちの将来を決定づける社会構造や要因に目が向かなくなり、どんな構造変革が必要かを考えられなくなる。全力で「リーン・イン」してもまだ、とてつもない壁に突き当たることもある。思いがけない人生の出来事。まったく融通のきかない厳しい職場環境。子育てインフラの欠如。いったん仕事を辞めた人や、一時的に主流から退いた人を見下す文化。そんな中で、あえて仕事の成功を脇に置き、愛する人と時間を過ごし気遣うことを人生の目標にする人もいる。

シェリル・サンドバーグには、多くの点で共感する。私も女性に声を上げてほしいと思うし、臆せず前に出てほしいとも思う。職場の構造変革が必要だということにも賛成だ。私たちの違いは、どちらをより強調するかということだけだ。それは年齢差によるものだろう。シェリルと同じ43歳前後の私なら、『リーン・イン』と同じような本を書いたはずだ。あの頃は子供たちもまだ小さく、自分が頑張るか人を雇うかすれば、子供も仕事もなんとかなった時期だった。だが、53歳で例の記事を書いたときの私は違っていた。「リーン・イン」できない状況だったのだ。理由は何であれ、多くの女性たちがそんな状況にあることに、私は気づかされた。

もうひとつ、シェリルと私には根本的な違いがある。私たちの経歴は似ているようだが、職業が違うせいか、方向性に大きな開きがある。シェリルは、これまでと同じ男性中心の企業社会の中で、若い女性がトップに昇ることを励ましている。私はこの体制そのものが時代遅れで間違っていると思う。

弁護士事務所や企業の中で、ガチガチの出世街道を拒んだり、仕事の質より時間を優先するような昇進制度に疑問を持つ女性たちは、能力があるのに結局辞めてしまう。そんな場合、問題があるのはその女性たちではない。

シェリルは、こう書いている。「女性たちがいったんリーダーの地位に昇れば、(女性の前進を阻む)社会の壁を打ち破ることができるはずだ。[*13] 上司の部屋に堂々と入って行き、私たちが望むことを要求できる。私たちが上司になれば、すべての女性に必要なものを確保してあげられる」。もちろん、トップに昇る女性が増えれば社会が変わることは間違いない。私自身、最高の女性上司に恵まれた。プリンストン大学学長のシャーリー・ティルマンとクリントン国務長官だ。ふたりは女性が活躍できる環境を作るためにあらゆる手を尽くしてくれた。その一方で、さまざまな場所で講演するたび、必ずこんな話を聞く。女性の上司は男性よりもはるかに厳しく、家庭の事情をまったく考慮してくれない、と。既存の価値観や慣習の中で生き延び成功してきた人は、同じことを他人に押し付けてしまうものだ。それが人間の習性というもの。だから、専業主婦のいる男性とまったく同じ条件で、競争に打ち勝ってトップに昇った女性が、既存体制を変える必要をほとんど感じないのは、当たり前のことだ。

『リーン・イン』は、こうした既存の男性社会で生き延び勝ち抜く方法を教えてくれる。その中でトップに昇ったときにはじめて、変革を起こせるのだと説いている。もちろんそれも大切だろう。でも企業よりもはるかに広い範囲の、社会や政治や文化における変革もまた必要だ。既存の体制の中だけで、その変革は起こせない。社会全体の変革は企業単位では不可能だし、ひとりの進歩的な女性経営者が成せることでもない。

今必要なのは、社会構造をもういちど作り直すことだ。子育てや介護の悩みと負担が、女性とその家族を社会のどん底に突き落とすことのないよう、働く場所を根っこから構築し直さなければならない。弁護士やビジネスマンが24時間365日メールに応えるのが当たり前などという社会でなくなるように。レストランでも事務職でも、24時間シフトが当然ではなくなるように。このような変革は、フェミニズムの枠には収まらない。社会のすべての階層の女性を支えて活躍を促すような政策や慣習が実践されれば、女性だけでなくすべての人によりよい社会が実現できるはずだ。

運も実力のうち?

私に、男性のように振る舞えと教えてくれたのは夫だった。付き合い始めた頃、私も彼もまだ新米教授で、よく同じ学会やセミナーで顔を合わせていた。夫のアンディは講演がうまい。力強く自分の意見を主張できる。彼はよく、私が議論する場面にも参加していた。彼は、私が自分を安売りしすぎていると指摘した。講演の口調も姿勢も控えめで、自信がないように見える、と。[*14] そんな態度では周囲も私を信頼できないと言うのだ。

たとえば、講演の頭にいつも、「私は専門家ではありませんが……」とつけてしまうこと。「自分が話していることを自分でわかっていないなんて切り出したら、誰も聞いてくれないよ」という夫の言葉は忘れられない。

それ以来ずっと、教え子や指導を仰ぎにきた女性たちに、私が学んだ教訓を伝えてきた。講演や講義のあとで、真っ先に手を挙げなさい。女性はいつも指されるまでずっと待ってしまうから。自信を持ってはっきりと話しなさい。自分の主張の弱点を探し、自問しなさい。その際、論破されそうな部分の言い訳を考えるのではなく、主張の根拠をさらに厳密に探り、強化しなさい。教授として、学部長として、講演者として、10年以上経験を積んできた50歳の私でさえ、クリントン国務長官らとの早朝会議でベテランの政府高官に囲まれると、若い頃に感じた自信のなさがよみがえってきた。国務省に入ってから、自信を持ってはっきりと自分らしく話せるようになるまでに、何か月もかかった。

だから、女性にとって恐れが最大の障害になりかねないことを、私自身よくわかっている。しかし、自信のなさを払いのけることが、悪循環を誘発する場合もある。仮に、仕事と家庭を両立できると信じ、前に踏み出し、仕事で成功し、上に昇れば、必要なものを要求して変革を実現することができるとしよう。それができれば、あなただけでなく、すべての人の役に立つ。35歳で終身在職権を得た私は、ある程度自分の時間が自由になった。42歳でプリンストン大学の公共政策大学院の学部長に就任し、トップに昇った。若くして上に立てば、家庭と仕事を両立しやすくなるのは確かだ。自分はきっと上に昇れると信じれば、そうなる確率が上がることも事実だろう。

でも、人生に思いがけないことが起きたら？　運も実力のうち、とアメリカ人は考えたがる。だが、「たまたまいい時にいい場所にいたから」、いい仕事に就けたというケースは少なくない。大学を出ての頃、私は勝手に自分の将来を決めつけていた。ニューヨークの大手弁護士事務所に入って国際部門で活躍し、偉いパートナーに認められる。政府の要職を務めたことのあるそのパートナーが再び政権に入る。私はその人についてワシントン入りし、政府の要職に就く。当時はそれがよくあるパターンだった。大手弁護士事務所の仕事がまったく性に合わないなどとは思いもせず、ボストンから離れられない男性と結婚するなんて想像もしなかった。

今の話は、思いがけない出来事の例だけど、たいしたことじゃない。運命などと呼べるほど、重くはない。しかし、あらかじめ計画できない出来事が、その後の人生に大きな影響を与え、現実を変えることがあるのも確かだ。たとえば、晩婚や未婚、離婚、不妊なども、予想外の出来事かもしれない。不況、どんなに努力しても自分の実力を認めてくれない上司、単身赴任や遠距離通勤、手のかかる子供。あるいは、思ってもみないほどの子供への愛着。親の介護。病気、失業、借金、天災や人災。

予期せぬ出来事に出会っても、人々がそこから立ち直れるようなしなやかさが、社会には必要だ。目的地は同じでも、そこに至る道はさまざまに違っていていいはずだ。逆況から立ち直れるかどうかは、個々人の自信と信念に拠るところが大きいのも事実だろう。それでも、いつも前向きな人でさえ、「強く願えば夢がかなう」と思い込むだけでは、人生うまく行かない。逆境や予期せぬ出来事は人生につきものだと考えた方がいい。そしてそれに備えた方がいい。そのためには、自分に何ができるのかできないのかを、現実的に見直す必要がある。もし8時間睡眠が必要なタイプなら、5時間しか眠れないライフスタイルを続けられるはずはない。整理整頓が世界一得意でもない限り、責任ある仕事と家事を同時に引き受ければ大変なストレスがかかるし、大ポカをやらかしても当たり前だろう。仕事でも家庭でも毎日さまざまな活動を詰め込んでいれば、創造性のある人でもすぐに燃え尽きてしまう。

重要なのは、どのあたりが限界かを予期することだ。それまでは仕事と家庭を両立させて充実した生活を送っていても、ある時点を超えるとそれを続けられなくなってしまうものだ。たとえ志が高く、自信にあふれ、協力的なパートナーがいても、必ず限界はある。私自身もそうだし、私が話した人たちや私に手紙をくれた人たちもそうだった。やる気満々で社会に出ても、思いがけない場所にたどり着いてしまうものだ。どこが限界かは、人によってまったく違う。だが、明らかなパターンがあることも事実だ。

限界を知る

子育てや介護を上手にやりくりしている共働きのカップルは少なくない。そうした人たちは驚くほど用意周到に厳しく時間を管理している。そしてたいがいは睡眠不足に悩まされている。学校行事に持って行くお菓子を夜中に作ったり、朝5時起きで会議の準備をしたり。そんな生活にクタクタになりながら、それでも気分はいいのかもしれない。学部長時代、私はいつも、幸運を噛みしめながら大学まで歩いたものだ（私は職場が近かったから、生き延びられた）。好きな仕事ができて、仕事より好きな家族がいる私は世界一幸運だと思っていた。とはいえ、予定がぎちぎちに詰まっていたので、子供が中耳炎のようなちょっとした病気にかかっただけで、ドミノ倒しのようにさまざまな仕事が重なってにっちもさっちもいかなくなってしまっていた。そんなときには家庭にも仕事にも自信を失うこともあった。だが、人生全般で言えば、充実感がストレスを上回っていた。今もそうだ。

しかし、どんなに整理上手な人でも、どれほどマルチタスクの達人でも、限界はある。何かが起きると、慎重に計画していた生活のバランスが突然崩れてしまうのだ。第2子の誕生がそのきっかけになることは多い。弁護士事務所や企業では、「2人目症候群」としてお馴染みの現象だ。1人目のときにはこなせていたのに、2人目ができるとフルタイムで働けなくなったり、同じ仕事ができなくなる。2人目ができたあとでなんとか同じ仕事をやりくりしている女性でも、子供の病気や問題行動をきっかけに仕事に支障が出始めるケースも少なくない。その他にも、バランスが崩れるきっかけはさまざまだ。親の介護。配偶者が昇進して出張が増えた。離婚。引っ越して頼れる人が近くにいなくなった。妻が昇進して出張で家を空けることが増え、夫がその穴を埋められない、または埋めたがらない。

私の場合、そのきっかけはかなり極端で、予想できたことでもあった。思春期の2人の息子を家に残して、別の町で1分1秒を争うような仕事をしていたのだから。なのに、私にはその限界がわからなかった。「最後の藁1本がラクダの背中を折る」ということわざがあるけれど、どの藁がその最後の1本なのかはわからない。家庭の状況はみんな違う。ある女性には簡単にできることが、別の女性には大変な重荷になることもある。限界がない女性もいる。問題は、仕事と家庭の両立という危ういシーソーゲームの中で、何かをきっかけにバランスが片方に大きく傾いてしまうということだ。そんなとき、たいていは女性が家族の世話をすることになり、男性が家族を養うことになる。

ある名門銀行で社員向けの講演を行ったとき、ひとりの若い女性に出会った。ここではリンダとしておこう。彼女がくれたメールには、あの講演のすぐあとで、限界点を迎えたと書いてあった。

昨日、銀行を辞めました。仕事は大好きですが、家族のために仕方のないことでした。よくある話ですが、子供のことで「緊急事態」が起き、腹をくくらなければならなくなったのです。信頼していたベビーシッターさんが7か月の免許停止になってしまいました。突然のことで、あわてて子供の世話をしてくれる人を探しました。でも、正直に言うと、1年で4回もベビーシッターを変えるのが、3人の幼い息子（6歳と3歳と1歳）にとっていいことだとは思えませんでした。おそらく子供たちは大丈夫なのでしょうが……どちらかというと私が大丈夫ではなかったんです。

職場環境は理想的でしたし、時間の融通も利きました。それでも、一時的にベビーシッターを失ったことで私はパニックになり、立ち止まり、仕事を辞めることのいい点と悪い点を８００項目も書き連ね、日に12回も「自分は正しいことをしているのだろうか？」と夫に議論をふっかけ、夫をほとほとうんざりさせてしまいました。「正解」を探して、知り合いの女性みんなに連絡を取り……結局気づいたのは、自分が子供たちにとって安心して頼れる存在になることが、今の私には仕事の成功よりずっと大切だということでした。もちろん、目先のことに囚われて理にかなわない判断をしてしまったのかもしれないと恐ろしくなることはあります。これまで必死に努力して得たものを手放すわけですから。でも、今回の決断を後悔しないよう最善を尽くそうと思っています。*15

リンダは働き方を変えることもできたし、職場は融通の利く場所だった。それでも、彼女には彼女なりの限界があった。融通の利かない職場環境のせいで、壁にあたる女性は少なくない。そんな女性は、仕事を辞めたくて辞めるわけではない。仕事と家庭生活が両立できる環境を認めてくれない上司のせいで、締め出されてしまうのだ。『なぜ女性は仕事を辞めて家庭に入るのか』という本を書いた社会学者のパメラ・ストーンは、これを「選択の無理強い」だと言う。*16「パートタイムで働くことを許されず、解雇されるでもなく、異動も許してもらえない」女性は、志が高くても自分から外に出るしかない。

ケリー・ゴールドバーグはニューヨーク・タイムズの優秀な記者だった。*17正社員だった彼女は週3日勤務の契約社員にしてくれないかと頼み込んだ。だが、かなわなかった。正社員のままとどまるか、完全なフリーランスとして安い原稿料で記事を書くかのどちらかしか道はなかった。そこで、ニューヨーク・タイムズを辞め、ボストン・グローブで週3日の仕事に就いた。「ニューヨーク・タイムズを辞めるのはつらかったけど、まったく後悔はないわ。残念なのは、二者択一を迫られたことと」とケリーは書いていた。今はジョブシェアのできるボストンのラジオ局で、2人1組の勤務に就いている。

そんな話はまだまだある。バージニアの若い女性弁護士は、ある企業の法務責任者の職を提示された。彼女はやる気満々で、子供が2人いるので週に1日だけ自宅勤務にしてくれればお受けしますと答えた。だが、結局かなわなかった。こんなメールをくれた女性もいる。


企業の役員を目指していますが、2歳の子供をあやしながら経営陣に入るのはかなり無理があると感じます。小さな子供がいること自体は、障害ではあり得ないんです。だって、男性は昇進するたびに子供が増えるようですから。問題は、定時に会社にいないと仕事ができないと思われていることです。狭いオフィスの中でできる仕事を、30キロ離れた自宅でしてはいけないなんて、馬鹿げてますよね。[*18]

私のツイッターのフォロワーは、先ほどの記者の話に、こうコメントしていた。「『リーン・イン』でもなく、『退場《ゲットアウト》』でもない、もっといい道があるはずなのに」と。

家族の世話が自分の肩にのしかかっているときに「リーン・イン」するには、それを支える強力な支援網とできる限りの便宜を図ってくれる職場が必要だ。物理の法則と同じ。水辺に傾いている大木か、つま先で立っているバレリーナを思い浮かべてほしい。反対側に支えるものがないと、倒れてしまう。たとえば木の根がしっかりと地に張っていたり、相方のダンサーが手を添えていなければ、支えられない。

貧困に苦しむ4200万人のアメリカ人女性たちにも、そんな支援の体制が必要だ。人気キャスターのマリア・シュライバーはそんな人々を、「瀬戸際の女性たち」と呼んでいる。貧困の淵に立つそうした女性たちにとって、「たったひとつの出来事が、人生を破たんさせる。たとえば医者にかかったり、給料の支払いが遅れたり、車が故障しただけでも、生活が立ち行かなくなってしまう」のだ。[*19]

彼女たちの「限界」は、子供たちの面倒を見られなくなる時点だ。そんな子供の数は2800万人とも言われる。それに彼女たちに頼っている親類の面倒も見られなくなってしまう。こうした女性はすでに、仕事をふたつ掛け持ちしている。彼女たちの悩みは職場で時間の融通が利かないことではない。低賃金の仕事には、一定時間働ける保証がないことだ。一定の保証があり賃金もそれなりの仕事が、彼女たちには必要なのだ。そうすれば苦しいときへの備えもできる。ほかにも、必要なものはある。お金のかからない保育所と教育インフラ。子供や家族が病気になったときに使える有給休暇。そして子育てや家事労働に価値を置き、それを尊重する文化だ。

「協力的な相手と結婚すれば、すべてを手に入れることができる」のウソ

成功した女性が若い女性に説いている、もうひとつの根強いお題目がある。それは、人生のパートナーを正しく選ぶことが、キャリアにとっていちばん大切だという教えだ。結婚相手が平等に家事を分担してくれれば、仕事にも平等に取り組めるというわけだ。もちろんこの題目は多くの点で正しい。でも、現実はそれほど単純ではない。

私も、もし夫がいなければ、今のキャリアを築けていなかった。夫は息子と長い時間を過ごし、宿題も見てくれた。野球にも、音楽のレッスンにも、写真にも、トランプにも、その他のいろいろなこ

とにも付き合ってくれた。4年生のときに外国料理を学校に持っていくことになると、夫は祖母が得意だったハンガリーのパラチンタというパンケーキを作ってくれた。学芸会で主役になった上の息子は、夫と一緒にセリフを暗記した。進歩的で余裕のある大学教授だった私たちは、どちらも産休と育休を取ることができた。子供ができたときは2度とも、ふたりで順番に一学期ずつ休みを取った。夫はすぐに赤ちゃんの世話に慣れた。私と同じくらい上手に息子たちのオムツを換え、服を着せ、ミルクを飲ませ、ゲップをさせ、あやしてくれた。私は夫より出張が多く、よく家を空ける。愛情にあふれ子供の扱いもうまい夫がいなければ、安心して家を空けることはできなかったし、そもそも出張の多い仕事には就けなかっただろう。

だから、あなたのキャリアを喜んで支えてくれる人を伴侶にすることが、家庭を持ちながら仕事の夢をかなえることに欠かせないのは確かだ。とはいえ、「フィフティ・フィフティ」は幻想にすぎない。人生はそんな風にはいかないものだ。この現実を真正面から認めるのは難しいけれど。

「平等」はけっこう難しい

「正しい伴侶を見つける」ことが大切だと言うけれど、それもまた、自分の人生は自分でコントロールできるという幻想が前提にあるように思う。人間というものは、どんなに頑張ってもいつも最良の選択ができるわけではない。私の世代の離婚率はおよそ5割。[*20] それを見てもわかるはずだ。私自身も24歳で結婚し、30歳で離婚した。大学卒業後まもなく出会った元夫と私は、お互い仕事の面で成長するにつれ、向かう方向が違ってきた。子供がいなかったので、離婚がキャリアに影響することはなかった。でも、もし子供がいたら、別の街に移って、それぞれに法律と医学という別々の仕事を突き詰めることはできなかっただろう。私にしても、終身在職権を得るために1日15時間仕事漬けの生活など送れなかったはずだ。

自分では正しい選択をしたつもりでも、また独身に戻ることだってある。たいていは子供がいて、元夫と子育てを分担していかなければならなくなる。離婚したカップルで養育権を分担している場合には、実は結婚していたときよりもそれぞれの自由になる時間は増える。お互いが子供のために割く時間を決めるからだ。それでも、子供が自分といるときに、仕事で緊急の呼び出しがかかったり突然出張を頼まれたりすると、身動きがとれなくなる。離婚後ひとりで子育てをしているシングルマザーの多くは、結婚していたときより経済的に困窮し、家事も子育ても手伝ってくれる人はいない。*21

たとえ離婚しなくても、30代、40代、50代と年齢を経るにつれ、結婚した頃とはお互いに違う人間になっていく。例の記事が世に出たほんの1か月後に出席したコロラド州の会議で、ある女性に出会った。ハーバード・ビジネススクール出身のその女性は、同級生の中で思い描いたキャリアを実現できている女性はほとんどいないと言っていた。ほとんどが自分と同程度の男性と結婚していたからだ。もちろん、結婚するときには同等な人生のパートナーになることを誓う。だが、どちらかの出世を優先させなければならなくなると、高学歴の男性が自分の野心を犠牲にして仕事時間を減らしたりすることはない。この現実の前に、平等という幻想は崩れ落ちてしまう。

その女性の話は、彼女の身の回りに起きたことだ。とはいえ、統計もそれを裏付けている。2014年にハーバード・ビジネススクールが、ベビーブーマー（1946－60年代生まれ）、X世代（1960－70年代生まれ）、ミレニアル世代（1980年代－2000年代初頭生まれ）など2万5000人を対象に行った調査では、およそ半分の女性が「子育ての主導権を担うつもりだ」と答えていた。つまりそれは、自分よりもはるかに多くの時間と体力を仕事につぎ込める男性と闘いながら、二重の負担を抱えることを意味している。さらに、ベビーブーマーの女性の4分の3と、X世代の3分の2は、「自分が子育ての中心になるつもりはなかった」のに、実際にはそうなったと答えていた。[*22]もちろん、今の男性はひと世代前よりもはるかに家事に関わっている。洗剤のコマーシャルでさえ女性だけでなく男性をターゲットにするまでになった。だが、全体を見ればまだ、家庭のほとんどのことをしているのは女性なのだ。[*23]

「五分五分」では足りない

フィフティ・フィフティの関係というと、こんなイメージを持つ人も多いのでは？　夫は妻と同じくらい仕事で成功していて、家のことも完全に平等に分担してくれる。若い女性が、現実を見ずに、そんな幻想を抱きたがるのもわからなくはない。現実には、仕事でトップに昇った女性の多くは、家事を平等に分担していない。ほとんどの場合、仕事で成功を極めた女性には、家庭で半分どころかはるかに多くの負担を背負ってくれる配偶者がいる。[*24]それなのに、若い女性の多くは一緒にお皿を洗ったりオムツを換えてくれる夫を夢見るだけで、自分がトップに昇るためには夫が仕事で上に昇らずに家庭を支えなければいけないとは認めたがらない。彼女たちは、夫が自分より仕事で成功できないと嫌なのだ。トップに立つ男性のほとんどは、妻の仕事の成功にはこだわっていないのに。

女性リーダーたちが集まる華やかな催しでは、そんな醜い現実が話題になることはない。家事も育児も夫任せなんて話はしないから。「専業主夫について」のパネルディスカッションなどない。女性CEOに、「ご主人があなたのために仕事を諦めたのはいつですか」などと聞くインタビュアーもいない。
そんな華やかな女性リーダーの催しで、アメリカ大手の軍需・航空宇宙工業会社ロッキード・マーチンのCEOになったマリリン・ヒューソンの話を聞く機会があった。カンザス出身のマリリンは、父親を早くに亡くし、母親が女手ひとつで5人の子供を育てあげたそうだ。CEOに就任したのは2012年の終わり。とても感動的な話だった。母親は彼女に、「必死に努力すれば、なりたいものになれる」と教え込んだ。2005年のインタビューでも、マリリンは同じ調子で、女性たちにこんなアドバイスを与えていた。「大切なのは、最善を尽くすこと。そして、自分に限界を設けないこと」[*25]
ロッキードのCEOに就任するまでに、マリリンは社内で18もの異なる部門のトップを歴任している。CEOに就任した日、防衛関連のシンクタンクのトップは彼女をこう評した。「彼女が選ばれたのは、これまで一度も昇進を断らなかったからだ」。マリリンはそれまで、宇宙関連事業から社内監査までさまざまな部門を統括し、ジョージア、テキサス、メリーランド、ニューヨークと国中を転々としてきた。経営陣入りするまでに8回も引っ越している。[*26]
本当に夫と平等に子育てをしていたら、こんなキャリアが可能だろうか？　家のことをすべてフィフティ・フィフティに分担していたら？　マリリンには2人の息子がいる。もちろん裕福だ。とはいえ、おカネで誰かを雇っていても、家族みんなで引っ越せば、学校、病院、歯医者、スポーツ、習い事など、すべてをいちからやり直すことになる。学校行事やスポーツの試合などを誰が見に行くのだろう？　だんだんと難しくなる宿題を誰が一緒にやってあげるのだろう？　配偶者はその8か所の移転先で安定したキャリアが築けるのだろうか？
マリリンの秘密兵器は夫のジェームズのようだ。ジェームズは「妻がロッキードで昇進するあいだ、

2人の子育てに専念することを選んだ」と言う。[*27] 息子たちを小学校から高校まで通わせ、すべての面倒を見たのは夫のジェームズだった。マリリンがCEOになる頃には、息子は2人とも大学に入っていた。CEO就任時に発表されたマリリンのコメントには、これまでの仕事の功績と経営スタイルが余すところなく述べられていた。だが家族のことについてはほとんど触れていない。もちろん、家庭のことはプライバシーの範疇だというのはわかる。それでも、マリリン自身の努力と決意だけが、成功の要因ではないだろう。夫が子育てをしてくれたことが、彼女の成功には欠かせなかったはずだ。

私はマリリン・ヒューソンを尊敬している。トップに昇る女性たちをみんな尊敬する。それでも、若い女性に夢と自信さえあればいい、それに加えて協力的な配偶者がいればいいと説くだけでは、足りないと思う。昇進をことごとく受け入れ、会社が命じればどこにでも喜んで転勤する女性には、家庭の負担をすべて引き受けてくれる配偶者か、少なくとも家事と育児の柱となってくれる人が必要になる。男性CEOにも、まさに同じ支えが必要なのだから。

子供と一緒にいたい

たとえあなたが100パーセント仕事に打ち込んでいても、たとえ夫が喜んで家事と育児の柱になってくれたとしても、そのうちにあなた自身がキャリアの成功と家族と過ごす時間とを天秤にかけるようになる。アトランティック誌に載った例の記事についてインタビューを受けたとき、記者のハンナ・ロージンは私にズバリと指摘した。あの記事の中で、「私は家に帰りたかった」という一文が、いちばん書きづらかったのではないですか、と。図星だった。それを公に認めることには、かなりの抵抗があった。でも、息子たちのいる家に帰る以外の道を、私は選べなかったというのが本音だ。

それは、決して私だけではない。

大手弁護士事務所で訴訟代理人を務めたレベッカ・ヒューズは、受賞歴のあるジャーナリストでもあり、現在はニューヨークで法律専門誌の編集者として働いている。双子に恵まれ、3人目の子供も生まれたが、仕事は中断していない。ご主人が家庭に入って3人の娘の面倒を見ているので、レベッカは「役割を交換し、自分が『父親』として働きに出られた」と言っている。[*28] そんな「スーパーマザー」でも、これまでの道は決して平たんではなく、大学院を出たときには今の状況は予想できなかった。驚くほど子供に後ろ髪を引かれた。家を守ってくれる専業主夫がいたのに、子供たちと離れるのは身を切られるようにつらく、大手弁護士事務所で忙しくしているよりも、子供と一緒にいたかったと言う。

勤務時間を2割減らしてもらえないかと頼んだところ、返ってきたのは疑いの目だった。「本気で仕事をやるつもりがあるのか？」と訊かれたのだ。それはおそらく、夫が家を守っているからでもあった。男性が子供にもっと時間を割きたいと思っていても、家に専業主婦がいれば勤務時間を減らしてくれとは言い出しにくい。レベッカはもちろん今も昔も真剣に仕事に打ち込んでいる。それでも、出勤前に子供たちと過ごしたり、たまにでいいから学校行事に参加できるだけの時間の余裕が欲しかった。完璧な伴侶を見つけてもまだ、役割を完全に交換する気になれなかったのだ。

この生理的な欲求に面と向かうのは、知られたくない秘密を打ち明け《カミング・アウト》るようなものだ。作家でありプロデューサーとしても活躍するアビゲイル・ポグレビンは、「母性とキャリアのあいだの綱引き」について語っている。彼女は、充実したキャリアを送りなさいと言われて育った。だが息子が生まれると、自分でも驚くほど、離れたくないという強い感情が湧いた。アフリカに取材旅行に発たなければならなくなったとき、空港で泣き崩れてしまった。[*29] 後ろ髪を引かれた彼女は結局、出張の多いフルタイムのテレビの仕事をきっぱりと辞め、執筆の時間も減らした。キャリアと子育ての間で揺れ動く気持ちを、「綱引き」などと表現するのは変かもしれない。要するに、反対の方向に一度に引っ張られるという意味だ。しかも、引っ張られる原因は義務感ではなく、欲求なのだ。

「順番を間違えなければ、すべてを手に入れることができる」のウソ

マリリン・ヒューソンがロッキード・マーチンのＣＥＯに就任したとき、シンクタンクのトップを務めるローレン・トンプソンは、ある雑誌にこう語っていた。「こうした企業で昇進を断ると、置いて行かれる」[*30]。とすると、こんな決まり文句も疑ってかかった方がいい。それは「すべてを手に入れることはできる。でも、それには順番がある」というものだ。

子育てをしながら、キャリアでもトップに昇り詰めることは、理論的には充分に可能だ。寿命も伸びている。自分の教育にある程度の時間をかけてから仕事を始め、仕事中心の時期に急いでキャリアの階段を上り、子供や親の世話が必要な時期には少しペースを落として、50代半ばから70代の半ばにもう一度アクセルを踏んでトップの地位に昇ればいい、とも考えられる。女性の場合、60歳から80歳のあいだに頂点に立てるようになるかもしれない。しかし、今の社会はまだそこまで来ていない。今はまだ、トンプソンの言ったことが現実だ。短期間であっても、リーダー行きの高速道路を降りてしまったら、再びレーンに戻ることはできない。

ここ数年のあいだに、40代または50代前半という人生の中盤以降に法律の仕事に就いたという素晴

らしい女性にお会いする機会が増えた。だがそれよりも、30代のはじめに大手弁護士事務所に就職し、活躍を認められてパートナー候補となりながら、第1子か第2子の誕生をきっかけに仕事を減らし、永久にパートナー戦線から脱落してしまう女性の方がはるかに多い。ニューヨークの大手渉外事務所の元パートナーで、今は全米法廷技術研究所（NITA）の所長を務めるカレン・ロックウッドは、女性パートナーが圧倒的に少ないという記事をニューヨーク・タイムズに寄稿した。カレンはそれを、有名なフェミニスト作家で法学者のジョアン・ウィリアムズの言葉を借りて「母親の壁」と呼んでいる。

ロックウッドはこう言う。「男性パートナーのあいだには暗黙の了解がある。女性は子供ができると仕事への意欲が減る、またはできることが少なくなる、と彼らは思い込んでいる。だから、子供を持つ女性は仕事の幅が狭まり、昇進の可能性も下がる。この暗黙の前提が女性の『壁』になっている[*31]」

それなら、子供を作る前にパートナーになればいい、と言われそうだ。だが、その順番はなかなか自分の思い通りにはならない。

子供を産むタイミング

先ほども書いたが、私は24歳で結婚し、30歳で離婚した。再婚したのは35歳のとき。30歳から35歳まで独身だったので、やる気と努力でシカゴ大学ロースクールの終身在職権を得ることができた（当時は結婚せずに子供を作るということはまったく頭になかった）。アンディとは愛し合っていたけれど、ケンブリッジとシカゴに離れて遠距離恋愛を続けていた。2週間おきにどちらかの場所で会う以外は、必要ならいつでも夜なべで働くことができた。一緒に過ごす週末も、お互いに終身在職権を目指す学者なので、ふたりでノートパソコンに張り付いていることもあった。

1993年秋に結婚したとき、すぐに子供を作るつもりだった。欲しくても子供ができないかもなんて、露ほども考えなかった。長男のエドワードができたのは3年後。私は38歳になっていた。結婚後半年間は自分たちで努力したあと、18か月間はさまざまな妊活を行って、やっと体外受精で授かった。その間の2年は、人生最悪の時期だった。けれど私たちは幸運だった。最初の体外受精で妊娠したからだ。次男は比較的簡単に自然妊娠できた。だから、40歳までに私は終身在職権と2人の息子に恵まれた(私より後に大学で教え始めた夫は、終身在職権を得るのに時間がかかり、2人の幼い子供の世話をしながら終身在職権を得るのは難しいのではないかとかなり心配した)。

私と同世代かその前の世代の女性の多くは、そんな幸運には恵まれていない。米国産婦人科学会によると、女性の生殖能力は32歳まで「ゆっくりと確実に」減り続け、37歳以降はがくんと下がるという。体外受精の成功率も、年齢と共に下がっていく。[*32] シルビア・アン・ヒューレットは、2002年に出版した『人生を作る』の中で、取材したキャリアウーマンの42パーセントは40歳までに子供が持てず、そのことを大変後悔していたと書いていた。[*33]

私も含めて、多くの女性が若い人たちに、もしできるなら30代後半までに子供を産んだほうがいいというのは、そういう理由からだ。深夜にピザとビールを囲んで大学院生たちとこの話をしていると、ある若い女性がこんな風に言い返した。つまり私の話は、30代初めのその女性に、「いますぐ大学院を辞めて妊娠しろ」と言っているのと同じことだ、と。私は違うと言った。もし事情が許すなら、大学院時代は妊娠に最適な時期だからだ。それでも彼女の言いたいこともわかった。つまり、私自身がしなかったことを、若い人たちに勧めている、ということだ。確かに私は30代の前半は仕事に没頭していたわけだから。

そこでひと回りして、順番のウソという話に戻る。結婚であれ、キャリアであれ、妊娠であれ、自分がコントロールできるわけではない。もちろん、人生が計画通りにいくはずのないことは言うまでもない。

それに、私のようになんとかうまくいったとしても、30代後半から40代前半に出産すると、50代の半ばにその子は思春期を迎える。キャリアのピークに差し掛かる頃、トップの地位が目の前に提示されるときに、子供たちは思春期を迎え、幼い頃よりも親の存在が必要になる。

私の世代の女性の多くが、キャリアのピークでチャンスに背を向けてしまうのは、そのせいだ。彼女たちは以前なら飛びついたに違いないチャンスを見送り、またいつかそんなチャンスが訪れることを願う。子供（や年老いた親）ともっと一緒にいるために、アドバイザー的な立場に移ったり、パートタイムに変わったりして、しばらく仕事を控える女性もいる。そうした女性たちは、あまり長いこと前線を離れていると、これまで必死に努力して手に入れたスキルが役に立たなくなってしまうのではと心配する。

上か外か

たとえ完璧なタイミングで子供を産んだとしても、仕事があなたのタイミングに合わせてくれるとは限らない。現実の職場では、いまだに「上に昇るか、外に出るか」の二者択一を迫られる。つまり、昇進を断れば、取り残されてしまうのだ。ある大手石油企業で講演をしたときのこと。家庭と仕事をだ。

両立しやすくするために、この会社は多くの施策を実施していた。そんな中、3人目の子供を出産後にパートタイムで働いているという女性が、手を挙げた。家族の事情に合わせて働き続けられるような環境を作ってくれた会社にとても感謝している、と彼女は言った。だが、私の講演を聞いたあとに改めて、経営の上層部に昇りたいと思ったし、その目標に向けてふたたび打ち込むつもりだと言うのだ。

つまり、会社が準備した柔軟な働き方を活用したことで、彼女は「ママ路線」に乗ってしまった。「ママ路線」とは、勤務時間が短いかわりに、それほど多くを期待されない働き方だ。言い換えれば、「出世路線」ではない道だ。仕事のペースを落とそうと決めたとき、その女性は昇進を諦めざるを得ないことをわかっていたし、それを受け入れていた。でも、その前提にここで疑いを持ったのだ。ママ（パパ）路線は、出世路線と反対の方向だ。でも、どうしてそうなんだろう？　パートタイムで働いたり、フレックスタイムを使ったり、しばらく休みを取ってまた戻ってくれば、昇進が遅くなるのはわからなくもない。だけど、完全に出世路線から外されてしまうのは、なぜなのか？　それは大企業で出世するには、路線がひとつしかないからだ。つまり、上に昇るか、外に出るかの二者択一なのだ。事実、キャリアは単一のレースだと考えられている。全員が同じ場所から出発し、同じ期間に競い合うという制度を、誰かが決めたのだ。そのやり方に従って戦える人が、このレースで有利になる。だから、子育ての責任のない人や、家事をやってくれる伴侶のいる人が勝ちやすい。それは、社会全体として膨大な才能を無駄にしてしまう制度だ。このレースでは、長い期間を走り切るための耐久力、忍耐力、強さ、しなやかさを備えた長距離ランナーが埋もれてしまう。また、人とは別の道でゴールに到着したり、未知の領域に踏み出す意欲のあるランナーも、陽の目を見ることはない。そのレースを超えて先を見るような、独特な考え方を持つランナーも、上に昇ることができない。

真 実（ホントのこと）

ではここで、真実に目を向けよう。

必死に仕事に打ち込んでいれば、すべてを手に入れられる……もし、なにか思いがけないことが起きて、完璧に計画したはずの仕事と家庭のバランスが崩れてしまわなければ。

協力的な相手と結婚すれば、すべてを手に入れられる……もし、その相手があなたのために自分のキャリアを喜んで犠牲にし、離婚することもなく、あなた自身、子供が生まれたあともそれほど一緒にいたいとも思わず、年老いた両親の面倒を見る必要もなければ。

順番さえ間違えなければ、すべてを手に入れられる……もし、計画通りに子供ができれば。もし、組織にパートタイムかフレックス制度があり、それを使っても昇進の道が閉ざされなければ。もし、しばらく仕事から離れても、年齢に関わらずトップに登れるような道が見つかれば。

この章のはじめにも書いた通り、若い女性のやる気をくじくつもりはない。華々しいキャリアを築いてトップに昇り、社会全体を改善するという夢を諦めなさいと言っているのでもない。だが現実をしっかりと見据えていなければ、才能が無駄になってしまう。子供ができたり、親や身内の世話をしなければならなくなった女性は、リーダーへの道から外れてしまう。アメリカ人女性の3分の1は貧困の中か貧困の瀬戸際で生きている。真実を見なければ、そんな女性たちこそ職場から押し出されるし、絶望に突き落とされがちな現実からも、目をそむけることになってしまう。

私たち個人にも、できることはある。前に進む意欲を失わず、現実に対処すること。そのときがきたら上に昇りたいということを、自分にも、家族にも、会社にも、はっきりと表明すること。それと同時に一直線の出世街道だけを重視するルールや組織構造に対抗し、昇進や大きな仕事を遅らせて家族との時間を優先する社員を脇に押しやるような文化を否定すること。トップに昇りつめた華々しい女性だけを見上げるのではなく、能力もやる気も充分にありながら、思いがけなく人生の回り道をすることになり、リーダーへの道から外れたり、その道が閉ざされてしまった人たちの存在を知ること。

まずは真実を語り、全体像を見ることが、出発点だ。しかし、それは私たち女性だけでできることではない。男性にもまた根強い思い込みがある。それが彼らにとって都合のいい真実になっている場合もあれば、彼らがその真実以外を知らずに生きてきた場合もある。だから男性も、女性と同じように厳しく自分自身を疑ってかからなければならない。

2 男性神話のウソ

この50年間、フェミニズムは社会の変革を促してきた。その過程で、人々は女性や性差についての思い込みに疑いを投げ、この社会に根強く残る言葉遣い、分類、ステレオタイプを問い直してきた。そろそろ男性についての思い込みにも疑問を投げるときだろう。

ここで取り上げる、男性についてのよくある思い込みは、みんなが大っぴらに話す類のものではない。「女性はすべてを手に入れることができる。ただ、同時には手に入らないだけ」といった決まり文句のようなものとは違う。それでも、女性と仕事と家庭の議論が起きるたびに、伝家の宝刀のように持ち出されるものだ。そうした思い込みを男性が口にするのを聞いたこともあるし、それを当然のこととして受け入れている女性もいる。最初の思い込みは、「男性もすべてを手に入れることはできない」というものだ。そう言われると、現実の男女格差から注意が逸れてしまう。2番目は、「子供には母親が必要だ」という思い込み。少なくともアメリカでは、母性とアップルパイは神聖不可侵な存在とされている。この言葉には、誰も反論できない。そして3番目は「家族を養うのが男性の仕事」という思い込み。これは聖書にまでさかのぼる。

こうした思い込みもまた、真実の半分でしかない。もちろん、どこが真実なのか、少なくともどの部分は理にかなうのかを考えることは重要だ。一方で、映画館の床にべちゃっと張り付いたポップコーンのように、どこが踏みつけにされて歪められ、実態がわからなくなっている部分なのかを知ることが、最初の一歩になる。それが、信念や常識から解き放たれるきっかけになる。思い込みを払いのける前に、まずは何が真実で何が偏見かをはっきりさせよう。

「男性もすべてを手に入れることはできない」のウソ

このところ、「すべてを手に入れる」という考え方そのものが批判されている。このキャッチフレーズ自体が、ストレスのたまった働く母親たちにあれもこれも買わせようという広告業界のたくらみだと言うフェミニストもいるほどだ。ベストセラー作家のレベッカ・トライスターは、オンライン誌上で「すべてを手に入れる」というフレーズを禁止しようと提案した。女性はただ男性と同じように家庭と仕事の両方を求めているだけなのに、このフレーズのせいで女性がさも身勝手で貪欲に見えてしまうからららしい。それに、何百万という人々が生き延びることに汲々としている中で、あまりに無神経に聞こえるからだ。

さらにややこしいことに、男性の多くも、自分たちだってすべてを手に入れてないと声を大にする。白人女性が家族を育てながら仕事をしていても望みの地位に昇れないと愚痴るように、男性もまた仕事をしながら家族と充分な時間を持てないと愚痴るのだ。男性はその状態を強いられていると感じているわけだ。

　男性のそんな言い訳を聞いて、はじめは反射的に「違う」と思った。もちろん、欲しいものすべてを一度に手に入れることなど、誰にもできない。それでも、そもそも女性運動は、男性が女性よりもはるかに多くを手に入れているという前提から成り立っている。男性は息子であり、兄弟であり、夫であり、叔父であり、父親であると同時に、仕事でも花開くチャンスが女性よりもはるかに多く与えられている。実際、世界を見回せば、女性は基本的な人権を得るのにも闘わなければならない。暴力や恐怖や欲望に晒され、自分の身体を自分の自由にできず、移動することや教育や夢を追いかける権利も保証されていない。

　アメリカのようにそれなりに進歩的な国でさえ、ほとんどの女性は、男性の大半が手にしているものを持っていない。１９７９年にアラバマ州のタイヤ工場で働き始めたリリー・レッドベターは、20年後にはじめて、同僚の男性管理職よりも自分の給料がはるかに少なかったと知った。「男性よりも長時間働き、男性よりも賢くなければ、自分の能力を証明できないことは、はなっからわかっていました。でも、長年これほど男性より低い給料で働いていたとは思いませんでした」。匿名の社員が彼女と男性の同僚の給料の一覧を、彼女のメールボックスに入れたのだ。それを見たとき、彼女はこう思った。「これまでみんなに認められようとがむしゃらに頑張って、実際に会社は私の努力と忠誠を認めて、報いてくれたと思っていました。それなのに、こんな仕打ちを受けていたなんて。あのリストを見て、私の努力や会社のために正しいことをしたいという私の想いは、会社にとってはどうでもいいことだったのだとはっきり悟りました。それも、たまたま女に生まれたからです。それだけの理由です」[*1]。それが１９９９年のことだ[*2]。それから10年以上が経った２０１３年の時点でも、アメリカの女性は同じ仕事に就く男性の82パーセントの賃金しかもらえていない。

とすると、「男性だってすべてを手に入れてはいない」というのは、単なる身勝手な作り話なのだろうか？　男性が実際に手に入れているものを、女性が欲しがるのは当たり前だ。アメリカでも当然だし、世界の他の国でも同じだろう。それでも、予断を持たずに男性の言い分を聞いてみると、その中にも大切な真実があることがわかってくる。真実の片側、と言った方がいいかもしれない。

男性がすべてを手に入れようとすると、女性よりも苦労する

ミレニアル世代の男性は、性別に関わらず欲しいものは同じだという。国務省で一緒に働いていたスティーブという男性は、こんな風に言っていた。国務省勤務の男性の多くは「ワークライフバランスに苦労していたけれど、これまで払ってきた犠牲や長時間勤務にだれも反対したり声を上げたりしたがらない」と。これまでの経験から、男性が声を上げると、仕事熱心でないと思われるばかりか、男らしくないというレッテルを貼られて昇進や出世に支障が出るからだ。[*3]

この問題は、女性がトップに昇れないのと同じくらい、解決の難しいやっかいな問題だ。ある公益企業の男性社員の例を見てみよう。その男性は第2子が生まれた1996年に3週間の休みを取った。「社内の人からはいろいろと批判されて、休みのあいだに自分の仕事を替わってくれる人もいませんでした。家にいて子供の世話をすることが『男らしくない』と言われている気がしました。子供を病院に連れて行くので休みたいと申し出たときにも、同じ雰囲気でした」。[*4] 17年後の2013年、法学部教授のジョアン・ウィリアムズは「父親のジレンマ」という論文を書いた。[*5] 彼女は、調査結果をこうまとめていた。「男性が子育てに配慮した柔軟な働き方を選ぶのは、女性と同じくらい難しいか、

もしかすると女性よりも難しい。それは、子育てがいまだに良くも悪くも女性の役割だと見られているからだ」

男性が子育てや介護のために3か月の休暇を申請すれば、降格されるかクビになる可能性が高いという研究もある。[*6] ほかの男性にくらべて女々しいと見られてしまうからだ。子育てに熱心な男性は、職場でひどい扱いを受ける比率が高いとも言われる。[*7]「男らしくない」としてイジメを受けることもあるらしい。だから、いくら柔軟な職場環境が大切だといっても、柔軟な働き方を選ぶと男らしくないと思われてしまう職場なら、それを選ぶ男性は少ない。[*8] 男性の育児休暇を認める企業の割合は2010年から2014年にかけて5パーセント下がった。[*9] 無給の育児介護休暇を与えることが法律で定められている企業の2割は、こと父親の休暇となるとこの法律には従っていない。続々と訴訟が起きていることからも、それがわかる。ある管理職候補の男性は、育児休暇を取るなんて自分の「クビを絞めるようなもの」だと面と向かって言われたそうだ。[*10]

男性もまたすべてを手に入れているわけではなく、もし女性と同じことをしようとすれば女性よりも大きな罰を受けるというのは、あながちウソではない。少なくとも西欧では、キャリアの夢を脇に置いた女性が社会的なアイデンティティの危機を感じることはあっても、女性らしくないと言われることはほとんどない。

多くのゲイの男性の体験も、この点を裏付けている。ゲイの男性の子育てに対しては、いまだに大きな偏見がある。元研究者で今はサンフランシスコのスタートアップに勤めるスコット・シーゲルは、例の私の記事を読んで、メールをくれた。それを読んで、改めて先ほどの点を思い出した。彼は、私も多くの男性と同じで、女性が子育てに後ろ髪を引かれるのは生物学的な理由だと言っていると思ったようだった。私はそこまで書いたつもりはなかったが、それでも彼の反応にハッとした。「あなたが書かれた記事をゲイの人たちが読むとは思っていらっしゃらないでしょう。特に、子供を持つゲイのカップルはあの記事をどう思うでしょう？『女性以外は、子育てと仕事のあいだで悩むことはない』なんて大間違いです。ゲイでもストレートでも、どんなタイプの人間でも、同じ壁に突き当たるんです。『すべてを手に入れる』ことにプレッシャーを感じているのが主に女性だなんて、それ自体が性差別です[*11]」

この男性が激しい反論を寄せたのは、恐れからだろう。私の記事が「この20年間にゲイやその家族が闘いの末勝ち取ってきた権利を否定したい人や、その権利を奪いたい人たちの思うつぼ」だと懸念していたのだ。もしあの記事がゲイ批判につながったなら、とんでもないことだ。この男性の強い調子の反論を読むと、ゲイの男性がなかなか男性として認められない現実を改めて感じる。男性に魅力を感じても、男性であることに変わりはないのに。もちろんゲイの男性もまた、女性と同じく子供や家族を愛し、育て、はぐくむ権利を与えられるべきだ。

高望み

「男性だってすべてを手に入れることはできない」という主張には、もうひとつ別のバージョンがある。アトランティック誌のウェブサイトに、こんな反論が載った。投稿主は、「自宅勤務」のシングルファーザー、アンドリュー・コーエンだ。自宅勤務とはいっても、コーエン氏は人気テレビ番組の「60ミニッツ」やCBSラジオのニュースに出演する有名な法律ジャーナリストだ。彼の毎日はワーキングマザーにとってはお馴染みの、「仕事と育児、育児と仕事」の綱渡りだった。息子と両親の世話に加え、仕事の責任も大きい。日中は記事を書き続け、息子の宿題に付き合い、夕食を準備し、仕事と育児以外の時間に、洗濯から恋愛まで、なにもかもすべてを詰め込んでいた。[*12]

コーエンは、「すべてを手に入れている男性は周りにいないし、自分でそう言う人もいない。でもそのことを愚痴る男もいない」と言っている。男友達と出かけるといろいろなことを語り合う。仕事、スポーツ、女性。もちろん、どうしたらいい親になれるかについても。でも、「すべてを手に入れたい」なんて話題は出ない。自分の父親だって、すべてを手に入れたいなどとは露ほども考えず、「愛する人を養えたらそれで充分」だと言っていた。

では、女性は男性より高望みをしているのだろうか？　今いる場所に満足できず、上をばかり見ているのだろうか？　つまるところ、アンドリュー・コーエンはそう言っていた。少なくとも、私と同世代の女性は人生に多くを求めすぎている、と。逆に、男性はそれほど多くを期待していないのだと言っていた。また、ミレニアル世代も、ひと世代前とは違って、自分の限界と人生や運の限界を賢く見極めているのだと。

だけど、ちょっと待ってほしい。不可能に手を伸ばすのが、アメリカの伝統なのでは？　私が子供の頃、男の子たちは高い目標を持ちなさいと励まされていた。そして今、女性たちも多くの男性が手に入れてきたものに手を伸ばそうとしている。充実したキャリアと家庭だ。それが多くを求めすぎだと言うのは、意地悪じゃないだろうか。

ウソとホント

「男性だってすべてを手に入れていない」という言い分は、ややこしい。確かに多くの男性は、今も昔も、家族との時間を犠牲にして仕事に励み、一家の大黒柱の役割を担ってきた。それは認めるべきだろう。キャリアで成功しながら家庭も持てる男性の多くは、家族ともっと時間を過ごしたいと願っている。

だが一方で、家庭のためにキャリアを犠牲にした男性もいる。元バージニア州知事で、バージニア大学ビジネススクールにその名前がついたコルゲート・ダーデンだ。[*13] 大きな支持を集めていた彼が1946年に上院議員への立候補を断ったのは、議員になると家族に会えなくなるからだった。国務副長官だったジム・スタインバーグと、国防副長官だったビル・リンもまた、2年間で副長官の座を降りた。どちらも子供たちともっと一緒にいたいという理由からだった。

それでも、フルタイムで家族の世話をする人と、フルタイムで外で働いて家族を養う人が、これまで平等な扱いを受けてきたとは思えない。それに、どちらの立場でも、逆の立場を今より多少は経験したいと思っていることも確かだろう。『新しい女性の創造』を著したベティ・フリーダンの夫のカールは、『新しい男性の創造』を書かなかった。男性を悩ます「名付けようのない問題」について描いたりもしていない。男性は経済的に誰かを頼っていることを愚痴らないし、妻が若い男性秘書と駆け落ちしたので突然自分が極貧に取り残されたと訴えることもない。男性は「弱い性」と見られることもなければ、理性や頭の良さで劣るとも思われていない。同一労働同一賃金を得るために闘う必要もない。そして、男性はアメリカ社会で女性よりはるかに権力と影響力を握る立場に立っている。

「子供には母親が必要だ」のウソ

自宅とワシントンを往復していた頃は、列車に飛び乗るためにしょっちゅう駅までタクシーを飛ばした。地元のタクシー運転手とも顔見知りになった。中でも仲良くなったのがスティーブだ。話好きでものすごく博学な男性だ。私より少し年上で、３人の子供はそれぞれ独立していて、孫も何人かいる。愛妻家で、母親想いでもある。男性と女性にはそれぞれ生まれつき得意なことと得意でないことがあるというのが彼の持論だ。信条と人生経験から、いつも自信満々に私にこう諭してくれる。「子供には母親が必要だよ」

母親は子供に特別な何かを与えることができる、という意味だ。それなしでは生きられない何か、父親にはない何かを、母親は与えることができる、と。母親ができることは特別で、父親ができることとは違うし、母親が手をかけなければ子供はすくすくと育たない、と彼は言っていた。もちろん、母親への褒め言葉のつもりなのだ。母の愛はなにものにも代えがたい。でもそれを自然の摂理としてしまうと、子育ての平等についての議論はそこから先に進まない。私にはそれが、思考を停止させる呪文のように聞こえてしまう。

もちろん、子供には母親が必要だ。そして父親も必要だ。おじいちゃんも、おばあちゃんも、兄弟姉妹も、おじさんもおばさんも、いとこも、フェイスブックでつながっている家族ぐるみの友人たちも。親の言うことなど聞かなくなる年頃に、子供たちを見守ってくれる人も必要だ。「子供には母親が必要」なのは本当だ。でも、「愛情を注いでくれる他の大人たちよりも、母親の方が必要」かと言うと、それは違う。

生き物として純粋に母親が必要なのは、子供がまだお腹にいる時期だけだ。代理母にしろ、養子にしろ、お腹の中で育ててくれる存在は必要になる。アメリカでは特に、そのことがきちんと認められていない。リベリアにもパプアニューギニアにもあるのに、アメリカにないものと言えば、有給の産休だ。[*14] 無給の産休でさえ、認められているのは50人以上従業員のいる企業だけだし、[*15] それも勤務期間が1年を超えていないと、受けられない。[*16]

勤務先に理解があって産休を与えてくれたとしても、妊娠がつらい人もいるし、キャリアがそこで止まってしまうこともある。ハーバード・ロースクールで教えているとき、同僚の若い女性が2週間の産休を取るつもりだと周囲に伝えた。ちょうど、ヤフーCEOのマリッサ・メイヤーも妊娠7か月のときに2週間の産休を取ると公表していた。私は心の中で、「はじめての妊娠だし、なにもかも順調にいけばもちろんいいけれど」と心配してしまった。私のはじめての出産は、思いがけず帝王切開だった。ほかにも予想外のことが起きるかもしれない。2人目の息子は予定日よりも3週間早く生まれた。最高の医療を受けられたとしてもまだ、1か月も床につくほど身体を壊してしまう場合もある。出産経験者ならみんな、妊娠中に思いもよらない目にあっている。

その上で、妊娠、出産、母乳以外で、父親が母親よりうまくできないことなどない（哺乳瓶に入れた母乳を飲ませている父親も多い）。それなのに、母親というステレオタイプと母親らしさという幻想は、父親幻想に比べて今も格段に大きい。私たちがいくら違うと言っても、母親の存在は父親よりもはるかに特別だと思われている。

アカデミー賞に輝いた『クレイマー、クレイマー』は、まさにこの点を突いた映画だ。この映画は、若く美しい母親を演じるメリル・ストリープが、6歳の息子ビリーを置いて、ダスティン・ホフマン演じる父親のもとを去る場面から始まる。ホフマン演じる父親は広告会社のエグゼクティブで、仕事一筋のあまり息子が何年生かもわからないありさまだ。シングルファーザーになったホフマンは子育てに没頭し、負担の少ない仕事に移る。そこにメリル・ストリープが戻ってきて、醜い親権争いの果てに、ビリーを手に入れる。最初に息子を捨てたのは彼女だったのに、子供は母親のもとにいるのがいちばんだと判事は判断する（最後にストリープはビリーを父親のもとに戻す。息子にとってその方がいいと気づいたからだ）。

『クレイマー、クレイマー』が公開されたのは1979年。今から約35年前だ。それ以来、離婚の数は激増し、養育権をめぐる法律も根本的に変わった。それでもまだ、母の愛と思いやりはなぜか父親に勝ると思われ、それが欠かせないという深く根付いた思い込みに私たちは囚われ、その思い込みと闘っている。たとえ、母親より父親の方が時間もエネルギーもある場合でさえ、そうなのだ。

もし子供に母親が絶対に必要ならば、ゲイの両親はどうなのだろう？　ゲイの両親のもとで育った子供がストレートの両親を持つ子供と同じくらい上手に社会に順応していることは、数々の研究から明らかだ。[*17] それなのに、社会はそんな事実にさえも追いついていない。ゲイの父親であるフランク・リグトベートは、パートナーと共に一男一女を育てた体験をニューヨーク・タイムズに寄稿した。[*18] 感動的な記事だった。リグトベートはオープンアダプション（生みの親と育ての親が情報を共有し共に子供の成長を見守る形式）を選び、子供たちの実の母親とも連絡を取り合い、子供の誕生と成長をお互いの人生の一部として共有してきた。それでも、たとえば具合の悪くなった子供を学校に迎えにいくと、不審の目を向けられる。「家族で外に出るたびに、赤の他人から母親はどこにいるのかと聞かれる。母親のいない子供なんて考えられないのだろう」。リグトベートはそう書いている。
子供になによりも必要なのは、愛、安定、刺激、思いやり、育み、そして継続性だ。それを与えられる養育者が、母親とは限らない。子育てを誰がどう行うにしろ、鍵になるのは安定した環境だろう。安定したひとり親家庭（生まれたときからずっとひとり親）で育った子供は、安定したふたり親家庭で育った子供と比べて、学業成績は変わらないことが、オハイオ州立大学の研究で明らかになっている。[19]
一方で、2013年にアニー・E・ケイシー財団が行った調査によると、子供の社会面、情緒面、身体面の健やかさを妨げている最大の要因は、貧困だった。[20] それなのに、批評家は、子供には母親が必要だという昔ながらの「良識」を持ち出す。子供たちを危険にさらしている、より深刻で広範な社会問題を直視して解決するよりも、そっちの方が簡単だからだ。

「家族を養うのが男性の仕事」のウソ

「家族を養うのが男性の仕事」という社会に深く根を下ろした思い込みは、もともと新約聖書からくるものだ。若き聖職者テモテへの手紙の中で、パウロはこう言った。「もしある人が親族を、特に自分の家族をかえりみないとしたら、それは信仰を捨てているのであって、不信者よりも悪いのです」[21]
これを「愛する人に責任を持ちなさい」という教えだとすれば、この言葉に異論のある人はいないだろう。自分の子供や、さまざまな形で自分を育ててくれた人に責任を持つのは当然だ。誰かのお世話をしている人はみな、なにかを与えている。愛、食べ物、着るもの、住む場所、養育、教育、慰め、励まし、看護、刺激、その他お互いのためになるなにか。現代の工業社会またはポスト工業社会において、労働や投資によってお金を稼ぎ、収入を持ち帰る人もいる。その収入を生活必需品や贅沢品に変える人もいる。お金がなければなにも買えないし、なにも買うことができなければ生活できない。

だが収入をもたらすのが男性だけだとすると、パウロの言葉はまったく違った後ろ向きな意味を持つ。コーランの4章にも同じような言葉がある。「男性は女性の保護者であり養い手である。アラーの神が男性に女性より強い力を与え、養う手段を与えたからである」[*22]。だが、「かえりみる」ことや「養う」ことが、世話をすることでなく収入を得ることだと捉えられるのはなぜだろう？　どうしてそれは、食事の準備をすることでなく、食べ物を手に入れることなのだろう？　どうして糸を紡ぐことでなく、亜麻を栽培することなのだろう？　どうして車を運転することでなく、車を買うことのなのだろう？　どうして家庭を作ることでなく、家を建てることなのだろう？

男性が家族を養うべきだという考え方は、いまだに文字通り重大な役割として受け止められている。最近は専業主夫がマスコミに取り上げられることも増えたが、2012年時点で自称専業主夫はわずか200万人だ[*23]。専業主婦よりも専業主夫の方が子供にとっていいと考えるアメリカ人は全体の8パーセントにすぎない[*24]。さらに、ピュー研究所の調査では、「結婚したい男性にとって、家族を養うだけの経済力があることはどのくらい大切か」という質問を受けた人の3分の2は極めて大切だと答えている。逆に、結婚したい女性にとって家族を養えるだけの経済力がどのくらい大切かという質問に、大切だと答えた人は3分の1にとどまった[*25]。

しかし、社会に深く根付いたこの思い込みは、経済の現実にそぐわない。1990年代と2000年代に押し寄せたグローバリゼーションの波は、製造業の海外移転につながった。これまで男性の仕事だった工場労働は、教育や医療といった女性の仕事に比べて打撃を受けている。その結果、経済力が男性から女性へと移りつつある。そのことを描いた『経済力をつけてきた女性』や『男性の終わり』といった本も出版されている。[*26] ある統計が、すべてを物語っている。アメリカ女性の4割が家庭の稼ぎ頭だという事実だ。その中にはシングルマザーも含まれるが、それでもこの割合が大きなトレンドを表していることに変わりはない。

さらに大きな経済トレンドもある。アメリカでは1980年以来、高い教育を受けたエリート以外は全員生活が厳しくなっているということだ。[*27] 大人が2人いる家庭の大半は、母親が働きに出るようになった。上院議員のエリザベス・ウォーレンとその娘のアメリア・ウォーレン・チャギはこれを、『ダブルインカムの罠』と呼んだ。[*28] 10年以上前の2003年にふたりがこの本を出版したとき、住宅ローンの支払い額は、父親の平均収入の7倍の速さで増加していた。[*29] 当時から今までのあいだに、固定的な支出はさらに増えている。[*30] 半面、賃金は頭打ちか減少している。金融危機以降、雇用はますます不安定になり、大学を出ていない人にとっては特にそうなった。そんな中で家族を養う役割は、男性と同じく女性の肩にもかかっている。必ずしも女性自身がそこまで自分の役割を認識していなくても、事実はそうなのだ。

社会にはまだ専業主夫への抵抗感があるとしても、子育てに力を注ぎたいと言う男性はますます増えている。ミレニアル世代の男性のおよそ半数は、いい親であることを人生でいちばん大切なことのひとつに挙げている。[*31] その前のX世代では、その比率が39パーセントだった。『経済力をつけてきた女性』の著者、リズ・マンディは、専業主夫を楽しむ多くの男性から話を聞いている。ダニー・ホーキンスもそのひとり。妻のスーザンは医療システム企業のエグゼクティブだ。ダニーは以前金融サービス企業で働いていたが、長時間勤務に嫌気がさし、仕事を辞めて2人の娘を育てることに決めた。

「妻のスージーには、彼女が楽に生きられるようにするのが僕の仕事だと何度も言ってきました。それに、この生活が好きなんです」とホーキンスは言う。[*32] 男性の育児休暇を認める企業は多くないが、どんな種類の休暇であれ休みを取る男性が増えていることは確かだ。アトランティック誌に載ったマンディの記事によると、カリフォルニア州が男性に有給の育児休暇を認めて以来、「男性による家族のための休暇の取得比率は２００５−06年の18・７パーセントから、２０１２−13年には31・３パーセントに上昇している[*33]」

私が息子たちに、成功した女性と結婚して養ってもらいなさいとアドバイスすることはない。娘がいたとしても、成功した男性と結婚して養ってもらえとは言わない。失業したり、離婚したりして、人生が思い通りにいかないとき、男性でも女性でも長期間仕事から離れていると、弱い立場に立たされる。だが同時に、息子であっても娘であっても、収入を得て家族を養うことが、彼らの役目だとも教えない。それは男性の役割であり、女性の役割でもある。子供の面倒を見ることも、お金を稼ぐことも、どちらも男性と女性の責任だ。子供たちが成長するには、その両方が必要なのだから。

3 職場のウソ

正気を保ちながらワークライフバランスをうまく取るコツを伝授してくれるコンサルティング業は、いまや一大産業になっている。この数年に出版された書籍は数知れず、私もそうした多くの本を楽しんで読ませてもらった。[*1] でも、そのすべてが、仕事をする人に向けたもので、ほとんどは女性を対象にしている。24時間をなんとかやりくりして、絶対に終わらない「やるべきことリスト」を片付けるのは、女性の仕事だという前提がそこにある。別の角度からこの問題に取り組んでみてはどうだろう？　おそらく、問題は女性ではなく、「仕事」にある。

アメリカの労働者は、ホテルの客室係から医師まで、どの社会経済階層にいても、1日12時間から16時間働いた経験がある[*2]（残業代が出ない場合も多い）。そんな中で、不安に襲われ恒常的な疲労を感じたことのない人はほとんどいない。公衆衛生の専門家は、ストレスを社会に蔓延する病として扱っている。[*3] 実際に、病欠にしろ通常の休みにしろ、休暇にしろ、その間の有給を認めないのは先進国ではアメリカだけだ。[*4]

２０１４年だけでも、ハフィントンポスト創業者のアリアナ・ハフィントンとワシントンポスト記者のブリジッド・シュルツが、ストレスだらけの職場環境をテーマにした本を出版し、どちらもベストセラーになった。今のような無理な仕事のペースが続くはずがなく、なんとかしてほしいと誰もが思っているという証拠だ。なんとかしなければと思いながら、いまだに質より量の文化からみんなが抜けられずにいる。つまり、いちばん長時間働く人がいちばん優秀だという前提がまだ通用しているわけだ。オブラートに包まず言えば、休みを取る人間は弱虫ということになる。

社会の根底に流れるこうした文化が、ワークライフバランスのための制度を、ただの見掛け倒しにしている。こうした制度や政策が、職場における真の男女平等を実現することはない。組織の上層も下層でも、同じことだ。家庭にやさしい職場を作ろうと企業がどんなに努力して女性向けの制度を取り入れたところで、うまくいかない。なぜならそうした制度は、半分ウソの思い込みに基づいた、中途半端な解決策でしかないからだ。

最初の思い込みは、ワークライフバランスは「女性の問題」だというものだ。問題をそう捉えてしまうと、解決策を探すのも、実行するのも女性次第ということになる。ふたつ目の思い込みは、フレックスタイムやパートタイムの働き方を提示すれば、育児や介護の負担に対応できるというものだ。もちろん、こうした制度は「フルタイムか辞めるか」しかないような融通の利かない働き方に比べれば確かに進んではいるが、子育てや介護の責任を背負っている多くの人たちには充分ではない。３つ目の思い込みは、ワークライフバランスを求めること自体、または仕事以外の人生を求めることでさえ、仕事への情熱がないからというものだ。だから専業主婦のいる仕事一筋の男性が昇進することになる。

とはいえ、「半分ウソ」ということは、全部間違っているわけではない。だがこの思い込みが、より大きな深い真実を見えにくくする。私たちが見たくないもの、またはわざと目を背けていることを、さらにあいまいにしている。しかし、心を開いて問題を見つめ、それを実際にどうしたら直せるかをまっすぐに問わなければ、この先うまくいくはずはない。

今こそ職場の真実を語るべきだ。

「それは女性の問題だ」のウソ

フロリダ州立大学の社会学者、アイリーン・パダヴィッチと、ハーバード・ビジネススクール教授のロビン・エリー、そしてボストン大学で教えるエリン・リードの3人は、世界的なコンサルティング会社からある調査を依頼された。コンサルティング会社の経営陣はそれを「女性の問題」だと考え、詳しく調べてほしいと言う。この会社の上層部には、ほとんど女性がいなかった。若手では4割が女性だが、パートナーとなると1割に減る。女性が脱落していくのは、仕事と家庭が両立できないからだというのが経営陣の見立てだった。[*5] だから、これは家事や育児の担い手の問題、つまり女性の問題だと思っていた。あるパートナーはこんな風に語っていた。

朝いちばんに社員になにを気にかけてほしいだろう？　事業開発部門の人間には、事業開発のことを気にかけてほしい。プロジェクト・マネジャーにはプロジェクトのことを考えてほしい。女性は家庭のプロジェクト・マネジャーだ。だから、職場でリーダーとして人の上に立つための時間もないし、そこに労力と努力を傾けるのも難しいはずだ。[*6]

企業の女性リーダーグループや支援ネットワークは世界中いたるところにある。そうしたグループはすべて同じ考え方から生まれている。組織のトップに女性がいないのは、女性がしていること、またはしていないことに原因がある、という考え方だ。たとえば、野心が足りない、家庭と職場でいくつもの役割を掛け持つのが大変、女性同士の助け合いが充分でない、などなど。

この捉え方は、半分だけ正しい。実際、男性よりも女性にこの問題が多く現れることは確かだ。だが、その影響を多く受ける女性もいれば、それほどでもない女性もいる。それに、家庭と仕事の掛け持ちはますます多くの男性の問題でもある。これを「女性の問題」と捉えると、はるかに大きな真実を見逃してしまう。

「女性の問題」ではなく「育児や介護《ケア》の問題」

この40年間に、女性は職場で目覚ましい進出を遂げてきた。だが統計に表れないこともある。それは、育児や介護の責任を負う女性と、そうでない女性との、大きな格差がずっと続いていることだ。前章でも書いたように、2013年時点で、女性は男性に比べて82パーセントの賃金しかもらっていない。[*7]でもこれはあくまで平均で、内訳には驚くほどの格差がある。[*8]子供のいない独身女性の賃金は、男性の96パーセント。[*9]配偶者のいる母親は76パーセントだ。[*10]実際、性差よりも子供がいるかどうかが、賃金格差を生んでいるという指摘は多い。[*11]

年齢で切ると、このパターンが一層鮮明に見えてくる。高校でも大学でも大学院でも、女子は男子より優秀で、はじめて社会に出てからの数年は男性より収入の多い女性は少なくない。全体で見ると、25歳から34歳までの女性の収入は、男性の93パーセントに上る。[*12] だが、母親になると、一気に差が開く。[*13]

男性であれ女性であれ、育児や介護が女性の仕事だと考えている大半の人にとって、「女性の問題」を「育児の問題」に置き換えたところで、同じことだと思うかもしれない。[*14] 実際、社会では育児や介護の担い手のほとんどが女性なのだ。[*15] 母親は父親の倍の時間を育児に使っている。高齢者の介護を担うのは、たいてい40代の女性だ。[*16] 平均で週に20時間を母親の世話に使っている。

育児や介護の社会的なプレッシャーを受けるのもまた、女性だ。そして男性に比べて、女性は親として完璧であることも求められる。この21世紀のアメリカでも、女性が仕事よりも育児を上に置かないと、批判的な目を向けられる。テキサス州選出の上院議員だったウェンディ・デイビスも、どこでどんな風に子供を育てたかについて、重箱の隅をつつくように取りざたされた。[*17] ウェンディがテキサスの夫に子供を任せてハーバード・ロースクールに行ったことは、自分勝手の極みだと批判された。男性は普通、そこまで重箱の隅をつつかれることはない。たとえば、オバマ大統領の首席補佐官だったラーム・エマニュエルはワシントンに子供を残してシカゴ市長選に立候補したが、それを批判した人はひとりもいなかった。[*18]

ふたりの子供を育てながら研修医生活を送っている女性からメールをもらった。[*19] 母親業というのは、なによりも難しいと感じていると言う。それは罪の意識があるからだ。「本当にいろいろな面でプレッシャーを感じます。完璧な母親にならなくちゃいけないと思い（自分で赤ちゃんの面倒を見て、ベビーフードもいちから自分で作って）、医師としても完璧じゃないとだめだ（最新の論文を読んで、重要な研究に参加して、論文を発表して）と思ってしまいます。フェローシップを始めたとき、子供はまだ生まれて2か月余りでした」。アトランティック誌に載った私の記事を読んで、メールを書いたという。「週に80時間も働いて、当直もして、それでも仕事に100パーセント打ち込んでないような気がして、それなのに母親としても中途半端で、後ろめたい思いでいっぱいでした」。結局彼女はパートタイムの仕事に移り、夜は子供を寝かしつけられる時間に家にいることにした。

あるとき、ワシントンでインターンやフェローになったばかりのヒスパニック系の若者たちに向けて、家庭と仕事について講演をした。その中にいた若い女性が手を上げた。彼女の家族やコミュニティは、家で子供の面倒をみることのできない母親を批判的に見ると言う。そうした期待がある中で、キャリアの夢を追いかけられるのだろうか、と聞いてきた。そのとき私と一緒に壇上に立っていたのは、政治ストラテジストのマリア・カルドナだった。マリアはヒスパニック系コミュニティのお手本になる女性だ。彼女は、親類や家族ぐるみの親しい友人の中にいる女性の手を借りるといいと言っていた。そこでは、子育てや介護は女性の仕事という前提に、誰も疑いを投げていなかった。

それでも、育児の問題はゆっくりと、だが確実に、男性の問題にもなりつつある。ウォートンスクールでは、1992年と2012年の卒業生の社会に対する期待と姿勢を比べた。それによると、20年前よりも今の若い女性の方が、仕事と家庭を両立させるストレスが大きいと思っていた。また特筆すべきことに、男性の43パーセントが、競争の厳しいキャリアを追いかけると「夫やパートナーとして妻に寄り添うことが難しくなる」と答えている。[*20] 1992年にそう答えた男性は33パーセントだった。2014年にハーバード・ビジネススクールが6500人を超える過去数十年の卒業生を対象に行った調査でも、男性の考え方に大きな転換が見られた。ミレニアル世代の男性の3分の1は子育ての責任を配偶者と半々に担いたいと答えていた。[*21] X世代の男性でそう答えたのは22パーセント、ベビーブーマーの男性ではわずか16パーセントだ。

考えてみてほしい。この全米屈指の難関校に集まってくるのは、けた違いに負けず嫌いの男性たちだ。その半分から3分の1が、家族との生活が自分の未来の成功と人生に大きく影響すると言っていた。スタンフォード・ビジネススクールで教えている友人のベンチャー・キャピタリストも、同じような変化を感じると言う。自分の授業を受ける若い男性が、目立って変わってきたと感じていた。29歳の作家のマーク・トレーシーは、同世代の男性がワークライフバランスについて女性と同じくらい真剣に声を上げ始めているとニューリパブリック誌に寄稿していた。

ほとんどの男性は、仕事で昇進するたびにストレスが増える。それでも、そのうち誰かと恋に落ちて身を固められたらいいだろうくらいに、以前は思っていた。だがこのところ、身近な女性に刺激され、男同士で話をする中で、僕の世代の男性は、人生でいちばん大切なことをないがしろにしているんじゃないかと思い始めている。ガツガツと立派な仕事を追い求めながら子供も欲しがるなんて、人としても、生き物としても「欲張りすぎ」なのかもしれないと自省し始めたのだ。それに、子供ができたら、昔の父親よりもっと積極的に子育てに関わりたいと思っている男性は多い。僕たちの大半はラッキーだった。母親がその能力や野心を脇に置いて、僕らを育てることに楽しみを見出してくれたから。父親がそうだった人は、もっとラッキーだった。僕たちも「すべて」を手に入れたいんだろうか？　それは誰にもわからない（し、そんなことはどうでもいい）。でも、子育てにもっと関わりたいことは確かなんだ。[*22]

2013年にピュー研究所が行った最近の子育てについての調査にも、この傾向は表れている。仕事と家庭を両立させようとストレスに苦しむ父親の数は、母親とほぼ同数だった。18歳未満の子供を持つ父親の半分と、母親の56パーセントが「仕事と家庭の責任を両立させること」が難しいと回答していた。しかも、「家庭に入って子育てをしたいが、収入が必要なのでそれができない」と答えた父親の割合は、母親とまったく同じだった。[*23]

つまり、女性であれ男性であれ、仕事と家庭の両方の責任を持つ人たちは、キャリアの面で妥協を強いられ、代償を支払っているということだ。だからこれまで「女性の問題」とされてきたこの課題を「育児の問題」として見直すことで、視野が広がり、本当に取り組まなければならないことにきちんと目を向けることができる。その本当の問題とは、「育児や介護の価値が過小評価されている」ということなのだ。「誰がそれをやるか」は関係ない。

……それに会社の問題でもある

これを「女性の問題」とすると、企業にとっては都合がいい。女性の問題なら個人が対処すべきで、会社が悩むことではないからだ。だが、ここでもう一度、問題は女性ではなく、職場にあるとしよう。もっと正確に言うと、「理想的な働き手」のために設計された職場が問題なのだ。有名なフェミニスト作家で法学者のジョアン・ウィリアムズに言わせると、「理想的な働き手」とは、「長時間労働の守り神。朝いちばんに出社して夜いちばん最後まで残る人。病気にならず、休暇を取らず、もし休暇を取るときには仕事を持って行く人。理想的な働き手は、上司に命じられればいつでも飛行機に飛び乗る。というのも、子供の学校の送迎も、幼稚園のお遊戯会も、誰かにまかせっきりだから[*24]」。ウィリアムズがこの言葉を作ってから15年後、「理想的な働き手」は今やグローバル化した職場に合わせることも求められている。そこでは、24時間誰かがどこかで起きていて、メールや電話でいつでもあなたを捕まえられる。[*25]

先ほどの3人の学者がコンサルティング会社の依頼で行った調査に話を戻そう。綿密な調査の結果、この会社では男性も女性も同じように仕事と家庭の両立に対するストレスを溜め込んでいたことがわかった。また、過去3年間に長時間労働が原因でこの会社を辞めた社員の割合は、男女ともに同じだった。この会社の人事の問題は性差にあったのではない。[*26] 経営陣の思い込みは間違いだった。問題は企業文化にあったのだ。

この会社の上層部は、3人の発見したことを認めなかった。組織全体の哲学をいちから見直せと言われたくなかったし、クライアントに過剰な期待を抱かせてやらなくていい仕事までやりすぎている(たとえば、クライアントが到底見きれないほどのパワポ資料を何百枚と作っていた)という指摘もいやがった。もしすべてを根本からやり直すとしたら、膨大な努力と自省が必要になってしまう。

上層部が望んでいたのは、これが女性の仕事と家庭の両立の問題だと確認することだった。それが確認できれば、彼ら自身の行動や考え方を変えなくていい。皮肉にも、コンサルティング会社の経営陣は「証拠に基づく分析を拒絶した」のだった。[*27]

『ワンダーウーマン』を著したバーナードカレッジ学長のデボラ・スパーも、同じことを言っている。「いわゆる『女性の問題』の解決策は、女性を変えることではありませんし、女性を役員に引き上げたり、人脈作りのイベントに女性を招いたりしても、何にもなりません。組織を変えることが必要なんです。多様なスキルと長所を認め、それを目に見える形で測り、それに従って見返りを与えることが必要です[*28]」

これを「女性の問題」として報道してきた記者やマスコミにも責任がある。ニューヨーク・タイムズで、ワークライフバランス関連の記事が掲載されるのは、「母親業《マザーロード》」の欄と決まっている。スレート誌やハフィントンポストでも、家事やワークライフバランスの深い議論は女性欄に掲載される。大規模なビジネスカンファレンスでも、仕事と家庭の両立は「女性の問題」という枠に入れられて、主流のトピックとして扱われることはない。友人からのメールには、こんな一節がつづられていた。

こうした本当に重要な課題への取り組みに関しては、うんざりを通りこしてあきれているところ。職場の文化、男女平等、暗黙の偏見、男女それぞれに押し付けられた役割、本当に役立つ制度がないこと、私たちの生き方そのものも。いつもせわしなく働いているワーキングマザーの視点で、すべてが決まってしまうこともね[*29]。

本来は、育児や介護に携わる人の視点で考えるべきなのだ。それが女性であれ男性であれかまわない。それよりなによりも、現代の企業ができていないことを見るべきだ。今の生活スタイルに合わせることをせず、仕事の場所や時間にこだわって、古臭い20世紀型の仕事のやり方に働き手を無理やり合わせようとしている現実に、目を向けるべきなのだ。

「柔軟な働き方が解決策になる」のウソ

もしあなたが就活中の若い女性で、巷で進歩的だと言われる企業、弁護士事務所、銀行、大学から引く手あまただとしたら、ほぼ間違いなく「家庭にやさしい制度」を売り込まれるだろう（もしあなたがまったく同じ状況の男性なら、そんな売り込みはない）。今、アメリカ企業の2割は有給の産休を与えてくれる。[*30] 期間は2週間から12週間までさまざまだ。36パーセントの企業はパートタイムでも働けて、同じ地位を保証してくれる。[*31] 定期的に仕事の一部を自宅から行うことを許す企業もある。一時的に辞めても、以前の経験が活きるような立場でまた戻れる制度を導入している企業も、少数だが存在する。

こうした制度は女性運動の進歩を反映したものだ。こうした制度を利用できた女性は、さまざまな意味で助かっている。だがそんな恩恵にあずかれない女性が実は大半だ。国務省でぎちぎちのスケジュールをこなしていた2年の経験から、仕事と家庭を両立させるには自分の時間を自由にできることが欠かせないのだと学んだ。いくら上司が大好きでも、世界が私を待ってくれないことがわかっていても、自分の時間をコントロールできなければ家庭生活が送れないとわかった。学者なら、時間は自由になる。できれば子供ができる前か、そうでなければ子育て中に上司になっておいた方がいい。その一番の理由は、上に立てばミーティングや仕事のスケジュールを自分に合わせて決められるからだ。誰かに合わせなくていいからだ。

1週間、1か月、1年、またはキャリア全体を通して、いつどのように仕事をするかを自分で決められる自由こそ、本物の柔軟性《フレキシビリティ》だ。この柔軟性が、仕事と家庭の両立の問題を解決するための最も重要なカギになる。だとしたら、どうして「柔軟な働き方が解決策になる」は、ウソなんだろう？

「フレックス制度」といえば、自宅勤務から、出勤日を自由に変えるような取り決めまでさまざまなものがある。パートタイム、ジョブシェア、サバティカルの延長、勤務日数の短縮といったさらに大胆な制度もある。だが、ほとんどの職場で、そんな制度は紙の上にしか存在しない。社員がこうした制度を活用するのは、途方もなく難しかったり不可能だったりする。フレックス制度に関するさまざまな研究事例を読んでいると、鉄のカーテンの向こう側の旧ソ連陣営か、独裁国家の憲法を読んでいるようだ。つまり、これ見よがしに人権や自由を保障していても、それは外見を繕っているにすぎない。

人事部がフレックス制度を導入しても、昔堅気の上司がいて、その人自身が家庭をまったくかえりみない働き方をしていれば、部下はさすがに制度を活用できない[*32]。いわゆる「実行ギャップ」というやつだ。言い換えると、部下に制度を使わせせない上司もいるということだ。一部の社員に自宅勤務を認めている企業の割合（67パーセント）と、すべての社員またはほとんどの社員に自宅勤務を認めている企業の割合（8パーセント）に大きな開きがあるのはそのせいだ[*33]。変化をいやがる上司は、今の職場文化が好きなのだ。成果ではなく、会社にいること、つまり自分の力が及ぶことが、彼らにとっては好都合だから。ある人事部のマネジャーは、「部下が必要なときにその場にいないと、落ち着かない上司がいる」と語っていた[*34]。

会社側が本気でフレックス制度を導入し、上司がそれを支持していても、部下からはなかなか言い出しにくい。それにはもっともな理由がある。仕事以外のことは何も考えるべきでないという雰囲気の職場で、仕事と家庭を両立させたいからフレックス制度を使わせてほしいと切り出せば、同僚にくらべて仕事熱心でないと公言しているようなものだ。ロンドン市長も務めたイギリス人弁護士のフィオナ・ウルフは、こうバッサリと切り捨てている。「『柔軟な働き方』を求める女子なんていませんよ。自分のキャリアを殺すようなものですから」[*35]

「柔軟な働き方」についた負のイメージ

2013年、ソーシャルイシュー誌は「柔軟な働き方の烙印」と題した特別号を発行した。[*36] その号には、社員が働きながら育児や介護がしやすくなるような制度を活用した場合に、賃金や人事評価が低くなり、昇進も見送られることを示したいくつもの調査が掲載されていた。

私にメールをくれた若い女性のひとりがキャサリン・バーモント・マーフィーだ。ジュニア・アソシエートになった時点でもう母親になっていた。大手弁護士事務所では珍しいケースだ。2人目の子供ができたときには、たっぷり産休を取り、仕事に戻ってフレックス制度を活用することにした。産休後の6か月はパートタイム勤務にしてもらったが、それでも週40時間は働いた。「6か月のパートタイム期間が終わると、男性ばかりの経営陣から言われました。これ以上フレックス勤務を続けたら、一人前になれないって」彼女は結局その事務所を辞めて、はるかに給料の低いあまり有名でない弁護士事務所に移った。そこなら時間が自由になるからだ。子供たちは今8歳と5歳。自らの経験から「お給料と同じくらい柔軟性が大切だ」と言う。[*37]

もし男性がフレックス制度を活用しようとすれば、女性よりも大変だ。『個人に合った職場づくり』という本を出版したジョアン・ブレーズとナネット・フォンダは、こんな事例を挙げている。[*38] カルロスという名前の若い男性弁護士が育児休暇を取ろうとしたところ、事務所から育児休暇制度は女性だけに与えられるものだと断られた。だが、たとえ男性に許されていたとしても、もしその制度を男性が利用すれば、昇進や昇給など待遇面で女性以上に大きな犠牲を払うことになっていただろう。[*39]

フレックス制度の利用法に男女差があることを示した調査もある。この利用法の違いは、男性が何を心配しているかをよく表している。この調査によると、自由な出退勤時間から勤務時間の短縮まで、さまざまなフレックス制度を利用する社員の男女比は同程度だった。だが、自宅勤務を選ぶ女性は男性より10パーセント多く、一度も自宅勤務制度を利用したことがない男性の割合は、女性の2倍にものぼっていた。つまり、上司と顔を合わせる時間が極端に短くなるような働き方は危険だと、男性は認めているわけだ。[*40]

烙印を押されるということ。それは人と違った特徴や失敗をやり玉にあげられ、恥をかかされ、差別されるということだ。人種や信条、性別、性的志向を理由に烙印を押すような行為は、現代のアメリカ社会でははっきりと厳しく禁じられている。だとしたら、家族の世話のために会社の制度を利用することへの烙印も、同じように禁止されるべきでは？　自宅勤務であろうが、休みを取ろうが、その社員の優秀さが損なわれるわけではない。家族を仕事と同列に置いても、たとえ家庭を昇進より優先させても、仕事の量が減るだけで質が下がるわけではない。

紙の上でどれほど有効なフレックス制度でも、烙印を押されるような制度ならワークライフ問題の解決にはならない。若い人たちが問うべきなのは、会社にどんな種類の「家庭にやさしい」制度があるかではない。「その制度をどのくらいの社員が活用しているか？　どのくらい男性が制度を使っているか？　フレックス制度を使った社員のどのくらいがトップに昇っているか？」を問うべきだ。

フレックス人材が使い捨て人材になる危険

ここまでに書いた話は、知的職業に携わる人たちの世界、つまりホワイトカラーの世界のことだ。制限つきとはいえ、企業が与えてくれるフレックス制度をホワイトカラーの社員は当然のように受け止めている。だが時給で働く低賃金の労働者には、それさえも与えられない。アメリカの低賃金労働者の7割は有給の疾病休暇などない。[*41] ということは、子育て中だったり病気になったりすると、失業しかねないのだ。実際、アメリカ人労働者のおよそ3分の1は、病気療養のせいで、または病気の家族の世話で休みを取ったためにクビになったり、クビにすると脅かされた経験がある。

自然食品チェーンのホールフーズをクビになったリアノン・ブロシェットの例を見てみよう。[*42] 凍りつきそうな2014年の冬、シカゴの学校は吹雪で休校になった。クビになったのはそのせいだ。当時、自分もノースイースタン大学の学生だったブロシェットは、母親に電話をかけて子供の面倒を見てもらえないかと頼んだが、母親も仕事に出かけなければならなかった。何人もの友達に電話をかけて子守を頼んでみたが、みんな仕事があった。同僚とシフトを交代することもできなかった。当時ホールフーズは48時間前にシフト交代の届けをしなければならなかったからだ。ブロシェットはどうすることもできなかった。今では大学4年になったブロシェットに起きたことは、低賃金で働きながら子育てに苦労している女性なら誰もが経験している。2014年の9月に開かれた「なぜ女性の経済的安定が大切なのか」と題したパネルディスカッションに、ヒラリー・クリントンや下院議長のナンシー・ペロシ、カーステン・ギリブランド上院議員、ローザ・デラウロ下院議員といった錚々たるメンバーと並んで、ブロシェットが招かれた理由もそこにある。[*43]

家族の世話などとてもできないような、ガチガチに予定の固まった仕事がある一方で、まったく時間の決まらない極端な仕事もある。製造業者は、あらかじめ予測された需要ではなくリアルタイムの需要の変化に対応するような、変則的な製造スケジュールを取り入れ始めている。小売店でも、これまでより細かく消費者の動きを追跡し、それに従って従業員のスケジュールを調整するようになっている。どちらの場合も、従業員のシフトを顧客の流れと需要に合わせて変えている。ウォルマート、ジャンバ・ジュース、ピア1、エアロポステール、ターゲット、アバクロンビー&フィッチなど、ジャストインタイムの従業員シフトを取り入れている企業は多い[*44]。

店舗販売員やレストランのウェイターは毎週のシフトをほんの数日前に知らされ、そのスケジュールも常に変わっていくと、シカゴ大学で社会福祉を研究するスーザン・J・ランバート教授は言う。ある週は7時間しか働けず、翌週は32時間勤務ということもある。「ホテルの客室係は、ある週には火曜、水曜、金曜勤務で、翌週は日曜、木曜、土曜ということもあります[*45]」

これほど仕事のスケジュールが変則的だと、あまりにも先が見えずなんの予定も立てられない。育児や介護の担い手にとっては悪夢だ。高収入の弁護士やバンカーやコンサルタントもまた、クライアントのきまぐれな依頼に応えることが仕事だ。彼らもまた常にストレスを抱えているが、フルタイムか住み込みのベビーシッターを雇って、おカネで解決している。そんな贅沢のできない大半の労働者は、来る日も来る日も直前になって子守りや介護の人を探すためにかけずり回る。大家族で暮らしている場合にはなんとか手当てできるかもしれないが、そうした家族はたいてい子育てと同時に介護も背負っている。

スターバックスのバリスタとして働く22歳のシングルマザー、ジャネット・ナバロの記事がニューヨーク・タイムズの一面に掲載されたのは２０１４年の8月だった。ジョディ・カンター記者の描いたナバロの物語は、何百万という読者の心に響いた。スターバックスではソフトウェアを使って顧客データを分析し日々のスタッフのシフトを決めている。ナバロが翌週の予定を知るのは、週が始まる3日前。それ以前に予定がわかることはなかった。そのせいで、4歳の息子を決まった誰かに見てもらうのはほとんど不可能で、家庭でも恋愛でも神経をすり減らす毎日だった。ナバロがいつもぎりぎりで息子の子守を頼んでいたおばは、不満を溜め込んでいた。彼氏は別れを切り出した。仕事が終わるとナバロは疲れ切っていて、約束を守れなかったからだ。半年のあいだに彼女は息子と2度も引っ越すことになった。[*46] シフトはめちゃくちゃで、夜11時に店を閉めた翌朝4時に店を開けることもあった。あまりに寝不足で、店の外の歩道で寝てしまったこともある。

ニューヨーク・タイムズに記事が出たあと、スターバックスの経営陣は13万人のスタッフのスケジュールを管理するソフトウェアを見直し、店長にもっと裁量を任せると誓った。[*47] 夜に店を閉めた翌日の早朝にまた同じスタッフが店を開けなくてもいいようにするとも言っていた。だがこうした個別の見直しでは、全米中の小売店舗や賃金労働者が日々直面している大きな問題を解決することはできない。

何百万人、何千万人もの賃金労働者にとって、「柔軟な働き方」は解決策ではなく、問題そのものだ。労働者が損をするのではなく、労働者が助かるような形でフレックス制度を実施しなければ、柔軟な働き方を提唱しても意味がない。私たちに必要な「柔軟な働き方」とは、すべての人の人生に子育てや介護の余裕を与えるようなものだ。制度を取り入れただけで思考停止してしまい、制度がただの言い訳になっては意味がない。

「誰よりも長時間働く人が一番仕事ができる」のウソ

「忙し自慢」の好きな人がいる。必死に働き、会社に居残り、徹夜を続け、世界中を駆け回り、ありったけの残業時間を請求して、「どれだけ長時間働いたか」をどこまでも競い合う人たち。そんな長時間労働オトコのお手本とも言えるのが、レーガン政権で行政管理予算局長を務めたリチャード・ダーマンだ。「ダーマン氏は、レーガン時代のホワイトハウスで一番遅くまで働いているように見せかけるため、椅子にコートを掛けっぱなしにしてオフィスの灯りを煌々と照らしたままで帰宅した」とも言われる[*48]（ダーマンは、上着をオフィスに置きっぱなしにしていた方が翌朝戻ってきたときに便利だからだと言っていた。だが勤務記録を見ると、そうでなかったとわかる）。

若い頃の私は、このゲームに積極的に参加していた。オバマ政権で国家経済諮問会議の議長を務めたジーン・スパーリングは伝説的な仕事中毒者だった。ハーバード・ロースクール時代、それぞれ別の教授の案件で徹夜仕事がしょっちゅうだった私たちは、夜中の2時によくキャンパス内にある自動販売機の前で鉢合わせしたものだ。私は教授の部屋にある大きなひじ掛け椅子でよく夜を明かしていた。自分のベッドよりもそっちで眠る方が多かったと親には冗談を言っていた。卒業式にロースクールを訪れた両親は、その椅子を見物に来たほどだ。

私の仕事中毒症状は、その夏ニューヨークの大手弁護士事務所に勤めるまで続いた。私は24時間365日働けますと胸を張っていたが、あるとき、すごく仕事のできる同僚が、いつも6時か7時頃帰宅していることに気がついた。彼女は私よりはるかに要領が良く、何事も先延ばしにせず、新聞も読み、廊下で仲間とおしゃべりをする時間さえあった。その後一流弁護士事務所のパートナーに昇りつめた彼女は私に教えてくれた。机の上にどっさり書類が載っていると、何よりもまず、どうしたらいちばん要領よく処理できるかを考えたという。他人に任せられるのはどれか。自分でやるべきなのはどれか。彼女の流儀を思い出したのは、2014年秋のこと。IBMではじめての女性CEOとなったバージニア・ロメッティの話を聞いたときだった。生産性の決め手は、「自分にしかできない仕事」だけをやり、他人にできることはすべて誰かに任せることだと語っていた。[*49]

私のやり方が献身の証拠ではなく、単なる非効率だとはじめてうすうす気づいたのは、あの弁護士事務所での彼女のやり方を聞いたときだった。40歳を過ぎて、その疑いはますます大きくなっていった。赤ちゃんとまだ幼い男の子を抱え、目いっぱい授業を受け持ち、やるべき研究もあり、書くべき論文があり、それらがいつも私の頭の中をぐるぐるとめぐっていた。いつも5時間から6時間睡眠で乗り切ろうとしていたが、よくイライラしたり、ぼーっとしたりしていた。夫は私を「疲れ切った亡霊みたい」と言っていた。子供を寝かしつけたあとの9時か10時頃に、研究助手と自宅で打ち合わせをしていたが、何のための打ち合わせだったのかも思い出せないほどだった。ある日、もうたくさんだと決心した。人生は短いし、こんな風にいつも疲れてぼーっとしたまま過ごしたくない。7時間から8時間眠ると気持ちも軽くなり、イライラしなくなり、間違いなく生産性も上がることに気がついた。

アリアナ・ハフィントンが、あの『サード・メトリック』（服部真琴訳、CCCメディアハウス）を書いたのも、私と同じことに気づいたからだ。彼女の場合は実際に疲労で倒れ、目と頬骨を切ってしまった。意識が戻ったときには「自宅の書斎の床で血の海に横たわっていた」そうだ。[*50] それ以来、彼女は自称「睡眠の伝道者」として「ぐっすり眠ってトップに昇ろう」と男性にも女性にも熱く説いている。睡眠の足りているアメリカ人は、全体の3割もいないと彼女は言う。睡眠不足は認知機能の低下を招き、EQ（こころの知能）や共感が減少し、衝動が抑制できなくなる。

ここではっきりしておこう。一刻を争う仕事や締め切りのある仕事は多いし、常に現場にいなくてはできない仕事もたくさんある。その場にいて最善を尽くすことが、抽象的な業績数字よりはるかに重要な場合もある。私自身も、すぐそばで助けの手を必要とした経験は数知れない。限界を超えるほど頑張る人や、仕事をやり遂げるためならどんなこともいとわないような人が必要になったこともある。もちろん、徹夜で部下に働いてもらったこともある。国務省時代には、組織再編と改革戦略の見直しという大事業に取り組んだ。6人の政策企画スタッフと共に、1か月間のほとんどを24時間体制で働き続け、やっとゴールにたどりついた。クリントン国務長官は12月5日までに戦略の見直しを完了させたがった。省庁内の承認には時間がかかり、さまざまな障害もある。その上、異なる考え方の多くの人に承認を得ることはそれ自体難しいため、毎日徹夜で働かなければ間に合わなかったのだ。

私は学生や指導を仰ぐ若い人たちに、キャリアをいくつかのフェーズに分けた方がいいと教えている。ひとつは、いつでもどこにでも出張できて、自由に長時間労働ができる期間。もうひとつは、それができない期間だ。家族の世話やそれ以外のやりたいことのために仕事のペースを落とす時期もある。自分の信じる誰かや何かのために身を粉にして働く時期は必要だし、そんなときには気分も上がる。だが、自分自身をいたわるべき時期もある。成果よりも職場にいる時間を重視するのは、たいていは間違っている。実際にやり遂げた仕事の質と速さが、働いた時間より重要なのだ。

働く時間が短い方がいい仕事ができる

2014年のスーパーボウルで、キャデラックはアメリカ人の仕事中毒を賞賛するような広告を流した。さわやかな青い目のあか抜けた50代の白人男性が豪邸の中を歩きながら、アメリカ的な勤勉さを謳いあげる。「ほかの国では、人々は働き、家に帰り、カフェに寄り、8月いっぱい休みを取る。そう、休むんだ。どうして私たちは違うんだろう？　どうしてみんなと同じじゃないんだ？　それは私たちがやる気に満ちていて、必死に働くのが好きだからだ」。億万長者を絵に描いたような男がそうカメラ目線で語りかける。つまり、こう言いたいわけだ。必死に働き、休みも取らず、「運を自分で引き寄せれば」どんなことも可能になる、と。7万5000ドルの車だって手に入ると言いたいわけだ。[*51]

このCMを見た私は、怒り狂った。その男があまりにも安っぽくて、現実離れしていたからだ。アメリカ人がこれまで大切に守り、子供たちに渡そうとしてきた本物の価値観とあまりにかけ離れていた。もちろん、ヨーロッパやほかの国の人たちは、アメリカ文化が物質的すぎると批判する。だがトーマス・ジェファーソンが独立宣言の中で描いた「生まれながらに人間が持つ権利」とは、啓蒙思想家ジョン・ロックの言う「生命、自由、財産」を「生命、自由、幸福の追求」に置き換えたものだ。そして人間の「幸福」が、あふれるほどの物の所有ではなく、人とのつながりや経験の中に見出されることは、行動心理学からも明らかになっている。

あのCMに怒り狂ったのは私だけではなかった。ある記者が私にこんなメールをくれた。「本当に何に注目すべきかわかる？　休みもとらずに狂ったように働いたら、どうなるかってことよ」[*52]。働きづめのアメリカ人は早く歳をとり、途上国の人に比べて不安が増す。遊びの時間の多い国の人と比べ、仕事に身が入らない人が多い。

あのCMへの最も痛烈な批判記事を書いたのは、ニューヨーカー誌のジェフリー・トービン記者だった。キャデラックは、BMWやメルセデスを好むような富裕層にアメリカ車を売り込むために、休暇の多いヨーロッパ人をディスるようなCMを作った[*53]。実際、ドイツ人には年間20日の休暇が義務付けられている[*54]。

それが答えだ。ドイツ人はアメリカ人より少なくとも2週間は勤務日数が短いが、それでもアメリカよりいい車を作っている。ドイツ人がいい車を作れるのは、もしかしたらヘンリー・フォードが1914年に確立した8時間労働の基本を守っているからかもしれない。フォードは社内調査を見て、手作業は1日8時間が限界だと気がついた[*55]。労働時間を短縮すると、欠陥が減り、生産性が上がり、従業員満足度は向上し、企業収益も増加した[*56]。

労働時間の短縮が、成果の向上につながることを示すデータはますます増えている。最近の調査では、肉体労働者より頭脳労働者の方が、1日のうちで生産的になれる時間は短いとも言われている。たとえば、マイクロソフトの社員の場合、週45時間の就業時間のうち本当に生産的なのはわずか28時間だと報告されている。つまり、何かを生み出せるのは1日に6時間もないことになる。未来学者のサラ・ロビンソンも同じことに気がついた[*57]。知識労働者が頭を使って8時間も働くと、それ以降は必ず間違いが起きる。

創造性とイノベーションが求められる仕事ではとりわけ、働く時間が少ない方がいい仕事ができるようだ。創造性には、非直線的な思考と計算されたランダムさが重要だと専門家は言っている。たとえば、長い散歩に出るとか、これまでと違う角度で環境を見るといったことだ。遊びの時間を作ったり、ただぼーっとしてみることも、創造性を高めることに役立つ。１日の仕事のリズムを変えて、心の赴くままに考える時間を作るべきだという専門家もいる。[*58] 遊びの時間がなければ、思いがけないつながりを発見することはできないし、洞察の核になるものも生まれない。[*59]

オンとオフの関係を理解するには、「休み」の概念を見直すことが必要になる。神学者のティモシー・ケラーは、西洋人の仕事に対する執着は文化に根付いた現象だと嘆いている。[*60] アメリカ人は休みを「仕事を中断して身体を回復させるための時間」だと考えている。[*61]「純粋に考えを深め、世界を楽しむための時間」とは思っていない。[*62]

独立宣言はともかく、「世界幸福度ランキング」でアメリカは15位にとどまっている（ちなみに日本は46位）。[*63] このランキングは、３人の有名な経済学者が、毎年世界中で情緒面と生活の充実面を測定し、発表するものだ。２０１５年の第１位はスイス。２０１３年と２０１４年に１位だったデンマークは２０１５年には3位に入っている。このランキングを見たブリジッド・シュルツはデンマーク人の幸福の秘訣を探しに行き、それが「ヒュッゲ」という考え方にあることを発見した。ヒュッゲとは、今このときを楽しむことだ。

シュルツの本が出版されると、ニューアメリカ財団が後援してニューヨークで出版記念の会とパネルディスカッションを行った。財団ではデンマーク人の幸せの秘訣を説明してもらおうと、デンマーク総領事を招いた。「デンマーク人は、働いてばかりの人はつまらないと思っているんです」と総領事はさらりと言った。だって、本を読む時間も、演劇を見る時間もなく、運動したり慈善活動に参加する時間もないでしょう。そんな人と話したり、時間を過ごしても面白くないんです、と語ってくれた。

危険なビジネス

仕事の成果よりも勤務時間の長さに目が向いてしまうのは、ある一連の思い込みがもとになっている。それは、「いい仕事をするのに何が必要か」についての思い込みだ。金融やコンサルティングの仕事は、24時間365日休みがない、と言われる。誇らしげにそう言う人も少なくない。つまり、「いつ何時でも働けます」と言いたいわけだ。どんな分野でも、上を目指すプロフェッショナルたちは、携帯端末を片時も手放さず、昼夜かまわずいつでも即座にメールに応える。オフの時間をとれば、オンに戻ったときに以前よりも明析になれることは、先ほど見た通りだ。それなのに、「24時間365日働く」と唱え続けるのは、目の前の仕事に完全に心血を注いでいることをアピールしたいからだ。

2013年4月、金融業界の女性たちは、あからさまな性差別の実例をつきつけられた。ヘッジファンドを運用する億万長者のポール・チューダー・ジョーンズがバージニア大学商科大学院のシンポジウムでこう言ったのだ。「母親は男性に絶対かなわない。赤ん坊は『集中力を抹殺する』存在だから」。彼は元社員を例に挙げてこう言った。「赤ん坊がおっぱいを吸い始めたら、もう終わりだ」[*64]ジョーンズがありえないほど時代遅れの女性差別主義者かというと、そうでもない。彼の発言が炎上する中で、彼の人柄を擁護した女性は多かった。[*65]それまで男性社員が思っていても言わなかったことを口に出しただけましだと言う人もいた。[*66]

しかも、ジョーンズは自分なりの理屈を説明していたし、一部の男性はその理屈に大いに共感するだろう。[*67]その理屈に、ここできちんと反論してみよう。彼に言わせると、「トレーディングは高度なスキルと集中力と反復を必要とする。だから、離婚係争中の男性には向かない」という。離婚でゴタゴタしていると、トレーディングの成績が必ず1割から2割は下がるらしい。また、女性は「60秒間も集中して合理的な判断を下せない。特に子供がいる場合は無理」と言う。

ジョーンズの理屈は間違っている。長期で見ると女性トレーダーが男性トレーダーを上回る成績を残していることは、いくつかの調査でも証明されている。[*68] 混沌とした状況の中で反射神経と一瞬の集中力で判断を下さなければならないのが、トレーダーの世界だとジョーンズは思い込んでいる。トレーダーは超合理的で、感情の揺れとは無縁でなければならない。だから赤ちゃんのいる女性や離婚でゴタゴタしている男性はだめだとジョーンズは断じている。どんな種類の感情も排除すべきだというのだ。人間らしさを排除した、機械のように完璧に合理的な生き物。それがホモ・エコノミクス、つまり経済人だ。

このたぐいの集中力は、「視野狭窄」と言ってもいいだろう。だが高度の意思決定に携わる人は、近視眼に陥ってはいけない。『いつも「時間がない」あなたに』（大田直子訳、早川書房）で、プリンストン大学の心理学者エルダー・シャフィールとハーバード大学の経済学者センディル・ムッライナタンは、時間やおカネがないと、目先は合理的なようでも長い目で非合理な決定を下してしまうことを証明していた。[*69] 時間のない中で成果を上げようとすると、ストレスのせいで目の前の問題しか見えなくなる。締め切りに間に合わせようとして、先々問題になりそうな火種を作ってしまう。反対に、ストレスが少ないと視野が広まり、長期的にいい判断ができる。

ストレスから解放された人はまた、リスクに対して違う態度で臨み、利益をもたらすことができる。金融の専門家で脳神経科学者でもあるジョン・コーツは男女のトレーディングの傾向について集められる限りのデータを集め、性差を見つけだした。[*70] リスク許容度は男性も女性も変わらなかった。ただし、リスクの取り方が男女で違っていた。男性は決断が早かった。男性はトレーディングフロアの秒速ペースにスリルを感じていた（トレーディングフロアを現代の戦場に見立てていた）。一方で、女性はもう少し時間をかけて分析し、トレードを行っていた。コーツはこう結論づけている。トレーダーの優秀さは、「市場を読み、トレードのリスクを理解しているかどうかで測られるべきだ。この点で男性が女性より優秀だと思われる理由はどこにもない。さらに、金融の世界は、先の先を読む戦略的な思考を必要としている。女性がこれに優れていることは、データが証明している[*71]」

その上で、コーツは、男女のふるまい方に違いがあることも認めている。どちらが上とか下とかいう意味ではない。男性と女性はただ違っていて、違う方がいいと言っている。これまでのやり方がベストだと決めつけると、変化の激しい経済をうまく乗り切れない。四六時中目先のことだけにとらわれている男性は、未来を見失ってしまう。

私が大学で教え始めたのは1990年だ。ほとんどの大学の法学部には、まだ女性教授はほとんどいなかった。だから、准教授だった私もほぼ毎年、採用委員会の委員を頼まれた。どの大学の委員会も同じだが、その委員会にも多様性が必要で、大学には女性教員が足りなかった。

ロースクールの教員採用委員会は、毎年数百枚もの履歴書に目を通し、その中から少数の人にプレゼンテーションをしてもらい、面接を行う。そのあとで、候補者を採用するかどうかを討議する。シカゴ大学のロースクールで教え始めて間もなく、私は採用委員会の委員になった。とりわけ激しい討議のあとに、同僚のひとりが言ったことは、いまだに忘れられない。「みんな自分に似た人間を採りたがるものだね」

その同僚が言いたかったのは、委員は誰しも、自分がその大学で教える資格があると信じ込んでいる、ということだ。だから自分と似た経歴の候補者を見ると、意識あるいは無意識に、その人にも資格があると思ってしまう。クラスで一番の成績を取り、ローレビューの編集長になり、最高裁判事の事務官を務めてきた教授たちは、そういう経歴を最低限の要件として求める。私のように、あまり伝統的でない経歴の教員は（成績もほどほどで、事務官でもなければローレビューの編集委員でもなく、別の学術分野で博士号を持ち、奨学金を獲得してきた人間は）、創造性のある思考家やめずらしいキャリアの持ち主をありがたがる。

そうした傾向は、ロースクールに限ったことではない。なぜ働き方が硬直化しているのかと言えば、家族を犠牲にして身を粉にして働いてトップに立った白人男性が、自分と同じような人間がいちばん優秀に違いないと思い込んでしまうからだ。だから、そんな上司は勤務時間を短縮したり、働き方を変えたり、しばらく仕事を休んだほうが成果が上がることをいくらデータで証明しても、まったく信じないか、疑いの目を向けてしまう。

法学者のジョアン・ウィリアムズはこの点をはっきりと厳しく指摘する。「休みが面倒だと思うような人生を過ごして、大好きだったおじさんの葬式にも出られず、子育てにも参加せず、長時間労働を賛美する文化で生きてきたら、死ぬほど仕事をしなくても成果は上がるなんてことは、どれほど統計で説明してもわからせることはできない[*72]」

そうやってトップに昇った多くの男性と少数の女性に、だから言わんこっちゃないと説教しても仕方がない。昔の社会の慣習に囚われている彼らには、犠牲を払ってきたことを認めてあげて、子供たちの時代には違う世界を描くようお願いする方がいい。大多数の男性は、必死に働くことで彼らなりに家族への責任を果たそうとしてきたのだし、それが彼らにとって「良き人間」像だったのだから。女性運動が活発になるにつれ、私たちもまた同じように仕事に縛られ、収入を得られる仕事が自分の価値を決めるという考えに囚われてきた。

そして、本当の男女平等に向けた次の大きな一手を打てるかどうかは、男性も女性も含めた私たち全員にかかっている。その第一歩は色眼鏡を捨てることだ。

Part 2

色眼鏡を捨てる

女性カップルのサラとエミリーはどちらも精神分析医だ。ふたりは7年前に結婚し、今では4歳の双子の子供がいる。子育てを心から楽しんでいるけれど、どちらも仕事が好きで、成功している。もちろん、双子は手がかかる。経済的にはベビーシッターを雇えるけれど、それでも、どちらか一方がより柔軟なスケジュールにするか、パートタイムにするかでないと、子供が病気になったり、学校が休みに入ったり、積雪で休校になったり、子供かベビーシッターのどちらかになんらかの緊急事態が起きたときに対応できない。

では子育てと収入をどんな風にふたりで分担したらいいだろう？　どちらが仕事を減らして家で過ごす時間を増やすべきだろう？　どちらも診療のスケジュールを変えるか、仕事を変えるかして、柔軟な働き方を目指すべきだろうか？　それとも、どちらかが仕事を辞めて子育てに専念し、もうひとりは仕事に専念した方がいいのか？

どんな基準でそれを決めたらいいのだろう？　どちらが収入が多いかで決める？　それとも、どちらが仕事を好きかで決める？　どっちが昇進の可能性が高いか？　柔軟なスケジュールを受け入れて、キャリアを遅らせやすいのはどっちか？　どちらの職場がより柔軟で子育てに寛容か？

サラとエミリーはどちらも仕事を続けることにした。だが年上で収入の多いサラはフルタイムで働き続け、エミリーは診療時間を減らして週3日勤務にしてもらった。そんなケースは他にもたくさんある。友人の男性カップルも、どう役割分担するかで悩んでいると言っていた。決まったルールがないからだ。異性カップルの場合は、どんなに避けようとしても性的な役割分担に縛られてしまう。女性は子育て、男性は稼ぎ頭が自然な立場とされる。暗黙にしろ、はっきりとにしろ、話し合いはその立場から始まる。だが、男性同士、または女性同士の場合は、どこが出発点になるのだろう？　どちらも稼ぎ頭なのだろうか？　それともどちらも等しく子育ての責任を持つのか？

異性カップルも、同性カップルと同じように性別にとらわれず役割分担を考えることはできるはずだ。すると、この社会のもうひとつの事実と矛盾が見えてくる。カップルのうち家に留まる方は、仕事に出かける方よりも低く見られてしまうということだ。性別を無視して考えてほしい。すると子育ての責任者への差別が、女性差別の一種だとは言えなくなる。私たちの社会は、性別に関わらず、他者の面倒を見る人より、自分のキャリアに時間をかける人を上だと考えている。

前章で、コンサルティング会社の経営陣が「女性問題」と考えていたことは、実は「育児《ケ》や介護《ア》の問題」だと私は言った。私が指摘したかったのは、家族への責任を果たすために柔軟な働き方を選ぶ人が、トップへの道に留まることが許されないような、現在の組織構造だ。そして、「育児や介護の問題」をもっと正確に言うと、「家族の世話《ケア》をすることに正当な評価が与えられていない」ということなのだ。そのことが、企業内での女性の昇進よりもはるかに根深く大きな問題だ。

50年前、家庭に入り、子供を育てる中流層の女性たちに、大黒柱の夫たちと同等の地位が与えられることはなかった。女性たちは同等の地位を得るため、働きに出て、職場での平等を求めて闘った。

しかしその過程で、家族の世話は時代に取り残された。意義のある大切な人間活動であるはずの育児や介護の価値が下がってしまった。その結果、さまざまな歪みが生まれた。ママ友の争い、労働市場の偏り、子供の貧困の増加、男性の選択肢の狭まり、そして、専業主婦のいる男性経営陣にとって有利な環境。

女性運動は、男性にも女性にも挑戦を突き付け、私たちの考え方を根っこから変えた。だが、その挑戦はまだ道半ばだ。次章では、私たちがまだやり終えていない仕事を描き出し、乗り越えるべき知性面と情緒面の課題を取り上げよう。

4 競争とケア

今、多くのフェミニストにとっての関心はただひとつ。それは、「ガラスの天井」でもなければ「べたべたの床《スティッキー・フロア》」でもない。[*1]「べたべたの床」という言い回しを1990年代のはじめに使ったのは、社会学者のキャサリン・ホワイト・ベルハイドだった。それは、女性が低賃金の仕事から抜け出せず、昇進の望みもない環境を表していた。女性はほとんどの業種と職種で、階層の壁を破り、上に昇ってきた。政治でも、大学でも、財団でも、その他多くの分野でリーダー的な地位につけるようになった。とはいえ、1990年のはじめから、どの組織でも経営トップの女性比率はほとんど変わっていない。女性リーダー比率の高い産業では女性のトップは20パーセントにのぼり、低い産業では5パーセントにとどまるが、全体としては15パーセントあたりで頭打ちになっている。

今どきのフェミニスト学者や有名人たちは、この停滞を打ち破ろうと、のろしを上げている。二巡目のフェミニスト運動の波から50年が経った今、女の子はなりたいものになれると言われて育つ。そうして、一流大学を優秀な成績で卒業した女子が職場になだれ込む。そんな能力のある女性たちが、仕事を始めてやっと、実際にトップに昇る女性がほとんどいない現実を目にして、不満を募らせるケースはますます増えている。[*2]

私もまたそんな女性のひとりで、大人になってからずっとこの問題に目を向けてきた。実際、あのアトランティック誌の記事でも、この問題について特に言葉を割いた。だがあれ以来、トップに昇る女性ばかりに目を向けると、ものの見方が歪んでしまうことにも気づき始めた。もちろん、女性が経済的、政治的、社会的な力を持ちたいと願う気持ちは、よくわかる。でもそれは、身体のほんの一部に出た症状だけを見て、病名を診断するようなものだ。

この社会で本当の男女平等を目指すなら、すべての女性がおかれた状況に目を向けることが欠かせない。

よくあるパターン

立派な経歴を持つトップの女性だけでなく、視野をその外に広げると、つらい現実が見えてくる。もちろんトップに昇る女性は少なすぎる。だが、底辺から抜けられない女性はその何倍も多い。どちらの数字も悲惨なものだ。フォーチュン５００社における女性の役員比率は15パーセント。[*3] そして、最低賃金労働者の62パーセントは女性だ。成人女性の３人に１人は貧困か、貧困ぎりぎりの生活をしている。[*4] シングルマザーを見ると、さらにひどい。シングルマザーの３分の２は、昇進の希望のない低賃金の仕事につき、福利厚生もなくフレックス制度の恩恵も受けられない。

こうして問題を大きな視点でとらえたとき、このところ導入されている女性の活躍推進のための制度が、どれほど不充分かがわかる。これほど多くの女性が社会の底辺にいるのは、どう考えてもおかしい。彼女たちは、怠け者でもなければ、完璧主義でもなければ、自信がないわけでもない。教育を受けた女性にとっては、覚悟のなさや完璧主義や自信のなさがキャリアの障害になるのはわかる。でもそれは、シングルマザーが社会の溝にはまり貧困から抜け出せなくなる理由にはならない。

もちろん、トップの女性と底辺の女性では住む世界が違うし、上に昇れない理由や障害は違って当然、という人もいるだろう。イギリスの経済学者、アリソン・ウルフは、有史以来ほとんどのあいだ、女性は基本的に同じさだめを背負ってきたと言っている。「金持ちでも貧乏人でも、アイルランド人でもインド人でも、女性なら普通に結婚と子育てを夢見ていた。結婚に成功するか、しないか。子供を生むか、生まないか。女性の一生は、そのふたつにかかっていた」[*5]。著書の『ＸＸファクター』に、彼女はそう書いている。今では女性の人生は劇的に多様化し、先ほどのような生き方が共通の経験ではなくなっている、とウルフは唱える。

ウルフの主張に裏付けがないとは言わないが、頂点と底辺の女性についての明らかな事実を見ると、一見正反対の経験の中に、ある共通のパターンが浮かび上がってくる。まるで印象派の絵画のように、近くで見ると小さな点にしか見えないが、少し離れてみると、突然全体像がわかる。ある位置に立つと、その点がパターンになり、たとえば昼食会や花畑といった見慣れた光景が見えてくる。

そのパターンを浮かび上がらせる鍵は、ふたつの補い合う人間の習性にある。ひとつは競争心。みんながそれぞれの利益を追求する社会の中で、自分の利益を求めたいという衝動だ。そしてもうひとつは思いやり《ケア》。他者を自分より優先させようという気持ちだ。男性も女性も、心の中にはこのふたつの衝動がある。脳内のさまざまな信号がどう刺激されているか、その結果のどんな行動が、人類という種の生き残りと発展に役立ったのか？　人類学者、社会学者、心理学者、今では脳神経学者もそれを研究している。私たち人間はお互いに競争し、他人より抜きんでようとする。それが、イノベーションと変革を生み出してきた。半面、人間は社会的な生き物で、充実した人生を送るには人との関係と絆が欠かせない。実際、赤の他人を思いやる気持ちは人間に特有のもので、「言語と抽象的思考に並んで、思いやりは人間と他の生物を分かつ特徴だ」と人類学者のサラ・ブラファー・ハーディは言っている。[*6]思いやりこそ、「人を人間たらしめるもの」なのだ。

ではすべての女性が何に苦労しているかを考えてみよう。それは、競争を尊び、他者を世話《ケア》する人が弱い立場に置かれる制度の中で、競争とケアを両立させることだ。だが、このふたつは同じくらい大切なことで、人間としての生き方に欠かせないものだとしたら、一方だけを不利に置くのは正しいのだろうか？　家族の世話よりもカネを稼ぐ方が価値が高いなんて、どう考えてもおかしい。黒人より白人、ゲイよりストレート、女性より男性が偉いと言うのと同じくらい、おかしい。競争はおカネを生み出す。育児は人を生み出す。

考えてみてほしい。数多くの女性が、育児や家族の世話のため仕事を辞めて収入を失ったとたんに、透明人間になったような気がしたと言っている。52歳の元弁護士、マーブはこう語っていた。「突然、自分がこの世に存在しなくなったようだった。ほんの半年前まで、検事局で話題の事件に関わっていたのに。ニューヨーク・タイムズに名前が載るほどだった。でも今では何者でもない」[*7]「何者でもない」。言い換えれば、誰かの世話という行為は、収入を生み出す仕事とくらべて生き残りに欠かせないものとは見なされず、価値ある人間としてのアイデンティティが失われてしまうということだ。

頂点と底辺の女性がどちらも経験することがある。それは家族の世話が軽んじられ、差別を受けるということだ。前途有望な若い女性弁護士や銀行員が、子供と夕食を共にするために毎日早目に退社したり、パートタイムで働いたり、しばらく休職して家庭に専念すれば、試合から締め出される。つまり、トップ争いから脱落する。もし仕事を辞めてしまえば、育児の期間は履歴書の上では黒歴史だ。次に就職活動をするときには、なんとかその穴を埋めようと空しい努力をするか、その部分は説明を避けるしかない。

今度は底辺の女性を考えてみよう。多くはシングルマザーで、ひとりで家計を支えながら家族の世話をするしかない。アメリカのシングルマザーの半分は、年収2万5000ドルに満たない。[*8] アメリカのひとり親家庭の貧困率は先進国で最も高く、支援制度は最も弱い。[*9]

こうした統計では、膨大な数の人生が抽象的にぼんやりとしか見えてこない。だから、身近な話をしよう。ラニー・シェールはペンシルバニア州の郊外に住むシングルマザーで、最低賃金で暮らしている。子育てに加えて、雪が続いた2013年の冬に転んでしまったために、ある週に4日仕事を休むことになった。「次の給料は7時間半分しかないんです。どうやって食べていったらいいかわかりません」。[*10] ラニーは地元紙にそう語っていた。

ロードアイランド州のシングルマザー、マリアは工場で働いている。時給は7ドル40セント。息子の病気でシフトを休むと、2週間は仕事に入れない。仕事に戻っても、シフトの時間は短くなる。「トイレに行く時間さえ自由になりません。トイレは一日2度までと決められています。その上、『どこに行ってたんだ！』『急げ！』と怒鳴られます。ありえない環境です。トイレに行くときも監視されていて、後をつけられてます。『急げ!』『疲れてる暇なんてないぞ』と言われるんです」[*11]。マリアはクビになり、9か月も子育て手当がなかった。また仕事を見つけ、上司もましになったが、賃金は低く、限られた自由の中で息子を育てている。

私たちの社会は、家計の大黒柱としてのラニーやマリアには価値を置いている。実際、ビル・クリントン大統領が行った福祉政策改革では、シングルマザーが手当を受け取るためには、働きに出ることが条件とされていた。[*12] もちろん、仕事の尊厳と価値を信じていれば、それは当たり前かもしれない。だが、育児や介護に同じ尊厳と価値を置かないのはなぜだろう? しかも、育児は未来の市民を作り出す仕事なのに? クリントン大統領は、子育てへの投資と新しい政策によって、より多くの女性が働ける社会を目指した。だが、今のアメリカには手ごろな保育園も、幼児教育のシステムも、就学後の学童保育のプログラムもない。子供が病気になったときに誰でも利用できるような有給休暇の制度もない。だから小さな子供を持つ母親は、あれこれと手を尽くし安定的でもなくあまり頼りにならない人たちの手を借りて、常に応急処置をするしかない。[*13] そのことで仕事に大きな差し障りが出るし、貧困から抜け出すことも難しい。

中流層の家族は、常に子育てと仕事の両立に苦しみ、ぎりぎりの毎日を生きている。両立の大変さが彼らを貧困へと押しやり、破産に追いやることもある。『ダブルインカムの罠』の中で、法学者のエリザベス・ウォーレンとアメリア・ウォーレン・チャギは、離婚が破産につながった例を描いている。大学教育を受けた人事のプロ、ゲイル・プリチャードは、独りの収入だけでは住宅ローンを払いきれなかった。[*14] 元夫は養育費をあまり負担していなかった。プリチャードのような例は、数えればきりがない。「夫のいない中流女性が破産するかどうかは、子供がいるかどうかで決まる」。こうした母親たちは、子供が育ちあがってからもずっと、つけを払い続けることになる。収入のない養育者は年金の対象にならず、その他のセーフティネットの恩恵も受けられない。だから「子供のいる女性は、老人になってから最も貧困になりやすい」と言う。[*15]

恵まれた女性は仕事を辞めることもできるし、子供に合わせてより柔軟な働き方に変えることもできる。だがそうすれば、昇進を諦めなければならないし、大学や大学院を出て仕事を始めたときの夢をかなえられないかもしれない。貧しい女性は家計を支えながら子育ての責任も一身に負う。彼女たちははるかに困窮し、家族を養っていけないかもしれない不安と常に背中合わせでいる。貧困から抜け出す希望も、子供にいい生活を送らせる希望も失ってしまうことも多い。恵まれた女性も貧しい女性も、愛する人の世話をすることのつけを支払わされる。

子育てや介護に価値を置かないことが、問題の根源にある。それが社会のさまざまな側面に歪みと差別を生み出している。心を開いて物事の捉え方を変え、「女性と仕事」に目を向けるのではなく、「競争と家族の世話《ケア》」に目を向けてみよう。そうすれば、進歩と変化のきっかけになるような、新しい解決策と協力の体制が見えてくる。ケアは、すべての女性をひとつにまとめる旗印になる。

女性の結束

１９７０年代初めの女性運動は「ウーマンリブ」と呼ばれていた。それは、60年代と70年代に起きた大きな社会変革の一部だった。ウーマンリブの旗印は、ステレオタイプからの解放だった。社会的な制約、差別、ハラスメント、そしてブラとガードルなど、女性を決まった役割に縛り付けていたものすべてからの解放を目指していた。若者は50年代の体制順応主義からの解放を望んだ。グレーのスーツ、完璧な妻、ドラマの「マッドマン」的な世界を抜け出したがっていた。アフリカ系アメリカ人は、社会に刷り込まれた奴隷制度の名残りからの解放を求めた。平等と公平と平和、そしてなによりも正義を求める革命的な精神が、そうした運動の根底にあった。法の下の平等を人々は求めた。

女性たちはひとつにまとまった。純粋な女同士の絆で結ばれていた。初期の女性運動の課題のひとつは、セクハラを表に出し、これを違法にすることだった。レイプへの罰則を厳しくし、自分の身体を自分でコントロールする権利を求めて闘った。家の外で働くことを望む女性も望まない女性もいたが、人種や所得や信条が違っても、女性を性的な対象として扱うことには全員が反対していた。

グロリア・スタイネムは、新生フェミニズムの旗手だった。ミニスカート姿でメディアを賢く利用した彼女は生まれながらのリーダーだった。１９７０年の初夏にヴァッサー大学で伝説の卒業スピーチを行ったのが彼女だ。そのスピーチは、女性運動のマニフェストになり、女性たちが何を求めて闘っているかを一般に広める役目を果たした。[*16] 女性運動は、「革命的な橋渡し」だと彼女は言った。それは「黒人女性と白人女性をつなぎ、建築労働者と郊外の富裕層をつなぎ、隠れニクソン支持者とそれを恐れる若者をつなぐ」運動だと言った。そうしたすべての人たちの橋渡しになれるのは女性だ、とスタイネムは語っていた。なぜなら、女性は「同胞だから。同じ問題に悩み、お互いに心を通わせることができるから」だ。

スタイネムの言葉は今も私たちを勇気づけてくれる。だが、当時の期待ははるかに高かった。貧困に苦しむ女性や、白人以外の女性は、ずっと疎外感を感じていたからだ。スタイネムのスピーチから10年後、アフリカ系アメリカ人作家のアリス・ウォーカーは、「ウーマニズム」という言葉を生み出した。[*17] それは、黒人女性や抑圧された人たちの生きざまに光を当てるような、より幅広い意味を持っていた。

それから40年が経ち、一度は固く結ばれていた女同士の絆には、大きな溝が生まれている。金持ち、中流層、労働者階級、そして貧困女性はそれぞれ、まったく違う世界に生きている。アフリカ系アメリカ人女性、ヒスパニック系女性、アジア系女性、レズビアン、既婚女性、独身女性、民主党支持者、共和党支持者、働く女性、そして専業主婦。それぞれに違う人生を生き、それぞれが別々の目的を追求し、別々の支持母体がある。だが、誰もが違う形で、育児や介護に対する差別を体験してきた。アメリカだけでなく世界中の女性がそうだ。

金持ちと貧乏人

私は金持ちの特権階級にいるリベラルな白人女性だとして、批判を受けた。アメリカの隅々に生きる大多数の女性の人生など想像できないだろうと言われた。たとえば、フェミニスト学者のキャサリン・ロッテンバーグは、「ワークライフバランス」という考え方そのものが、特権階級だけに許されるお遊びにすぎないと言う。彼女は著書の中で、こう書いていた。「『バランスのとれた女性』などというものは、大多数の女性とは縁もゆかりもない偶像だ[*18]」。今の社会は幸福や前向きな人生ばかりに目が行っていて、平等や正義や解放といったフェミニズムの最終目標には誰も注目していない、と彼女は訴える。[*19]
スーザン・ファルーディは、フェミニズムの教科書ともいえる『バックラッシュ』（伊藤由紀子ほか訳、新潮社）や『スティッフド』を著したピューリッツァー賞作家だ。シェリル・サンドバーグの『リーン・イン』や私の例の記事は、この社会が女性全体の苦しみに背を向けた証拠だとファルーディは言う。それらは恵まれた人たちの成功に焦点を当てているだけで、腐敗した制度に迎合するものだと断じていた。「『成功への道』とか『すべてを手に入れる』といった言葉（どちらもフェミニストの言ったことではない）がリベラル派の中で神の語録のように祀られるようになって駆逐されてしまった。あれから40年が経つ。社会変革を目指した本物のフェミニストの夢は、そんなニセモノの言葉によって駆逐されてしまった。あれから40年が経った今、目の前にあるのは失敗の苦い果実だ。フェミニズムは、体制側にいる女性の権利に成り下がった。以前は男性が所有していたものが体制に移っただけだ[*20]」

私も、今どきのフェミニズムが女性をひとつにまとめるものでないことは認める。フェミニズムがもともと目指していたような、幅広い社会変革という使命で、今の女性たちは結ばれていない。私の記事が比較的裕福で教育を受けている女性たちに向けたものだということも自覚している。それでも、あまり恵まれていない多くの女性もメールをくれて、私の経験や考え方に共感したと言ってくれた。

消防局で働くタニヤ・ソコール・ハリントンもそのひとりだ。大卒でないと上に昇れないけれど、大学に通う余裕などない、と彼女は嘆いていた。「子供が4人いて、そのうちのひとりは病弱です。夫は仕事で忙しくて、私が大学に通う余裕なんてまったくありません。高校卒業後に地元の短大で消防の仕事について授業を取っただけ。夫はいい人だけど、家のことはみんな私任せです[*21]」

自分の目標と家族の世話をどう両立させるのか？　私の悩みとタニヤの悩みは同じだ。それを否定すれば、貧しい女性は同じ目的さえ持てないことになる。どんな人にも、教育を受けたいという夢や、仕事でかなえたい目標がある。でも同時に、愛する人のそばにいて、助けになりたいとも願う。キャサリン・ロッテンバーグはある意味で正しい。ワークライフバランスはそれなりのキャリアを持つ女性に訴えるものだ。「バランス」は贅沢品。必要なのは、「平等」だ。

ワークライフバランスについて語るのをやめて、育児や介護に対する差別について語れば、世界が違って見えてくる。産休明けでフレックス制度を選んだ母親には、あまり重要でないクライアントの退屈な仕事しかこない。ワーキングマザー（やワーキングファーザー）に、病欠も私的な休みも、その他のどんな柔軟な働き方も許さない会社もある。どちらの職場も、家族の世話を誰かに任せている社員を優遇しているという点で、差別的だ。そしてどちらの職場にも、社員は家族の世話に力を注ぎながら同時に優れた働き手にはなれないという偏見がある。だけど、本当にそうなのか？　せめて、その偏見が間違いだと会社側に訴えることはできるだろう。

女性が子育ての期間中、収入のある仕事から離れると履歴書に穴があいてしまい、そのギャップを埋めるのは難しい。家族の世話に使われた何百時間もの収入なき労働は、この国のＧＤＰには含まれない。[*22]それもまた、一種の差別だ。どちらのケースも、家族の世話は大切な仕事ではないと暗黙に言っているのに等しい。だが実際には、こうした仕事は高齢者や病人の尊厳と幸福に欠かせないものだし、子供の成長と脳の発達に必要な行為なのだ。しかも、世話をする側の人間にとっても、育児や介護で得るものは多く、そうしたスキルは個人的にも価値があり、別の場面でも使える。だがそんなことは無視されている。

社会の底辺にいる人たちにとって、母親であることの代償は悲惨なほど大きい。経済学者のナンシー・フォルブルは、１９８５年にそれを「母親の貧困化」と呼んだ。[*23]それから30年後の２０１２年に発行されたラッセル・セージ財団による育児介護政策の報告書では、低所得者世帯が育児と介護への公的支援の薄さにさまざまな影響を受けていることが示されていた。[*24]低所得者層は高所得者層に比べて子供が多い。ということは、育児負担が重く、同時におカネもさらに必要になる。それなのに、彼らは低賃金でほとんど蓄えがなく、家族の中で高齢者や病人がいても、世話をする余裕がない。どの所得層でも母親はそれ以外の人たちより収入が低い。もともと余裕のない家計に、その差がもたらす打撃ははるかに大きい[*25]。

現代社会で母親が損をすること自体、育児や介護への差別の証明にほかならない。どの所得層においてもその差別は存在している。そして貧しい女性には、それがはるかに大きな打撃になる。社会の底辺にいる母親たちは貧困化し、裕福な母親たちもまたつけを支払わされる。もしこの社会が本当に育児や介護に価値を認めていたら、それを単に必要なものと認めるだけでなく、価値のある重要な、そして困難な仕事だと認めていたら、その仕事を必死に支援し、それに報いるよう最大の努力をするはずだ。そして、思い込みでなく成果をもとに、働き手を評価するはずだ。

板挟み

アメリカの中流女性の人生を決めるのは、仕事と家庭の綱引きで、その方向性は両極に分かれてきた。ひとりが外で稼ぎもうひとりが家庭に入るという形から、共稼ぎに移ると、いざというときに持ちこたえる力が弱まる。『ダブルインカムの罠』の中で、著者のウォーレンとチャギは、この40年間に起きた女性の職場進出によって、家計が逆風にさらされたときのセーフティネットが失われたと書いている。「専業主婦は、稼ぎ手が失業したり障害で働けなくなった際の、究極の保険だった[*26]」というのも、父親が働けなくなったとき、母親が働きに出て家族を養うことができるからだ。しかし、共働きでふたりの収入を基礎に生活している場合には、いざというときに母親が働きに出るというセーフティネットはなくなる。

ウォーレンとチャギは母親に家庭に戻れと言っているのではない。共働きなのは、家族を養うのに2人分の収入が必要だからだ。先ほどの指摘は、家庭に入る親も社会に大きな経済価値を生み出している、という意味だ。家庭に入るということには、保険としての価値があり、育児の守り手としての価値があり、病気の家族を助けたり、高齢の親戚を病院に連れていったり、家計をやりくりする人としての価値がある。家族の世話よりも稼ぎをもたらす仕事に価値を置く社会では、そうした費用に光が当たらない。おカネに代えられない家族の世話の価値が、今は無視されている。

中流層のふたり親家族でひとりが働きに出る場合、働きに出るのはだいたい母親ではなく父親だ。ピュー研究所にその割合を訊ねたところ、シングルインカムの中流家庭の7割で、父親が働きに出ていた。[*27] だが、その割合は少しずつ下がっている。というのも、これまで女性が主に担ってきた業種が拡大し、男性の仕事は減っているからだ。

男性が担ってきた製造業の仕事がなくなった地域で、残っているまともな仕事は「教育と医療」の分野だ。これは他人をお世話する仕事だ。つまり、幼い人たちを育て、病気の人や年老いた人を手助けする役割だ。ほとんどの学校や病院は非営利で、この分野は競争がない。そして、これは女性の仕事とされている。

この傾向はこれからも続くだろう。2章で言ったように、サービスと情報産業への経済転換は、これまで「女性のスキル」とされてきたものに有利に働く。たとえば、人づきあいのスキル、コミュニケーションのスキル、あるいは静かに待ち続けるスキルなどだ。[*28]『男性の終わり』を著したハンナ・ロージンと『経済力をつけてきた女性』のリズ・マンディは、今後10年間で雇用増加が予測される30

職種のうち、「20職種を女性が支配するだろう」と言う。[*29]「看護、経理、在宅医療、子育て、料理」などだ。

私自身、数年前の夏にこのことを身に染みて感じた。夫が急にロンドンで具合が悪くなり、市内の病院に入院することになった。病棟を移動しているときに、看護師の一覧が見えた。それは企業役員一覧の真逆だった。看護師25人のうち、3、4人を除く全員が女性（しかも、イギリス生まれはひとりもいなさそうだった）。アメリカの病院も似たようなものだ。アメリカで働く看護師のうち、男性はわずか9パーセント。[*30]女性看護師320万人に対して、男性看護師は33万人にとどまっている。そして、看護師は慢性的に人手不足だ。

こうした統計を見れば、中流層の地図が描き替えられるのは明らかだ。家族を養うために共働きは避けられず、女性の役割とされてきた育児や介護を今までのようにはできない。一方で男性は失業し、医療や教育といった他者の面倒を見る産業で働く準備もなければ意志も能力もない。他者の世話をすることに社会が大きな価値を置き、それがきちんとおカネになるのなら、男性もこの種の仕事に魅力を感じるはずだし、中流層の家計は助かるだろう。

肌の色は違っても

育児や介護を仕事と同列に見れば、白人女性、特に恵まれた白人女性は、肌の色の違う多くの女性たちの声がこれまでと違って聞こえてくるはずだ。アフリカ系アメリカ人女性にとっては、これまでもずっと家族の世話と、収入を得て家族を養うことは、同等の仕事だった。彼女たちは一家の大黒柱として働き、家族を養ってきた。他人の世話をすることで生計を立ててきた人も少なくない。「アメリカという国が、黒人女性を家庭に留めて甘い子育てを許してくれたことは、これまで一度としてない。黒人女性は昔から働きづめで、その仕事はいつも母親業と切っても切り離せないものだった」。ロナー・オニール・パーカーはそう書いている。[*31]

もちろん、アフリカ系アメリカ人女性の全員を一人の作家が代弁できるわけではない。だが作家でテレビプロデューサーのタイジ・スミスは、アリソン・ウルフが言ったように、エリート女性のフェミニズムが「女同士の溝」を深めてしまったと強く批判する。

私は自分をウーマノミストと名乗ることにした。私の母はメイドとして働く黒人のシングルマザーだ。その娘の私が求めるものと、白人女性のフェミニズムは違っていた。白人女性は家事や育児から解放されるために必死に戦ってきた。一方で、白人でない女性たちは台所の掃除と子育てから抜け出せない。白人女性の解放は、黒人女性の経済的社会的な犠牲の上に成り立っていることに、ある時気がついた。そのときから、私は自分をフェミニストと呼ぶことができなくなった。[*32]

この観点から見ると、家庭に入って自分の子供を育てることこそ、ある種の解放でもある。アフリカ系アメリカ人フェミニストの多くは、母親という仕事に、強く前向きで確固とした信念を持っている。彼女たちにとって、母親であることは犠牲ではなく力の源泉であり、後ろ向きな女性像を押し返す手段でもある。アリス・ウォーカーやマリタ・ゴールデンといった黒人女性作家はみな、子供の存在が母親を「内なる力に目覚めさせ、語る力と聞かせる力を与え、その胸の内を表現する力を与える」と書いている。*33

ウォーカーはこの点を、次のように熱くリズミカルな文章で描いた。

白人女性は女性らしさを認めてもらいたがる。私にはそんな必要はない。子供が認めてくれるから。黒人男性は尊敬してもらいたがる。私にはそんな必要はない。子供が尊敬してくれるから。歴史《ヒストリー》にも女性史《ハーストーリー》にも、私は存在しない。私の物語《マイストーリー》は誰にも知られない。でも、私が両親を愛したように、子供は私を愛してくれる。子供たちの歴史のすべてのページに、私が描かれる。子供と私は一心同体。母と子はひとつ。でも姉妹は違う。たがいの存在を打ち消し合う。*34

この文章では、育児をする人にもされる人にも、育児という行為が力と、成長と、充実感の源になっていることが描かれている。子供は親に尊厳と目的を与える。親は子供に未来への希望を与える。

もちろん、肌の色が違う女性を私が代弁することはできない。でもその声に耳を傾けることはできる。白人のアングロサクソン系プロテスタント文化よりもはるかに家族の絆を大切にする文化がそこにはある。たとえば、ヒスパニック系の人たちは、近しい親類縁者が家族の世話を助け合う。アフリカ系アメリカ人も、家族だけでなく、親類や知人の面倒を見る文化が長く存在している。

白人以外の女性にとって、家族の面倒を見ることは伝統的に価値の高いこととされてきた。この考え方が、新しい会話のきっかけになるだろう。もちろん、さまざまな意見があるはずだ。だが少なくとも、アメリカの裕福な白人女性の経験がフェミニストの標準だという思い込みを捨てるのには役立つ。

家族以外の世話

独身の人たちにも、バランスは必要だ。『スピンスターズ』の著者、ケイト・ボリックは、アトランティック誌のウェブサイトにこう書いていた。独身でも既婚でも、子供がいてもいなくても、女性でも男性でも、勤め人は誰でも「夜遅くまで帰宅できないし、運動不足だし、マズいランチに大枚をはたくはめになるし、だらだらと意味のない会議の中でそのたびにゆっくりと死んでいく」[*35]。国務省の外交部で働く私の元生徒は、こう言っていた。結婚している同僚は、ありとあらゆる手段を使って、厳しく危険な単独任務を避けていた、と。「独身者はもちろん、家族を気にしなくていいけれど、だからといって払う犠牲が少ないわけではないし、そんな任務を楽しんでいるわけでもありません」[*36]

単身者とケアにまつわる話には、いくつかの共通項がある。まず、多くの独身者や子供のいない夫婦は無視されているように感じたり、ワークライフバランスの議論から排除されているように感じている。それは、ケアの問題は子供がいる人たちだけのものだという暗黙の了解からくるものだ。私たちはみな、人生で出会う多くの人を愛し、気遣っている。家族を、近しい人たちを、家族同然の人たちを、愛している。たとえば、苦しんでいる友人や、がんで余命の少ない知人と時間を過ごすことは、子供のサッカーの試合を見るのと同じくらい、またはそれよりも大切なはずだ。

もうひとつの共通項は、家族のいない人たちは家に帰ってもすることがないという思い込みだ。だが、仕事の効率だけを考えても、単身者もまた、休息をとって元気を取り戻せば、はるかに成果があがる。人の世話《ケア》にはいろいろな側面がある。たとえば教会、寺院、モスク、YMCA、地元のボランティア団体、少年野球、相互扶助組織など、コミュニティの仲間に寄り添うことは、家族の世話とは違うとはいえ、同じくらい大切なことだ。

最後の共通項は一番理解の進んでいない点だ。それは、自分をケアすることの大切さだ。ミレニアル世代の人たちは、家族を持つ前に「人生が欲しい」と言う。彼らは、定期的に運動して身体をいたわり、仕事で疲弊しないように心と精神を保つこと、つまり自分をケアすることが、長い人生における健康と幸福に欠かせないと知っている。リーマンショック以降の厳しい不況で仕事を選べなかったことが、彼らにこのことを気づかせたのかもしれないが、いずれにしろそれは必要だった。上の年代の人たちが20世紀型の時代遅れで非効率な働き方に沿って、机に鎖でつながれたままなのに比べて、ミレニアル世代は賢く自分に投資している。

お金でケアを買う

私たちがケアにどれほどの価値を置いているかを測るには、それに支払う金額がどれほど少ないかを見ればいい。育児や介護に関わる人たちは、アメリカの労働者の中で最も賃金が低い。さらに、この最も賃金の低い「ケア」の仕事に就く人の大半は、アフリカ系アメリカ人女性と移民女性だ。[*37] これが今の社会で最も価値の低い3つ、つまり社会の「三低」だ。女性、非白人、そしてケア。

中国系アメリカ人の蒲艾真は、ケアワーカーの収入と生活環境の改善を求めて運動を起こし、もう20年も移民女性労働者を組織してきた。[*38] 彼女の活動がニューヨーク州の家庭内労働者の権利章典につながり、ベビーシッターやお手伝いさんたちに残業手当と週1日の休み、そして毎年3日間の有給休暇が保証され、ニューヨーク州の人権法の元で保護が与えられるようになった。[*39] 彼女は自著の『尊厳の時代』の中で、自身の活動を「人種も社会階層も性別も年齢も超えた絆の勝利」だと書いている。[*40] 労働組合員も、農業に従事する人も、公民権団体も、移民団体も、女性組織も、宗教団体も、学生も、有名人も、力を合わせて闘った。彼女はまた、高齢化するアメリカ社会でのケアワーカーの仕事の大切さを強調する。ベビーブーマーが高齢化する中で、この問題はもう私たちの肩にのしかかっている。ケアの仕事では、雇い主は敵になり得ない。雇い主はケアされるその人本人か、その親または子供であることがほとんどだ。

つまり、ケアというものは経済的にも社会的にも人間的にもあらゆる人の人生に関わるため、これまでの経済的、社会的、政治的枠組みの中では捉えることができない。医師で作家のアトゥール・ガワンデが、余命の短い患者や自身の父親との触れ合いを描いた『死すべき定め』（原井宏明訳、みすず書房）は、私たちにこう教えてくれる。今は介護に関わりがない人も、いずれ必ず必要になる、と。「施設に行かずに済むかどうかは、子供の数に左右される。この分野の研究は数少ないが、少なくとも娘がひとりいることで、どれくらいの介護を受けられるかが大きく変わる」と書いている。[*41] それならば、人生の終わりが近づいたとき、子供たちかそれ以外の誰かが私たちを助けられるようにしておくことは、私たち全員の責任だ。今、ケアに価値を置くことは、私たち自身のためなのだ。

ケア同盟

これからの女性のムーブメントを形作り、拡大し、より広い人間の同盟に作り替えて行く原動力は、

「人の世話《ケア》」という必然の経験だ。収入や人種や出身の違う女性たちは、ケアという絆で結ばれる。同性婚でも異性婚でも、若い人もお年寄りも、ケアを通してひとつになる。独身者にも既婚者にも、カップルにも、さまざまなコミュニティにも、ケアは人生の質を測る共通の物差しになる。

ケアに価値を置くことはまた、職場や国の政策に新しい方向性を提示することでもある。経営者や政治家や市民に、どうして競争が子育てや介護より大切で価値あることなのかと厳しく問うことによって、私たちが言葉にしても行動しないことや、わかっていても認めようとしない現実に、真正面から疑いの目を向けることができる。

5 資産運用は子育てより難しい？

この本の執筆中に、プリンストン大学を卒業していく4年生に向けて「人生を生きる」と題した講義を行った。これからの人生で、子育てや介護に、お金を稼いで家族を養うことと同等の価値を置くべきだと語った。手をあげてくれた多くの学生に、特に男子に私の講義をどう思ったかを訊ねてみた。経済学部のある男子学生は慎重にこう答えた。問題は「稼ぎ手とケア提供者の市場価値が違うこと」だと。[*1] 稼ぎ手の価値は簡単に測ることができる。その貢献度がおカネという共通の物差しで報われるからだ。その上、需要と供給という点でも違う。「有能な稼ぎ手は限られているが、ケアの提供者は多い。だから、社会全体で見ればケア提供者は稼ぎ手よりも低い『値段』がつけられる」。この点をよりはっきりさせようと、彼はこんな例を挙げた。

たとえば、用務員とコンピュータ科学者が社会に同じ価値をもたらすとしましょう。この社会がきちんと機能するためには、どちらの人も必要ですから。ですが、用務員がコンピュータ科学者ほど社会で尊敬を受けることはありません。なぜなら、用務員になれる人は多く（育児や介護ができる人は多く）、優秀なコンピュータ科学者になれる人は少ない（よい稼ぎ手になれる人は比較的少ない）からです。稼ぎ手とケア提供者に同等の価値を置くべきだという話は、理論上は完璧に正しくても、現実に平等を確保するのは難しいでしょう。さっきの用務員とコンピュータ科学者の例と同じですから。

正直に話してくれたことはありがたかった。彼の話は、ケアの本質について私たちの中に深く根づいた思い込みを表に出してくれた。ケアというものは、訓練などほとんど受けなくても、誰にでもできるものだという思い込みだ。その男子学生はそこまではっきり言ったわけではないが、彼にとって育児や介護は用務員の仕事と同じようなものだった。用務員は床を拭く。ケア提供者は子供やお年寄りをお風呂に入れる。一方で、ソフトウェア開発者や資産運用のプロは、高度の訓練が必要な重要な仕事をしている。

だが、資産運用は本当に子育てよりも難しいのだろうか？

その思い込みに真っ向から挑むのがこの章だ。資産運用の難しさやその価値を低めようというのではない。子育てや介護の価値を高め、それをうまくこなすためにはスキルが必要だという認識を高めることが目的だ。経済用語を使うなら、子育てや介護は、私たちの社会のなにより貴重な資産である人的資本への投資なのだ。

もうおわかりだとは思うが、「稼ぎ手」と「ケア提供者」の意味について、ここではっきりさせておこう。物々交換でない社会では、誰かが収入を得なければならない。そのおカネで家賃や住宅ローンを払い、食べ物や洋服や家具を買い、交通費や電気代や医療保険や電話代を支払う。それが「稼いで養うこと」だ。

カップルのどちらかひとりか両方が、収入をモノやサービスに変えなければ、生活はできない。買い物をし、料理をし、掃除し、洗濯し、運転し、ものを修理し、整理し、誰かに仕事を頼む。しかし、それはケアの物質的な一面でしかない。家や不動産の管理と同じだ。誰かのお世話をするという意味の「ケア」には、愛や育みといった気持ちの要素が含まれる。それは、収入を、人生に欠かせない人とのつながりに変えるということだ。

「ケア」を幅広く捉えると、そこには教え、しつけ（子供が泣いても、脅しても、文句を言っても譲らずに）、導き、励まし、問題を解決し、性格を形成し、お手本になることも含まれる。ケアは信頼だ。子供や親や配偶者が必要とするときに、ただそばにいることでもある。ケアは支えだ。何が必要かに目を向けて、それに応じることだ。靴下や本や携帯電話を失くしたときに探してあげることも、ただじっと耳を傾けることもケアなのだ。

いずれにしろ、ケアと競争はお互いを補完する。優れたケア提供者は、マネジャーやリーダーと同じように、競争を利用して成功へのインセンティブを高めることができる。いい競争者もまた、ケアの価値を理解している。

ケアを与える

『母親の代償』の中で、元ニューヨーク・タイムズ記者のアン・クリッテンデンは、自宅で子供たちを預かる保育ママの話を書いていた。これは、18か月から5歳までの子供たちに、保育ママが昼食を食べさせる場面だ。

4歳の子が牛乳をこぼすと、彼女は静かにこう言った。「おっとっと。だからテーブルにカバーがかけてあるのよね」。保育ママはナプキンを取ってこぼれたミルクのほとんどを拭き、その男の子にナプキンを渡して、最後まで拭き取らせた。その男の子はすぐに何事もなかったように、元気になった。でも、実はたくさんのことが起きていた。子供にやさしい、事故を防ぐような環境。幼児の不器用さを、「誰でも失敗して当たり前」と受け入れる寛容さ。責めないこと。効率よく前向きに問題を解決する姿勢。子供に後始末をさせて、それができることを見せ、子供に自分で解決できると思わせること。*2

私は、子供がなにかをこぼしたときに、そんなことをすべて伝えるスキルなどまったくなかった。子供たちが5歳にならない頃の朝食の様子を思い返すと、冷や汗が出る。子供たちを保育園に送り出す準備をしながら、夫も私も朝のメールを読み、授業の準備をし、執筆の締め切りを気にし、自分たちも仕事に向かおうとあせっていた。同僚のひとりが、朝の時間はこんな風だと語っていた。「誰かが大声を張り上げて叫び出すかどうかじゃなくて、『いつ』叫び合いが始まるかっていうだけだった」。時間に少し余裕があってストレスの少ないときでさえ、子供がものをこぼしたときに人生の大切な教訓を教えるなんて私にはできなかった。少なくとも、時間をかけてそういうやり方を学ばなければ、できなかった。

だとすれば、ケアの仕事を、掃除よりもいくらか格上に位置付けてもいいはずだ。発達心理学と脳科学の学際研究を行うミネソタ大学のメーガン・ガンナー教授によると、優れた保育者には、物理学者の分析力と、危機管理者の順応力と、心理学者の感情に対する知見と、クイズ番組で勝ち残れる雑学の知識が必要だという。幼い子供の面倒を見るには、「今この瞬間に起きていることを分析する力と、その子供がそこからどんな概念を学べるかを見出す能力が必要になる。ここでどの物理概念を教えたらいいか？　どの数学の定理が当てはまるだろう？　どんな言葉遊びができるだろう？　その瞬間に臨機応変に対応するには、分析力と、決断力と、順位付けと、大量の知識が求められる」[*3]

こんな子育てができたら、社会はどう変わるだろう？　誕生から5歳までのあいだにどのように育てられたかで、その後の人生が決まるということは、脳科学でも証明されている。10年以上前、米国科学アカデミーが『神経から近所づきあいへ』という本を出版した。この本の書き出しは、ある単純な知見だ。「受胎から幼稚園の門をくぐるまでのあいだに、人間は、その後の人生のどの瞬間よりも速いスピードで発達する」。さらに、人間の発達は「生理と経験のあいだの、絶え間なく変化し続ける関わりによって形作られる」[*4]

１９７０年代の初頭にノースカロライナで始まったある社会実験がある。カロライナ幼児プロジェクトと名付けられたこの実験は、２組の恵まれない子供たちを比べた研究だった。[*5]片方のグループは、0歳から5歳まで、１日に8時間いたわりと刺激のある環境で充分な栄養を与えられた。もう一方のコントロール群には、外からの手を加えなかった。40年後、手厚いケアを受けた子供たちが大学を卒業する確率はそうでない人たちより4倍も高かった。[*6]またケアを受けた人たちは、コントロール群よりも健康な大人になっていた。[*7]この研究の意味するところを考えてほしい。生まれて最初の５年で、恵まれない人と裕福な人の格差が生まれるということだ。ということは、もしやろうと思えば、両者を同じ土俵に立たせることもできるわけだ。

人的資本が社会にとって大切だと言うのなら、0歳から8歳までの幼い子供の面倒を見る仕事や子供を教える仕事に価値を置くべきだ。資産運用者やコンピュータ科学者と同じだけの価値を、この仕事に置くべきなのだ。知的で、クリエイティブで、教育と経験がある人を探すべきだ。この仕事が神経の発達を促し、しつけと人格形成を行い、独立心と好奇心と創造性を引き出すことを自覚できる人を探すべきだ。それが子供の人生を左右するのだから。彼らが文字通り、次世代の市民を育てている。人々が同じ土俵で個人の能力を活かせるように、また国家が必要とするような創造性と打たれ強さを持つ人材を育てるのが、彼らなのだ。

私自身の子供時代を思い返すと、両親や祖父母がよく図書館や美術館や史跡に連れていってくれた。本を読んでくれたり、私が字を読めるようになると質問に答えてくれていた。ベルギー人の祖父は机の上に素敵な小物のコレクションを並べていて、それぞれの小物に物語があり、それが歴史を知るきっかけになったり、人間の本質に想いをめぐらすきっかけになった。中でもよく憶えているのが、小さな額入りの写真だ。2匹のロバが綱で結ばれた写真で、3つのシーンがあった。ひとつ目はお互いが別々の場所に置かれた干し草の山を食べようとして、反対の方向に引っ張り合うシーン。ふたつ目と3つ目は2匹が同じ方向に歩いて、片方の干し草を食べ、次に反対の方向に向かって干し草を一緒に食べるシーンだ。写真の題名は「協力」だった。私は人生の大部分を国家間の衝突と協力を研究することに費やしてきた。その間に、何度あの写真や、あの写真について交わした会話を思い出したか知れない。

反対に人生の終わりを考えると、賢い介護者は、舞台を降りる人たちの寿命を延ばし、人生の質を高めることができる。アトゥール・ガワンデが『死すべき定め』で言いたかったのは、私たちがお年寄りを幼稚園児のように扱っているということだ。私たちは安全ばかりを気にして、お年寄りの自主性を奪っている。人生の終わりに独立を失うことがどれほどつらいかを想像してほしい。いつ食べるか、寝るか、何をするかを完全に他人に決められるのだから。老いというものを心身両面から学び理解している賢い介護者なら、私たちの人生の終え方に大きな違いをもたらしてくれるだろう。誰が世話をするかで子供の人生が左右されるのと同じことだ。

介護付き住宅《アシステッド・リビング》の発案者のひとり、カレン・ブラウン・ウィルソンは、人がやりたいことをやれるように助けるのは、やってあげるよりも難しいと言う。[*8] 着替えも、食事も、本を読むこともそうだ。小さい子を持つ親ならみんな知っている。物理的な世話なら、誰にでもできるかもしれない。しかし、「ケアする」ということは、お世話される人に人生を楽しんでもらい、その人がその時点でできる力を最大限に引き出すことだ。そんな「ケア」には知識と経験が欠かせない。

ケアを受ける

人のお世話をすることとは、すなわち誰かに何かを「与える」活動で、反対に競争とは「勝つこと」、すなわち自分を前進させる活動だと一般には思われている。しかしそれは、狭く偏った見方だ。実際、誰かの世話をすることは、自分自身を内省し、自分の一面を成長させる活動なのだ。他者との競争ではなくつながりによって花開く側面が、人間の中にはある。また、世話をすることで、見返りもある。

競争から得られる見返りとは種類の違うものだ。与えれば、与えられる。多くの形で恩恵を受ける。

ワシントンDC在住のジャーナリスト、アリソン・スティーブンスはベティ・フリーダンの言う「子育ての負担」とは、倦怠と床磨きと子供の歯磨きの永遠の繰り返しだと書いていた。だが、スティーブンスは自分の子育て体験をこう語っている。もちろん大変だし退屈なこともあるけれど、「笑い声、陽の光、ブランコと奇跡がそこにある。人生が与えてくれる最高の経験だ」と。[*9] その「奇跡」とは、子供が持つ、現実の世界とすべてが可能な世界の両方を探索する能力だと、心理学者のアリソン・ゴプニックは『哲学する赤ちゃん』（青木玲訳、亜紀書房）に書いた。[*10] それはまた、いわゆる天才に備わった資質でもある。

ティーンエイジャーの息子を毎朝たたき起こし、まともな食事を日に一度でも食べさせ、少しは頭を使って考えなさいと促していた日々はフラストレーションの塊だったのに、大学に入学して家を出て行く上の息子を見送る私は、のどに大きな塊がつっかえたような気分だった。寝室でものを食べてはいけないとさんざん言っていたのに、夜中に息子の頼みでミルクシェイクを部屋に持って行って、たわいもないことをおしゃべりしていたら思いがけなく深刻な話になった。そんな宝物のような瞬間は、もうやってこない。毎晩下の息子と夫がピアノの練習のことで言い争っているのを聞くと疲れるけれど、それから突然演奏が始まり、この家で誰かがあれほど素敵な音楽を奏でてくれることにうっとりすることもある。

日曜の夕食は小さな嬉しい習慣になった。ここ数年のあいだ、ティーンエイジャーの息子たちのあわただしい予定と私自身のワシントンへの遠距離通勤が重なって、いつも一緒に夕食を取ることができなくなっていた。それでも、日曜の夜には私が料理を作り、息子たちは他に予定を立てない習慣ができた。私は家事の達人とは程遠い。若い頃は料理も、裁縫も、アイロンも絶対にやるものかと思っていた。そんな私でも、おいしい食事を考えて作ったり、クリスマスに親類をもてなしたりすることで、心の奥深くが満たされる。

また、親になって自分の殻から出る経験も、貴重な瞬間だ。何年か前の夕食中に、夫が冷蔵庫から何かを取り出すために立ち上がった。冷蔵庫のドアを開けた夫は、目をまん丸にしてすぐにドアを閉めた。まだ4歳と6歳くらいだった息子の方を向いて、夫は大げさに「中にトラがいる!」と言った。息子たちは大はしゃぎした。夫は超がつくほど合理的な大学教授で、いつも仏頂面をしている。その夫が、誰にも見せたことのない一面を見せたのだ。ベストセラー作家のジェニファー・シニアは、そんな経験をこうまく表現する。子供たちとハメを外す喜びは、「エチケットの呪縛から私たちを救い出し、抑制を取り払い、ルールを気にする自分をしまい込むことを可能にしてくれる。そんな貴重な喜びの一瞬に、封印されていた本来の自分が解放される」と。*11

そんなささやかな喜びの瞬間には、喜びを超えた深い恩恵がある。ウォートン・スクールで社会学を教えるアダム・グラントは、広範な実証心理学の研究を通して、男性と女性のリーダーシップ神話の間違いを解き明かしている。*12『「与える人」こそ成功する時代』(楠木建監訳、三笠書房)の中で、グラントは最初に、企業階層の一番下にいそうなのはどの性格の人たちかと問う。「与える人」か、「奪う人」か、それとも「つなぐ人」か? ほとんど全員が「与える人」と答える。残念ながら正解だ。

次に、企業階層のトップにいそうなのは、どのグループかと訊ねる。ほとんどの人は少し考えて、「奪う人」と答える。中には勘を働かせて、「つなぐ人」と答える人もいる。どちらも間違っている。正解は、ふたたび「与える人」だ。

与える人は、さまざまな分野で大きな成功を収めている。教育のような、他者に尽くすことを使命とする分野に限らず、ビジネスや政治といった、一般的には温かくもあいまいでもないと思われる分野でもそうだ。なぜなら、与えることは踏みつけにされることとではないし、与える人が必ずしもいい人とは限らないからだ。ただ、見返りを求めずになにかをし続けるのが、与える人だ。

グラントは、エイブラハム・リンカーンの政治家としてのキャリアが、与えることによって作られたと書いている。[*13] はじめてイリノイ州から上院に立候補したリンカーンは、結局ライマン・トランブルを勝たせるために身を引いた。トランブルとリンカーンはともに奴隷解放のために闘っていた。リンカーンにとっては自分が上院議員になることよりも、その目的の方が大切だった。トランブルは落選したが、リンカーンの行為は善意と信頼を集め、彼の評判を高め、それが最後に彼を大統領の座へと導いた。

はっきりさせておきたいのは、身を引いたことがすぐにリンカーンの得になったわけではないということだ。時間が経つうちに支援者の輪ができ、それがホワイトハウスへの道につながった。働く親たちは特に、こうした「与える」精神を職場に持ち込むのに向いている。そして、仕事を控えなければならない時期がある親たちは、長い目で先を見てほしい。与える心と気遣いの精神をリーダーとしての成功への障害と考えてはならない。今はそれを、本当に前に進むための新たな方向性として考え始めるときだ。

ケアを通した成長

夫のアンディは、代々教育者の家庭に育った。父親も、父方の叔父叔母も大学教授で、父方の祖父はビザンティン史の研究でハンガリーでは有名な教授だった。叔母のエデュはウィスコンシン大学の元言語学教授で、家族のみんなから愛されている。数年前、エデュが私に『ケアの本質』(田村真ほか訳、ゆみる書房)という小さな本を送ってくれた。*14 著者は、知る人ぞ知る哲学者のミルトン・メイヤロフだ。初版が出たのは1971年で、『世界観』という45冊のシリーズ本の1冊だった。執筆陣は当時の最も優れた学者と政治家と芸術家たちで、「変化の激しい新たな時代の世界を理解するため」の試みだった。*15 宣伝文句は今も当時も変わらない。

この小冊子は私にとって目から鱗の落ちるような発見だった。目の前にあったのに気づかなかった秘密のような。しかも著者は男性だ。「ワークライフバランス」を求める女性たちに向けたものではなく、起業家やリーダーや管理職に向けて、いい人生とは何かを探そうとするすべての男性と女性に向けて書かれたものだった。『ケアの本質』を読んでやっと、難しいパズルの最後の一片を見つけたような気がした。とうとうすべてがひとつにまとまった。「人の世話をする」資質は「ソフト」なスキルとして軽く見られていた。それが実は「ハード」なスキルとされる「人と競い合う」資質と同じくらい、家庭だけでなく職場でも必要不可欠なものだということが、突然理解できたのだ。

ケアの本質は、誰かの成長を助け、その人の可能性を自覚させることだとこの本は言う。*16 それは、自分のために誰かを利用することの対極にある行為だ。ケアとは、自分を脇に置くことではなく、誰かを自立した人間として花開かせることだ。「ケアとは他者の成長を助けること」だとメイヤロフは書いている。「私は、自分が大切にするもの（人、理想、思考）を自身の延長だと感じる。また同時に、それらを私と切り離された、独立した存在として尊重する」[*17]

親や祖父母、兄や姉、教師、指導者なら誰でも、この感覚がわかるだろう。人を育み教えるという行為は、あなた自身の経験、価値観、ものの見方を誰かにつぎ込むことだ。だが同時に、正しい育み方とは、相手にその人らしくなれる余裕を与えることでもある。私がハッとしたのは、メイヤロフが人をケアすることと、理想や思考をケアすることを区別していない点だ。自分が生み出したものや熱意を持っていることはすべて「ケア」の対象としていたのだ。

偉大な芸術家が、どんな創造の過程をたどるか考えてみるといい。彫刻家は発想を得たら、次に木目や石の割れ目に寄り添って作品を作る。画家は成熟し経験と自信を得るにつれ、頭ではなく手に任せて、自由に、より抽象的に絵筆を走らせるようになる。子供が独り立ちしたあとにフルタイムの芸術家になった私の母は、アトリエで作品を見せてくれながら、私には完璧に見えるカンバスに「まだ何か足りないのよね」と言っていた。まるで絵が母に話しかけているかのように。

ヘンリー・ジェイムズも、マルセル・プルーストも、E・M・フォースターも、アリス・ウォーカーも、J・K・ローリングも、登場人物が作品を「乗っ取り」、小説の方向を決めてしまうことがあると言っていた。執筆中に登場人物が独り歩きを始めると、作家は会話やプロットを作るのを止めて、登場人物がその状況で何を言い、どう振る舞うかを考えてそれを書き留める。登場人物が作家のもとのアイデアを変え、思いがけない方向に作品が進むこともある。

才能あるアーティストは自分の作品が自立した存在になることを許す。アーティストは作品を導くものの、完全に支配しないよう、作品自身に育ってもらう。それはまさに、親の仕事と同じだ。いい親は子供と深いところでつながりながらも、適切な時期になったら子供自身に道を決めさせ、自分の頭で考えられる独立した人間を育てる。子供は「自分の分身」でないことを理解している。

このようなケアの理想は、他の多くの分野の偉業と同じく、難しくもやりがいのあるものだ。実際、メイヤロフは、優れたケア提供者になるために必要な要素を挙げていて、それは優れた社員や管理職に必要な資質とまったく同じものだった。彼が挙げたのは、知識、忍耐力、順応力、正直さ、勇気、信頼、謙虚さ、そして希望だ。

この要素のそれぞれが、ケアの特定の側面につながっている。知識を挙げたのは、「誰かの世話をするには、その人を知らなければならない。相手に何ができて何ができないのか、何がその人の成長を助けるのかといったことを知る必要がある」からだ。[*18]

忍耐力は、幼児やお年寄りの世話をしたことがあれば、明らかだろう。だが、ケアに必要な忍耐力は、時間だけでなくスペースを与えることだとメイヤロフは言う。動転している人に耳を傾けることで、私たちはその人が感情を外に出す余裕を与え、なぜそんな気持ちになるのかを突き止める余裕を与えている。優れた経営者にも同じ能力が必要だ。重箱の隅をつついてすべてを支配し、問題が起きると即座に自分が乗り出してくる上司は、いい経営者にはなれない。

また、真の忍耐力とは、自分でなにかを解決しようとしている人たちに「ある程度の回り道や試行錯誤を許すこと」でもある。[*19] この姿勢が、無駄な時間に見えて実は、成長に必要な「遊び」の部分なのだとメイヤロフは言う。グーグルも同じことを言っている。[*20] だから、レゴや卓球台やスクーターやおもちゃがオフィスのあちこちに置かれているのだ。

忍耐力は、「異なる生き方」を認める力でもある。[*21] 人をケアすることも、芸術作品をケアすることも、望ましい結果につながるように自分を表現する試みだ。子供に概念を教えることも、文章を書き記すこともそうだ。立ち止まってうまくできたかを考えてみることもそうだ。もしうまくできていないと思ったら、もう一度試みる。だから、「ケア」とは、なにがうまく行くかを探し出し、あてはめてみる継続的なプロセスなのだ。それは、あなたに必要なことと他者に必要なことのあいだで落としどころを探り、今必要なことと先々必要なことのあいだで落としどころを探るプロセスだ。面白いことに、それは、アントレプレナーのエリック・リースが『リーン・スタートアップ』（井口耕二訳、日経BP社）の中で語った、アイデアを優れたビジネスに変えるプロセスとまったく同じものだ。「はじめから偉大なアイデアを思いつく人はいない。そんな人は存在しない。誰しも試行錯誤を繰り返し、『市場の教えに応じて』変化し、方向を変えなければならない」[*22]

正直さとは、相手の人を、あるいはアイデアや絵画や音楽を、曇りのない目で見ることだ。見たいように見るのではなく、「こうなっているはずだ」と思って見るのでもない。それはまた、自分自身をはっきりと見つめて、自分の行為が大切な誰かやアイデアの成長を助けているか、妨げているかを自覚することでもある。そこまで正直になるには勇気がいる。受け入れたくないものを受け入れ、見たくないものを見、「未知の世界に」飛び込む勇気がいる。勇気は、リーダーになによりも欠かせない資質だ。親としての自分の限界を正面から見つめ、知らないことを知らないと認め、失敗したらきちんと謝ってきたことは、私を間違いなくいいリーダーにしてくれた。

メイヤロフが挙げた「ケア」の資質はすべて、相互に影響し合う。正直さには勇気が必要で、勇気には信頼が必要だ。信頼は謙虚さと希望によって高まり、自分の限界を謙虚に認めることで信頼が熟成される。息子たちに「先送りはダメ」と口を酸っぱくして言うたびに、私は「謙虚さ」について考える。父には先送り癖があった。父が私に早く勉強にとりかかるようせっつくと、私はいつもお父さんはまだ新聞を読んでいるくせにと口答えしたものだ。そんなとき、父は笑いながら私にこう言っていた。「私を真似せず、言われたことをやりなさい」。今度は私が親になり、息子たちにぎりぎりになるまでほったらかしにしないで早く宿題を始めなさいとせっつく番になった。でも、自分だっていつも締め切りぎりぎりまでエンジンがかからないことを自覚している。

謙虚であることはまた、不完全でもやるだけのことをやった自分を許し、昨日よりも今日の方が少し上手になると希望を持ち、努力を続けていればそのうちきちんとできるようになると信じることでもある。親である私は、何度子供たちに勉強しなさい、集中しなさい、礼儀正しくしなさいと言ったらわかってくれるのかと、途方にくれた。何度希望を持って自分を信じなさいと言い聞かせたことか。言い続ければ、何度も繰り返せば、言い張っていれば、きっといつかは覚えてくれるだろうと念じ続けてきたことか。

さらに広い目で見ると、他者の世話をすることで、教わることがある。それが「人格形成」だとニューヨーク・タイムズのコラムニスト、デイヴィッド・ブルックスは言う。[*23] 一言では説明しづらいが、人格とは、誠実さと倫理観と自主性と強さと勇気が混じり合ったものだ。私の尊敬する人たちには、それがある。キャリアの大切な節目ではいつも、そのことを深く考えてきた。大手法律事務所を辞めて、大学教授を目指してみようと決めたときも、そうだった。それまで政府で働いた経験はなかったのに、ヒラリー・クリントン長官の誘いを受けて、国務省の政策企画本部長になったときもそうだった。また学究の世界から出て、安全な終身在職権や長く自由な夏休みを捨てて、先の見えない若い組織の運営の舵を握ったときもそうだった。

負けず嫌いな性格がキャリアチェンジに影響したのはもちろんだ。それでもメイヤロフの書いた資質を思い出すにつれ、世界で誰よりも大切な人たちをお世話することと、仕事上の判断の決め手になった考え方と理想が、つながっているのが見えてきた。それに、この資質のすべてか大半を持つ人がいたら、私はなんの躊躇もなく即採用する。この資質の中の少なくとも一部でさえ身に着けていない上司は、タフでもなければ、強くもないし、優れてもいない。ただのダメ上司だ。

お値段分しかもらえない

アメリカ人は、資産運用に莫大な手数料を支払う。子供に関わることに支払う金額ははるかに少ない。幼児教育を専門に研究する心理学者のメーガン・ガンナーは、アメリカ人がベビーシッターに払う賃金は「駐車係、犬の散歩係、ハンバーガー屋の店員」と変わらないと言う。[*24] 幼児の脳に刺激を与える人にそれだけの賃金しか払っていないのだ。

私たちが払うのはお金だけではない。社会的なステータスがそこに反映される。あなたも実験してみるといい。パーティーで出会った人の半分に、自分は投資家だと言ってみる。残りの半分には教師だと言う。そして、出会った相手があなたの肩越しに重要な誰かを見つけて立ち去るまでにどのくらいの時間がかかったかを測るといい。

もちろん、私たちはお値段に応じたものを受け取る。たとえば、先進工業国の中で最下位に近いレベルの公教育。トップにいる国がどうなっているかを見てみよう。国際的な教育基準で上位にくるフインランドでは、教師はステータスの高い職業だ。フィンランドで教師になるには、8校の教育大学のいずれかに合格しなければならない。入試の倍率はMIT並みに高い。もし言語教師になりたければ難しい文学試験を受けなければならない。教師の給料は他の大卒者と変わらない。アメリカでは特に教職の要件はなく、定員の2・5倍の教師が毎年生まれ、他の大卒者よりも給料は低い。

ステータスという点に戻ると、教師の社会的なステータスを上げることに一番効き目があったのは、ウェンディ・コップの作った教育NPOの「ティーチ・フォー・アメリカ」だ。ウェンディが採用基準を上げて競争率を高めたおかげで、ティーチ・フォー・アメリカに入るのはアイビーリーグの大学並みに難しくなった。[*25] 人間の本質はフィンランドでもアメリカでも同じ。高い基準を設ければ、ステータスは上がる。だが、選ばれ成功した人間としてのオーラは、現場の教師には与えられない。

どうして私たちは教師を大切にしないのか？　コーチ、セラピスト、看護師、ベビーシッター、家庭医、老年学者、介護の専門家。自分が勝つより誰かの成功を助ける仕事はみんなそうだ。この社会の価値体系が歪んでいる理由はいくつも考えられる。特に女性から見てまず明らかなのは、伝統的に男性の仕事と女性の仕事が分かれていて、女性よりも男性の方が報酬が高いということだ。

もうひとつの理由は、ケアより競争に関わる仕事の方が、結果が目に見えやすいということだ。案件や、訴訟や、販売契約や、新製品開発なら誰が勝ったかがすぐにわかるし、勝者が報われる。教師や教育改革に携わる人ならわかると思うが、学習の成果を測るのははるかに難しい。択一試験の結果で測れば、本物の学びが失われてしまう。親ならそこのところはわかるだろう。ある会話や人生経験によって子供の中に撒かれた種が実際に花開くまでには、何年もかかる。

こうした問いを自問し始めたのは、シカゴ大学の教授になりたての頃、小学校の授業を見学したときだ。大学時代のルームメイトだった親友のノラ・エリシュが、ニューヨークで小学1年生を教えていた。私は教室の後ろに座って、ノラの授業を見ていた。6歳児に読み方を教えながら、慎重にひとりひとりと触れ合い方を変える彼女の姿を見て、私は考え続けていた。もし私が民事訴訟法や国際法を教えることに失敗したら、学生たちは試験でいい点がとれず、法律の仕事についてからもこの科目を嫌い続けるだけだ。もしノラが教えることに失敗したら、子供たちの人生が永遠に駄目になる。読み書きは、人生のすべての基礎だから。

ステータスと報酬を見れば、世界はノラの仕事をそんな風に評価していない。狭き門をくぐって法学部教授になった自分の成果を貶めるつもりはない。でも、それはそれ。シカゴやハーバード・ロースクールの教授に与えられるステータスと収入は、短期決戦で多くのライバルに打ち勝ったことへのご褒美だ。一流大学の教授は研究を通して知の前線を切り開くものとされている。ステータスと収入はその期待の表れだ。これらの大学に合格した学生は、一流の学者と学ぶチャンスを得る。しかし、学生が実際に何を身に着けたかを基準に、教育者の価値が測られることはない。

教師やセラピストやコーチと同じ場所に銀行マンやビジネスマンがいるとき、銀行マンは金持ちで力があるから教師より偉くて、面白くて、価値があるという反射的な思い込みを跳ねのけるよう、私は自分に言い聞かせてきた。教師の仕事の方が難しく、結果は重要だ。人の一生を良くも悪くも左右する仕事なのだから。以前に左目の真下を手術したことがある。恐ろしい体験だった。そのとき、落ち着いた看護師のプロとしての姿に、私は本当に救われた。その看護師は、昔広告業界にいたと話してくれた。その瞬間私は、彼女がその頭と心のＩＱを、ビジネスではなく看護という仕事に活かしてくれたことに、心から感謝した。教師や看護師はまた、この社会の支配的な価値基準に反応しない勇気と人格の持ち主だ。

人間の歴史を振り返ると、昔からお金があるのはいいことだとされてきた。共産主義国でさえ、人は他人よりもお金持ちになろうとし、そのために権力を使ってきた。だが、何がクールで何が魅力的かは、時と文化によって絶えず変わっている。かつらを被って馬に跨った男性がもてた時代もあれば、体育会系がうけた時代も、オタクが持てはやされるときもある。バロック絵画のようなふくよかな女性が魅力的とされた時代もあれば、ガリガリが流行るときもある。何に価値を置くかは、結局私たち次第だ。

競争のウソ

資産運用は子育てより本当に価値があるのだろうか？　ここまできたら私の答えはおわかりだろう。誰がなんと言おうとノーだ。

少なくとも理論上は、誰もが私に賛成してくれるだろう。アン・クリッテンデンは『母親の代償』の冒頭に、「母親であることは世界一大切な仕事だとよく言われる」と書いている。「アメリカでは、母親らしさはアメリカらしさそのものだ。これほど神聖な仕事はほかにない。これほどあがめられる存在もない」[*26]。２０１４年の春に、ある動画が拡散された[*27]。それは、「業務部長」の採用面接の場面を捉えた動画だった。この仕事は、勤務時間が長く、休暇もなく、ランチを取ることも、ときには眠ることも許されず、「優れた交渉力と対人スキル」が必要とされる職種だった。しかも無給だという。それを聞いた応募者は口々に吠えたてた。「人道的に問題ありでしょ！」「狂ってる！」すると最後に面接官が、実際にこの仕事をしている人が存在すると明かす。しかも、何十億人もいるという。「母親」だ。すると応募者は笑い、自分の母親に感謝する。

表ではこんな風に母親を褒めたたえるが、その陰には深い欺瞞がある。空軍予備役の中尉だった若い女性から、こんなメールをもらった。彼女が終身雇用資格をもつテニュアトラック教員として採用されると、付き合っていた男性から振られてしまった。彼がこれからというときに、彼のキャリアを優先していないことが明らかになったからだ。そのとき上官はこう言ったそうだ。「いつになったら必死に働くのを辞めて、子供を作るんだい?」上官は妻と5人の子供の写真を見せて、「これが人生というものだ」と言った。[*28]

もしそれが人生というものなら、どうして男性は仕事を辞めないのだろう? あるいは仕事を減らして家族の世話にもっと時間を使わないのだろう? ここにウソがある。愛する人たちの世話が市場競争や軍隊と同じくらい大切で価値のあるものならば、その大切なものにおカネをつぎ込むべきだろう。有給であれ無給であれ、誰かのお世話をしている人たちに、さまざまな方法で報いるべきだろう。もしおカネで報えないなら、せめて社会的なステータスで報うべきだろう。

でも、現実はそうなっていない。なぜならこの社会に隠れた偏見が今も残っているからだ。男性と女性は人間として等しい能力があると信じる私たちの中にも、その偏見はある。私はそれを、「競争バイアス」と呼んでいる。無意識に、ケアよりも競争に価値を置いてしまう反応のことだ。ベティ・フリーダンに倣って、このバイアスを「幻想」と呼んだ方がいいのかもしれない。私たちはこの幻想になんとなく引き寄せられてしまい、理由もわからずに真似てしまう。

だからこれを、「競争の幻想」とでも呼んでみよう。この幻想に、男性も女性も惹きつけられる。

個人の目標を立て、それを達成し、誰かに勝てば、達成感が得られるからだ。さらに広い意味では、グローバリゼーションとテクノロジーという二重の力によって、世界的に競争が激しくなったこの数十年のあいだに、競争の幻想は着実に広がってきた。ますます多くの人たちが、さまざまなやり方で常に競争している。

競争の幻想を砕くには、それが持つ謎と力のオーラを取り払わなければならない。ずばり言うなら、たくさん金を稼いだ人や、他人をやっつけて組織のトップに昇った人が自動的にお手本とされるのはなぜかを問い直すべきだ。彼らにどんな価値があるのか？ 彼らは他人をどう扱うか？ 家族にどんな犠牲を強いてきたのか？ 彼らの親、配偶者、子供たちはどんな代償を払ったのか？ 彼らの人となりや私たちが彼らをどう見るべきかが、なぜ語られないのか？

競争の幻想を砕くということはまた、さまざまな職業の相対的な難易度を評価し直すことでもある。この章の題をつけるとき、私はわざと、「資産運用は子育てより難しい？」と問いかけた。それは、私たち全員への問いだ。章の冒頭で経済学部の学生が言ったことに、私たちの多くは心の底では頷いている。知的職業は子育てよりも「難しい」。親になったり、誰かの世話をするよりも、スキルと教育が必要だから。

知的職業人におカネを払うのは当然だし、そうすべきだと思う。だけど、この3年のあいだにこう考えるようになった。もちろん外交政策の仕事も非営利組織の経営も難しい知識が必要だけれど、子育ての方が感情的に難しく、はるかにややこしい。また、有料のケアを頼むことも必要だと思うようになった。在宅医療、セラピー、教育も、資産運用のような他の専門職と同じように考えるべきだろう。最低限のサービスもあれば、至れり尽くせりのサービスもあっていい。サービス提供者の教育と経験、そして社会がその行為に置く価値の組み合わせをもとに、その報酬は決められるべきだ。

誤解しないでほしい。私はかなりの負けず嫌いだ。祖父はＮＦＬのオールスターに選ばれたフットボール選手だった。運動神経は受け継いでいないが、１年生のときに読み方で上から2番目のグループに入れられた私は、一番上のグループに入ってやるぞと心に決めた。私もみんなと同じように、人生で最高のことをたくさん経験できたのは、競争のおかげだ。しかし、家族や友人を愛し気遣うこと、学生を教え導くこと、スタッフの成長を見守ることは、それと同じくらいやりがいのあることだ。どの機会にも、私は与えた分だけ与えられた。仕事は私が死んだらそれで終わりだが、他者を育て、他者に力を与えれば、予想もしない形でそのことが生き続ける。

だから、競争の価値を貶めるつもりはない。ケアの価値を上げようと言いたいのだ。ケアを、人間に必須の活動としての、正しい場所に引き上げよう、と言っているのだ。競争とケアに同等の価値を認めることができれば、そして何人もの人間が同じ屋根の下で暮らす「家庭」の運用が資産運用と同じくらい大切だと考えることができれば、そのとき真の男女平等への道が開かれる。そうなれば、仕事と家庭の両立はもはや「女性の問題」ではなく、親の問題であり、息子と娘の問題であり、配偶者や兄弟の問題であり、親友の問題になる。それは働く人すべての、そして誰かを愛し気遣う人すべての問題になる。

もちろん、簡単ではない。私の世代のフェミニストは、「競い合う」父親の仕事が、「世話をする」母親の仕事よりはるかに大切だと教わってきた。勝つことや個人の業績や成功につながる仕事が、与えることや誰かの成功を助ける仕事よりはるかに大切だと刷り込まれている。私の下の世代はさらにそれを強く信じ込まされてきた。女の子はキャリアと子育てを両立できて当然だと教え込まれ、それが「勝ち組」だと信じている。その上、若い世代の競争は、なにかにつけ確かに激しくなっている。今この時代に、いい大学に入ることは以前よりもはるかに難しく、まともな給料の出るまともな仕事に就いて昇進できるチャンスは、70年代よりも、80年代よりも、90年代よりも少なくなっている。

　女子にも男子にも平等に教育を与え、どちらにも同じ夢を持つよう励まし、経済的に充分自立できるよう促すことが大切なのは言うまでもない。その観点から、競争が重要だと子供に教えるのは正しい。だが、これまで女性のものとされてきた「人をケアする仕事」、つまり家族の物質的な要求に応えながら心と魂を育て、安定した家庭を築くことが、収入を得て家族を養いながらキャリアの階段を上っていくという男性のものとされてきた役割に比べて、大切でないと伝えるのは、間違っているし危険だ。そんな教えは、歴史的なバイアスと時代遅れの偏見と歪んだ認識の産物で、この社会を歪めるばかりか、私たち全員を傷つけることになる。

　真の男女平等に向けた長い旅の中で、最初に女性は力と独立を得る必要があった。そのために男性を真似てきた。だが力と独立を得た女性は、これまでの男性の世界観を自動的に受け入れてはいけない。伝統的な男性の世界観を持つのは、男性の中でも少数派なのだから。

　例の記事が出た直後に、２０１０年にプリンストン大学を卒業したケイル・サリからもらったメールに、私は胸を打たれた。メールの冒頭に、彼女はこう自省していた。「自分にとって大きなチャンスをもらったときに、素直にイエスと言うことを後ろめたく感じてしまうのはなぜなんだろうと思います」

この2年間、個人的な関係を犠牲にして、自分の大きな夢がかなうようなキャリアの選択をしてきたことを、たくさんの人が祝ってくれました。ですが今、長距離恋愛を続けていた彼の近くに引っ越すことを考えています。近しい友人と話すとき、引っ越しの本当の理由を適当にごまかしている自分に気づきます。たまに本当の理由を打ち明けると、だいたい相手は、あからさまではないにしろ私が気づく程度にはあきれた表情になりますし、説教し出す人もいます。「男のために人生を変えるなんて、ちょっと早すぎるんじゃない？」恋愛のために人生を変えるような選択をすると、弱いとかうぶだと思われるのに、恋愛を犠牲にして仕事を選ぶと強くて独立していると見られるんですね。

職なしになりたいとは思いません。でもいくら仕事ができても、家に帰って独りの部屋で出前のチャーハンを食べるようにもなりたくありません。片方の目標には胸を張って投資しておきながら、どうしてもう片方の目標に投資することを後ろめたく思わなくちゃならないんでしょうか？[*29]

ケイルが感じている社会的なプレッシャーは現実のものだ。2013年1月にプリンストン大学4年生のマーガレット・フォートニーがこんなエッセイを大学新聞に投稿した。「モリー」という友人との会話だ。ふたりの女性が将来について交わす会話の最後に、モリーは「私に少し身体を近寄せて、ささやいた。『大学院に行きたくない。仕事をしたいかどうかもわからない。結婚して、家に入って、子供を育てたい』と。そう告白したモリーはあわててこう言った。『私、どこかおかしいよね[*30]』」

1970年代にプリンストンの学生だった私なら間違いなく、アイビーリーグの大学を出ながら仕事に就かない人間には失望すると言ったはずだ。当時はまだ、プリンストン大学が１９７０年代のはじめに共学になったことに反対する男性も多かった。その理由はまさに、女子は結婚して子育てのために仕事を辞めるので、「教育が無駄になる」というものだった。本当に正直に言えば、この私もまた、専業主婦の価値を疑っていたことを認めよう。だがそれも、あの経験を経て、アトランティック誌に記事を投稿するまでだ。

今は違う。難関大学に運よく入ったすべての学生に、私はこうアドバイスするだろう。今受けている教育は、長い人生の中でずっと活用できる。教育とは自分を支えると同時に、他者の人生を豊かにするためのもので、その他者の中には子供も含まれる、と。大多数の人は*どちらも*欲しがっている。自分自身の目標を達成し、やりがいのある仕事を通して自己を確立することも、そして愛する人たちの世話をすることも。

男性も女性も、「ケア」と「競争」の両極を結ぶ線上のどこかに自分を置いている。叔母のメアリーは、かなり「競争」に偏っていた。１９５０年代にテニスチャンピオンになり、バージニア大学の男性体育会で表彰を受けたはじめての女性となった。80代の今も元気にゴルフとブリッジの勝負を楽しんでいる。私の美容師のアジズは起業家精神旺盛だが、生まれながらの世話好きだ。他者の世話をすることが、彼にとっての幸福の源なのだ。

付け加えると、勝負に強い人は、他者のことを考えてチームプレーができる。エゴを脇に置いて、チームメイトにパスを送って得点させる。誰かの世話をする人も同じだ。誰かの世話に長けた人は、燃え尽きないために自分の時間を取れる。優れた上司は、チームの負けん気を伸ばしながら、メンバーそれぞれの望みにも目を配っている。ケアに価値を置くことはまた、ケアと競争がさまざまにお互いをどう補い合うかを理解することでもある。

もし私たちが競争の幻想から解放され、競争は人間の大切な原動力ではあっても人の世話より価値のあるものではないと理解できれば、女性の解放を競争のための自由と見ることはなくなるだろう。逆に、人の世話を競争と同じくらい価値のあるものだと本当に信じることができれば、仕事だけに偏った男性が深い満足や自己改善の機会を逃していることにも気づくはずだ。そして、もし男性と女性がケアと競争を同じものさしで測れば、そのどちらにも時間を使えるように職場と仕事を調整しやすくなるだろう。

そんな理想は絵に描いた餅だと思われるかもしれない。でも、明日それが実現するかもしれない。それに必要なのはただひとつ……。

6 女性運動の次は男性運動

せっかく就職したのにお茶くみ、という話はひと昔前の女性差別の象徴だった。今の性差別はちょっと違う。優秀な父親が、公園やスーパーで、悪気はなくても勘の悪い女性に会ったときに起きるのが、今どきのよくある性差別だ。ニューヨーク・タイムズの母親コラムに掲載された「いいパパと呼ばないで」という記事に、マット・ヴィラノはこう書いている。

ディスカウントスーパーへの買い物は月2回。いつものように1歳の子を背中のキャリーに背負って、3歳の娘と手を結ぶ。娘は僕の手を思い切り振りながら、ボスみたいに先頭を歩いていく。

自動ドアをくぐって、いつものように自分たちが映ったビデオ画面に手を振り、カートを掴む。僕たちは無料のお手拭きが置いてある場所に立ち寄った。娘が「ふきふき」と呼ぶいつもの行事をやってあげるのだ。カートの隅々までお手拭きで完全に（というか、狂ったように）消毒する。

お手拭きを9枚くらい使って、「ふきふき」が半分くらいまで終わったところで、中年女性がにこにこしながら僕たちを見ていることに気がついた。

「いいパパね」と彼女は声をかけてくれた。まるでスノーマンに遭遇したみたいに。[*1]

ヴィラノにとっては、こんな出来事が「許せない矛盾」に思える。母親なら当たり前のことを、父親がやると褒められるということが。ニューズウィークに「男らしさ」についての特集記事を寄稿したアンドリュー・ロマノはそれを、「男性にはあまり期待していないという、ソフトな偏見」だと言う。[*2]

ここでちょっと、反対のケースを想像してほしい。男性が当たり前に書いている報告書を書いて褒められたとしたら？　しかも、あなたがそれほど上手に書けるとは思っていなかったなんていう含みのある言葉だったら？　夫のアンディと付き合い始めの数年間、私が何か言うと、彼は少し驚いたように「それは賢いな」と応えた。もちろん、私はムカついた。ヴィラノが言うのも同じことだ。「僕に『いいパパ』とレッテルを貼ることは、ほとんどの父親は『よくない』って言ってるようなものだ」

そんな偏見と暗黙の役割分担を打ち破るには、男性も運動を起こす必要がある。男性が女性と同じだけの選択肢を持たなければ、つまり男性にも収入を得ることと家族の世話をすることの両方の機会が与えられなければ、この社会に根付いた性的偏見の大半は解消しない。男性が子育ての柱になること。昇進を遅らせたり、パートタイム勤務にして子供や親や愛する人と過ごす時間を増やすこと。育児休暇を取ったり、フレックス勤務を要求すること。仕事中毒やオフィスでの対面時間にこだわる文化を拒絶すること。そんな選択をした男性が尊敬され報われなければ、本当に選択肢があるとは言えない。

男性は説教されていると思わずに、そうしたことが許されるのだと思ってほしい。「男性も家のことをやるべきだ」と言うのではない。「それができる」と考えてほしいのだ。男性は思いきり家族の世話をしていいし、女性と同じくらい上手に家のことができる。女性は、人生の中で男性をどう見るか、男性の価値をどう判断するかをもう一度考え直してほしい。

私たち女性が社会に押し付けられた役割を跳ねのけようともがいているように、男性もまた私たちが押し付ける役割を捨て去るべきだ。真の男女平等には、そのための男性運動が必要になる。男の子には、専業主夫にも小学校教師にもインベストメントバンカーにも同じ価値があり、そのどれにでもなれるのだと教えなければならない。家族を養うということは、お金と同じくらい時間を与えることだと教えなければならない。ケアをかっこいいものにしなければならない。家事のできる男性が「男らしい」と思われるようにしなければならない。

なにより、そんな彼らが「男性として」尊敬され報われるような社会にしなければならない。フィナンシャル・タイムズのサイモン・クーパーは、「ブラッド・ピットに見る最高の父親像」というコラムの中で、男らしさの象徴のような映画スターが抱っこ紐で幼児を抱えている姿を見せることに価値があると書いている。[*3] もちろん、ピットも、赤ちゃんのいるスターたちも、一日中子供を追いかけているわけではない。彼らはみんな大金を払って、大勢の手伝いを雇っている。それでも、彼らが無意識のお手本になるのはいいことだとクーパーは言う。そうしたパパたちの姿は、女性が女性ＣＥＯを見るのと同じインパクトを男性に与える。男性だって自由に子育てができる。女性と同じくらい上手にできる。しかも、そんな男性は女性にモテる。

性差は生まれつきのものだと考える人たちは、思い出してほしい。男性が何世紀にもわたって、女性にとって最高の仕事は妻であり母であり、娘であり姉妹であり、他者を世話することだと信じて疑わなかったことを。この点について、ある若い男性からもらったメールを読んで、私はショックを受けた。送り主は自称「アフリカ系アメリカ人男性で、一流大学を卒業し、1000万円近い年収がある」人物だ。[*4] チャールズと呼ぶことにしよう。チャールズは私の例の記事にこう反論した。仕事か家庭かの選択を迫られたとき、女性は仕事を犠牲にして家族を選ばなければならないというプレッシャーを男性よりも重く感じる、と。続けて、「同じ統計を使って、『どうして男性はすべてを手に入れられないのか』という記事を書いてもらえませんか？　だって男性には家庭より仕事を優先させなければならないというプレッシャーがあって、家庭を選べる女性の方がラッキーなんだから」

私の反論を予想して、彼はこんな風に続けた。「男性が家庭を選びたいなんて言うのは聞いたことがないっておっしゃるかもしれませんね。でも男性には『男らしくあれ』っていうプレッシャーがあるんです。男性が自分から言わないっていうことは、そのプレッシャーが大きいってことですから」。私だってこれまで男性に囲まれてきたし、男性の考えていることや望みはわかっているつもりだ。でもそんな私の心を、チャールズは読んでいた。「女性が静かで従順な妻であることが当たり前だった頃、男性は女性が外で働くことを望んでないと信じ切っていたわけですよね。僕はおそらく、男として子育てよりも高給の取れる仕事を選ぶかもしれませんが、きっとそれを悲しく思うはずです。だからといってめそめそしたり、愚痴ったり、公に宣伝したりはしません。ただ飲み込んで、男らしく受け止めます」

確かにそうだ。赤ちゃんの頃から刷り込まれた偏見から自由になれる人はいない。この本を書きながら、私はふたりの10代の息子に、自分が少女の頃にしていたように食事の後片付けをさせたことがなかったことに気がついた。息子にはもっと「男の子」らしい雑事をさせていた。ゴミを出したり、私の兄たちがやっていたようなことだ。兄たちはテーブルを片付けて食器を運んでいた。でも、もし私に娘がいたら、使った食器をゆすいで食洗器に入れさせ、鍋を洗わせ、カウンターを拭かせていただろう。そうやって仕事を与えていたはずだ。女性運動の最初の数十年で男性たちが気づいたように、私たちもまた、長年の刷り込みを覆すのは難しい。

アメリカ人女性の大半はこの50年間に、伝統的な女性の役割を拒絶し、女性が何を望み、何ができるかを考え直すよう、社会に求めてきた。今こそ男性にも同じチャンスを与えるべきだ。

男性は何を望んでいるか

あのアトランティック誌の記事が出た6か月後、プリンストンの学部の学生たちと夕食を食べた。彼らのいろいろな関心事が話題になった。政治全般。大統領ディベート。仕事と家庭。外交政策の質問もたくさん出た。しばらくして、何人かの女子学生が、例の記事にどんな反響があったかと聞いてきた。その話を10分も続けていたところ、そこにいた男子学生（半分は男子だった）がみんな押し黙っていることに気がついた。女子しか参加してないわねと私が言うと、ある男子学生がこう告白してくれた。彼は「フェミニストの家庭に育ち」、男女平等を心から支持するけれど、何か言うと誤解されそうで口を開けない、と。その周りにいた男子学生の多くが、そうそうと言うように頷いていた。

男性はだいたいなにも言わない。少なくとも公の場では。だがそれも変わってきた。例の記事に対して私にメールをくれた人の15パーセントから20パーセントは男性だ。私の講演を聞きにくる聴衆の男性比率もそのくらいだ。ブログや雑誌のコラムでは、男女平等の問題を女性だけが議論するのはおかしいと声を上げる男性がますます増えている。彼らは意見を聞いてほしがっているし、はっきりとした主張もある。

最高裁事務官、専業主夫になる

2014年秋、アトランティック誌でまた話題になった記事がある。その記事のタイトルは「専業主夫になることについて、ルース・ベイダー・ギンズバーグが僕に教えてくれたこと」[*5]。この記事を投稿したのは、ギンズバーグ最高裁判事の元事務官で、新進気鋭の弁護士だったライアン・パークだ。ギンズバーグは1970年代に弁護士として男女平等を求めて闘ったことで有名な判事であり、彼女自身、苦しみながら家庭と仕事を両立してきた。彼女はパークにこう言った。「もしあなたに愛する人生のパートナーがいるのなら、その人が必要とするときに助けてあげなければだめですよ」。それを心に刻んだパークは、医師の妻を支えることにした。自分が主夫になって娘のケイトリンの面倒を見ることにしたのだ。

娘と一緒に家で過ごした時間は「異国にいるようだった。毎日が新鮮で、たわいもない普通のことにハッとしてばかりだった」とパークは書いていた。彼はこう自問した。

最高裁で複雑な法律論を交わし合うときのスリルや挑戦を取り戻したいと思っただろうか?

僕が今読んでいる本といえば、パンダやニワトリの絵が描いてあるものばかり。でも毎晩、どんなにありきたりの1日でも、その日過ぎ去った美しい瞬間を僕はゆっくりと反すうする。

パークはまた、男性に対する社会の偏見についても、驚くほど率直に書いていた。彼が「家庭と仕事の両立に苦しんでいる」ことを話すと、必ずと言っていいほど「悪気のない」偏見を表す人がいる。それは「男性が人生で大切だと思うことは女性とは違う」という思い込みだ。もっとはっきり言えば、「男性は子育てをそれほどやりがいのあるものと思わないけれど、女性は子育てを人生の中心に据えている」という偏見だ。

ずばり、そうなのだ。私は、女性が男性よりも家事や育児に向いているなどという偏見には断固反対だ。もちろん、家事や育児が得意な女性もいる。でも、女性だから得意だというのはおかしい。だとしたら、どうして男性に逆のステレオタイプを押し付けるのだろう？　男性だから家庭よりも仕事に時間をつぎ込みたがっているなんて、勝手な思い込みだ。「その思い込みはだいたい間違っている。僕の場合は、絶対に違う」とパークは言う。

変化はすぐそこに

そんな男性はライアン・パークだけではない。人生についての見方が男性の中で根本的に変化している証拠はそこかしこにある。ウォートン・スクールのスチュワート・フリードマン教授が大学生に卒業後何をしたいかと聞いたところ、1年生の男子学生のひとりが、「専業主夫になるつもりだ」と答えた。教師生活の中で、男子がそう答えたのははじめてだった。ハーバード・ビジネススクールの生徒会副会長を務めたクナル・モディは、経済的にも男女平等の観点からも、男性は家事の責任を負うべきだと主張する記事を書いた。「家事や子育ては『女性の仕事』ではない。それを女性の仕事とすれば、家庭の経済的な健全さが損なわれる」[*6]。ハーバード・ロースクールのマーサ・ミノウ学部長は、30年間法律を教えてきた中で、ひとつの変化に気づいたと言う[*7]。それは、将来有望な弁護士が家庭と仕事をどうやって両立させるか、という問いが、若い女性からでなく男性からも発せられるようになったことだ。

男らしくなければならないとされてきたプロのアスリートたちでさえ、今では赤ちゃんをあやすのが上手だと自慢している。ニューヨーク・メッツで2塁を守るダニエル・マーフィーは、赤ちゃんが生まれた直後に3日間育児休暇を取ったことを批判された[*8]。記者にそのことを聞かれたマーフィーは、恥じる様子もなく、夜中にオムツを取り換えた話をしていた。

社会の「当たり前」に対する変化の前線にいるのは、広告業界だ。広告マン(広告ウーマン)は何が世間で「NG」かを身をもって学ぶことになった。2012年、日用品メーカーのキンバリークラークは、紙おむつハギーズの新しい広告シリーズを放送した[*9]。父親が自宅で赤ちゃんをお世話するCMだ。スポンサーはこれなら女性にも男性にも受けると考えたのだろう。CMには少し偉そうな口調の女性のナレーションが入る。「ハギーズのオムツとお尻拭きならどんなときでも大丈夫。私たちは世界一難しいテストに挑戦してみました。パパが独りで、おうちで5日間、赤ちゃんのお世話をします。その間、ママたちは待ちに待ったお休みタイム。ハギーズはパパたちの役に立ったかしら?」

多くの父親が、このCMにかんかんになった。父親が不器用だと決めつけていたからだ。オレゴンの専業主夫クリス・ロウトリーはネット上で「ハギーズへ、僕たちは父親だ。アホじゃない」という署名運動を開始した。[*10] そのキャンペーンには１３００人の署名が集まった。ハギーズはそのCMを中止して謝罪した。[*11] その上、「パパ２・０」というパパブロガーの集まりで、パパたちを前に繰り返し謝ることになった。

広告業界はすぐにその失敗から学んだ。２０１３年のワールドシリーズで、シボレーは、物質的な豊かさよりも家族の大切さを男性が語るCMを流した。[*12] 息子を車に乗せる父親の姿が映し出され、「就業時間より大切なことがある。学校に間に合うように子供を送り届けること」というナレーションが入る。そしてこう付け加える。「役員室よりキッチンがいい」。２０１５年のスーパーボウルのCMでもこの流行は続いた。男性用ダヴのCMでは、ハイチェアに座った幼児から、結婚式で踊る青年まで、さまざまな年齢の子供たちが父親に呼びかけた。[*13] このCMは、「強い男とは？」と問い、「思いやりを形にできる人」と答えるものだった。

こうしたCMのスポンサー企業は市場調査に莫大な投資を行っている。顧客自身が何を欲しいかをはっきり自覚する前に、消費者の欲求がどこにあるかを見極めようとする。統計は雄弁だ。２０１３年、ピュー研究所は「ワークライフバランスを追求すると、父親と母親の役割が収れんする」と題した調査を発表し、父親と母親のストレスレベルは変わらないことを示している。今も母親は父親より子供と過ごす時間が長く、父親の半数はもっと子供といたいと答えていた。[*14] 母親でそう答えたのは５分の１余りだった。

すべての男性により多くの選択肢を

ここまではいい。父親が母親と同じくらい上手に子育てができるということも、父親が母親と同じだけの選択肢を持つべきだということも、それが真の男女平等につながるということも、どれも特に目新しい考え方ではない。だが、父親はただのきっかけだ。1950年代の終わりからアメリカやその他の地域の女性たちが経験したのと同じ革命が、すべての男性に必要だし、その権利が彼らにはある。

ここでもまた、変化の兆しは見えている。父親研究所の共同創立者、ジャック・オサリバンは、男性はいつも「変わらないと責められてばかりだが」、実際には「目の覚めるような変革」の前線にいると言う。女性と同じで、男性もまた「性的な役割分担から、遅ればせながら逃れようとしている。男性の多くは、子供たちとのかかわりが大幅に増えたことを喜んでいる。女性との関係も変わっているし、男性同士の関係もまた変わっている」らしい。たとえば、メディアでありソーシャル・プラットフォームでもあるグッドマンプロジェクトは、自分たちを「21世紀の新しい男らしさを覗けるメディア」と呼んで、新たな議論を盛り上げている。[*15]

「男らしさ」の変化を詩的に表現してくれたのが、ベッツィー・ビューリーだ。1987年にダートマス大学を卒業したベッツィーは、同窓生たちをつぶさに調査して、卒業25周年の年鑑にその印象を寄稿した。ダートマスの男性は、「あちらからもこちらからも引っ張られているように感じ始めている。またこれまでとは違う役割を期待されてもいる。今さらながらかもしれないが、お堅いサラリーマンの役割に縛られる必要はないのだと気づき始めたようだ。ジョン・ウェインのような男らしさだけが『男らしさ』でないことや、キャッチボールをしたり学芸会に遅れてくることだけが父親の役割でないことを感じ始めている」と書いていた。[*16]

男性にはもっと多くの選択肢が必要だということを私が感じたのは、仕事を通してでもなければ、女性の社会進出を考えてのことでもない。母親としてふたりの息子を育てる過程で、そう感じるようになった。大半の母親は、娘にはなりたいものになれると教えるのに、息子にはそう教えていないことに気づいたからだ。

この20年間、私たちは女の子に「男の子と同じことをしてもいいし、そうしなくてもいい。母にも、娘にも、姉にも妹にも、妻にもなれるし、やりたい仕事は何でもできる。女性は歴史的な使命を背負い、まだまだ打ち破るべきガラスの天井がある」と教えてきた。

親は使命感と志を持って子供を育て、子供の成長を見守る。たとえば、移民の子供たちは、故国にはないチャンスと可能性のある国で、親の期待に添うことを使命として成長する。男性が支配し導くこの世界で、少女と若い女性はいまだに移民ともいえる。娘たちには征服すべき世界がある。小学校でも高校でも大学でも、女子は男子より成績がいい。女性たちは成功を目指して世の中に出る。

だが、息子にはなんと教えているだろう？　中流層の白人家庭の親は息子に職業人として成功してほしいとは思っていても、だからといって特別な成果を期待するわけではない。娘への期待とは違う。息子は歴史を作るというより、繰り返すだけだ。ドキドキもワクワクもない。その上、男の子は、何が男らしいか、男らしくないかについて、いまだに古めかしいイメージしか教えてもらえない。私が運営するニューアメリカ財団で働くある男性は、こう言っていた。「娘はジーンズで公園に行って泥んこになって転げ回り、他の子供たちと飛び蹴りしながら遊んでいても、誰も何も言わない。でも、もし息子が学校にマニキュアでもしていったら、とんでもない騒ぎになる」[*17]

育児や介護が「男らしくない」という根深い暗黙の考え方は、息子たちの選択肢を狭めている。いまだに息子たちには、一家の稼ぎ頭になれと言っているようなものだから。もちろん、妻が一家の稼ぎ頭であってもいい。だが、娘と同じように息子に対しても専業主夫にもパートタイムの父親にも介護や育児の柱にもなれると教える親はほとんどいない。

それに、少なくとも白人の中流家庭では、息子と娘に期待することは、大きく変わってきた。息子を持つフェミニストの母親は、ふたつの異なる世界に住んでいる。仕事の世界は今も男性中心だし、少なくともトップ層は男性が支配している。若い女性には「リーン・イン」するように励まし、会議の席について声を上げ、自分をアピールしなさいと教えている。だが、家に帰ると男女の力は逆転する。娘が強くなり、子育て本にもあるように、「男子の危機」が起きている。『アメリカの男性らしさ』の中で著者のマイケル・キンメルはこうまとめていた。「大学進学率で女子は男子を超え(2013年の新入生の女性比率は60パーセントだった)、成績でも男子を超えている(科学と数学で女子は男子に追いつき、国語と外国語では男子をはるかに上回る)。行儀の点でもそうだ(男子は女子より頻繁に居残りや停学処分を受け、ADHDの診断を受け、ケンカをする)」[*18]

こうしたパターンをどう見るかや、男子をどう扱うかについての学術研究や一般書籍は数多く、年々増え続けているし、親たちも男子の問題を意識するようになっている。私も他の親たちと子供のことについて話す。するとたいていはこんな会話になる。「うちの子は自分で朝起きられる」とか、「うちは15種類も課外活動をしてるけど、よく整理できてるわ」などと誰かが言おうものなら、別の親がこう言い返すのだ。「おたくは女の子だから」と。大人の男性と女性の差については口が裂けても語らないのに、男の子と女の子の差は容認しているわけだ。

少し驚いた笑い話がある。上の息子が小学生のとき、自分がクラスで一番にならなくていい理由として、「女子の方が男子より頭がいいから」と言ったのだ。私の中のフェミニスト魂は、男子が女子より賢いと当たり前に思われていた時代から、ようやくここまできたかと喜んだ。でも、母親としては、「ダメじゃない！」と思った。

とはいえ、これは今に始まったことではなかった。社会学者のクラウディア・ブッフマンとトーマス・ディプレーテは、この1世紀以上、女子は男子に学校の成績で勝っていたと言う。[*19] しかも、その期間のほとんど、女性は教育を受けるか結婚するかの二者択一を迫られ、教育を受ける場合でもそれは良き母親になるためとされていた。学校の成績が女性の未来につながるようになったのは、ここ40年のことだ。だから、女子は頭の良さを隠さず、知性と成果を表に出すようになった。また、中流家庭の男子は、それ以外の層と比べれば、学校の成績は悪くない。[*20]

アメリカの本当の危機は、マイノリティの貧困層の男子の中にある。[*21] アメリカの四大人種のうち（白人、アジア人、ヒスパニック、アフリカ系アメリカ人）、ヒスパニック系とアフリカ系アメリカ人は学校を途中退学する比率が最も高い。２００７年から２００９年にかけて退学率が高まったのは、アフリカ系アメリカ人男子だけだ。問題は学校を卒業できないことだけではない。制度そのものが問題で、小学校から問題は始まっている。大都市圏の教育委員会が出した「変革への要求」という報告書によると、「大都市の小学校に在籍する4年生の黒人男子生徒のうち、読み書きが満足にできるのはわずか12パーセントにすぎない。[*22] 全国の白人男子生徒で読み書きの能力が充分にあるのは38パーセント。

また8年生の黒人男子生徒で算数の能力が充分だったのはわずか12パーセントだ。これも全国の白人男子生徒では44パーセントに上る」

マイケル・キンメルは、心理学者のウェイン・マーティノの人種研究[*23]をもとに、中学から高校低学年の男子生徒は、教育程度の高い地域であっても、『学校の成績がいい男子はカッコ悪い』と思っていると言う。[*24]もちろん、歴史的に女子は男子にくらべて成績が良いとはいえ、男子があまり勉強しなくなっていたり、いい成績をとらなくてもいいと思っているとしたら、問題だ。特に労働者層の男子にとっては、もし学校や親や仲間が「勉強しないのが男らしさ」だという文化を持ち、「男らしさ」を狭く捉えているとしたら、男女格差はますます開いてしまう。[*25]「どうしたらいい男性になれるのか」という問いに対して、意識無意識に聞いた答えが、男子の成功を左右する。

もし息子たちにこう教えたらどうだろう？　母親や他の女性たちが女性の役割を広げてきたように、男性も人生の中で社会的な役割も経済的な役割も広げるチャンスがある、と。男らしさは人それぞれで、自分が選んだ方向にそれを合わせられると教えたらどうだろう？　この世界で男性に残された最大の未踏の領域は、他者の世話をすることだ。男の子たちにも、何世紀も続いてきた古い壁を打ち破り、社会変革の先駆者になれると伝えれば、彼らは使命を持ち、刺激を受け、新しいロールモデルを真似するようになるだろう。「いい男」の新しいイメージが生まれるだろう。

生まれながらの違いを超えて

10年ほど前、中高で歴史と社会を教える素晴らしい先生たちの集まりで講演をした。その参加者のひとりで、サウスカロライナから来た中年の教師と、その後も外交政策の話題で連絡を取り合っていた。ここではジムと呼ぶことにしよう。そのジムと、最近では仕事と家庭の問題が話題になった。アトランティック誌の記事が出たあとで彼は連絡をくれ、彼の妻もまた、娘を育てながら世界的な医療機器メーカーで出世の階段を上ったと教えてくれた。

ジムはさらに自分の経験を語ってくれた。キャリアを持つ女性の夫はみな必ず、独自の問題に直面するという。「まず、妻の収入が夫よりもはるかに多いことが明らかだと、夫への世間の見方が、なにか違う。はっきりでなくとも、それとなくね」と書いていた。[*26] ジム本人は、「高校教師として、また指導者として、素晴らしいキャリアを楽しみ」、そのことをまったく後悔していないし、教師のサラリー以外にも収入があった。それでも、ビジネスの世界にいる妻の方が「教師よりも当然給料はいい」

ジムによると、たとえ世界中の人に悪気はなくても、「妻の方が稼ぎがいいと、居心地が悪いことがないわけじゃない。他人がそう思ってるとわかるから」。その感情が、「現代にはそぐわない大昔の習慣からくるものか、それとも原始的な本能によるものかわからない」と言っていた。

タフツ大学の卒業式でスピーチをした後にも、同じようなメールをもらった。私は卒業していく若い男性たちに、仕事と家庭をどう両立させていくかを考えなさいと言ったのだ。普通なら、女性にそう言うものだろう。卒業式に立ち会った親のひとりは、こう書いていた。彼は以前、愛する女性と20年間結婚し、ふたりの子供がいた。妻に素晴らしい仕事のチャンスが訪れたとき、彼は彼女のために引っ越したが、そのために彼自身の仕事を棒に振ることになった。一方で妻は成功した。そのことが原因で、結局離婚することになった。彼は正直にこう書いていた。「嫉妬より深い怒りを妻に感じた。

そのときは割り切って決めたはずなのに、本物の父親になることに失敗したという感情がいつまでも残った[*27]」

ジムはそれを「原始的な欲求」かもしれないと言っていたが、タフツの父親は少し違っていた。「長きにわたる一夫一妻制で、母と子はか弱いものとされ、家族や子孫を守り養える男性が生き残ってきた。男性にとって愛することの核には、それがある。もし男性が人を守ったり養ったりできなければ、愛することはできず、そんな気もなくなるだろう」

実際、人類学者のサラ・ブラファー・ハーディは、人類の初期の集団では、男性も女性も全員で一緒に子孫の面倒を見ていたと言う[*28]。『人類の幕開けの性』の中では、心理学者と精神科医が進化論的、人類学的、社会学的な研究を探った結果、狩猟民族は完全な平等主義の社会で、子育ては全員で行い、食べ物はみんなで分け合い、一夫一婦制ではなかったことを発見した[*29]。理想郷を夢見ていたからではなく、「それが最も合理的だったから」らしい。

経済学者のポール・シーブライトは、ホモ・サピエンスが現れた更新世時代にまでさかのぼり、なぜ精子の数は多いのに、卵子の数は少ないのかというところから調べ始めた。精子が多く卵子は少ないということはつまり、「女性は自然な欲求から男性を選び、男性は自然な欲求からしつこく女性に迫る」ということだ[*30]。この、生物としての男女の協力と対立の構図は、普段私たちが目にしている男女の自然な姿に重なる。

要するに、男性にも女性にも原始的な欲求は大いにある、ということだ。だがその中で何が一番にくるかは、経済や社会に左右される。そしてもちろん、種としての男女の関係については、まだまだ発見されていないことも多い。世界的な生物学者もそう言っている。現時点での知識は完全には程遠い。だから、何かを「生まれながら」と決めつけるのは、ただの偏見だ。
思い込みを脇に置いてさらに深く探っていけば、何が見つかるかはまだ誰にもわからない。

男性の価値は稼ぎで決まるのか？

数年前、銀行家として成功し、慈善事業にいそしんでいる女性と朝食をご一緒させていただいた。その女性は私より10歳から15歳ほど年上で、離婚していた。彼女は歯に絹着せず、男性は妻の成功を喜べないくせに、自分がそう思っていることをきちんと認めたがらないと言っていた。なぜなら、そう認めるのが政治的に正しくない（ポリティカリーコレクトではない）からだ、と。

１９８０年代の半ば、ジャーナリストのベベ・ムーア・キャンベルは１００人を超える男女に取材した。いずれも共働きで、妻が出世しているカップルだ。また、そうした夫婦のカウンセリングを行う多くのセラピストにも取材をかけた。それをまとめた本が、『成功した女性と怒る男性』だ。妻が仕事で成功した夫の多くは、外向きにはとても献身的だが、夫婦の力関係が変化したことに内心不満を抱いていた。[*31] ある多国籍エネルギー企業の管理職を務める男性は、その不安をこう表していた。「もし僕の金が要らないなら、僕は必要とされてないってことだ」

といっても、これは30年前のことだ。残念ながら、当時からこの点はあまり変わっていない。２０１１年の調査によると、「文化的にはいまだに男性が稼ぎ手になることが義務とされ、そうでない場合には男女ともに夫婦であり続ける価値がないと感じる可能性が高くなる」という。[*32] 私と夫には、共働きのカップルの友人が多い。たいていは大学院時代からの知り合いで、当時は男性と女性のどちらも同じくらい将来を嘱望されていた。そうしたカップルのうち、現時点で妻が夫より稼いでいるカップルはほんの少数だ。しかも、私の方が夫より稼ぎがいいことを夫自身が口にすると、多くの人が、特に女性が居心地の悪そうな様子を見せて、まるで夫が自虐ネタを口にしたみたいに、そんなことないでしょうと否定しようとする。

おそらく、誰しも稼ぎに関する話を聞くと居心地が悪くなるのかもしれない。少なくとも、私が育ったバージニアでは、収入の話は政治や宗教と同じくらいタブーだった。だが夫も私も、それだけが理由ではないと思っている。学部長で、シンクタンクのCEOでもある私が、教授の夫より稼いでいるのは誰にでもわかることだ。その明らかな事実を夫が口にすると、聞き手は居心地が悪くなってしまう。もし私が、夫が一家の大黒柱だと言っても誰も反応しないはずなのに。しかも、夫はそのことを公言したがる。彼にとっては、ラッキーなことだから。でも社会はまだそこまでいってない。

補正下着のスパンクスを創業して億万長者になったサラ・ブレイクリーは、2013年にニューヨークで開かれた世界女性サミットに登壇し、金持ちになった彼女を怖がって、ボーイフレンドが何人も去っていったと語った。[*33] 今の夫にも、なかなか自分が金持ちだと打ち明けられず、やっと切り出せたのは結婚式の直前だったと言う。それでも彼が一緒になってくれてほっとしたと語っていた。

ブレイクリーの話は、私が言いたかったことと同じだ。お金と男らしさは今も、切っても切り離せない関係にある。とはいえ、ブレイクリーは彼女に合う男性を見つけた。彼女と結婚できるだけの大人の男性を。億万長者との結婚は「勇敢なこと」ではないにしろ、伝統的な男性の役割分担を進んで打ち破るのは、勇気のいることだ。男性だけの法律やビジネスの世界に飛び込んでいったフェミニストの先駆者たちと同じ、勇気が必要なのだ。

誰かの世話をする勇気

ライアン・パークはこう書いている。「専業主夫だった日々は、新しいことだらけで面食らった」[*34]。娘を図書館や公園や遊び場に連れて行く途中に、「ウィークデイの就業時間中は、5歳から70歳までの男性をただのひとりも見かけない日が何週間も続いた」。しかも、出会った母親たちはみんな、彼が望んで専業主夫になったはずはないと思い込む。失業して仕方なく家にいるのだろう、と。そのうちに、「失業した負け犬」と思われるのがいやになってきた。そんな風に反応したくなかったけれど、やはりいやだった。実際、アメリカの専業主夫の半数以上は、障害があるか失業中かのどちらかだ[*35]。だから、自分からその道を選ぶ男性は、余計にすごいということだ。

どんな変革もそうだが、ここでもまたどんな人と付き合うかが行動に大きく影響する。夫のアンディは、博士論文の指導教官だったロバート・コヘインに大きな影響を受けた。ロバートは一時代を築いた政治学者で親しい友人でもある。彼は、妻のナナールがウェルズリー大の学長に就任すると、スタンフォード大学を辞めてブランダイス大に移った。その後、妻がデューク大学の学長に就任すると、ハーバードを辞めてデュークに移った。ロバートに会うといつも、妻の功績を自慢したくてたまらない様子がありありと見える。ロバートは夫のお手本であり、妻のナナールはずっと私のお手本だ。

そんな姿は受け継がれていく。夫のいとこに俳優がいる。ロスに住む音楽家で芸術家でもある彼がふたりの子供の子育ての柱になり、妻が家計を支えている。そのことに違和感はないかと訊ねると、社会的なプレッシャーは大きいけれど、私の夫を見てすごくかっこいいと思ったし、真似したいと思ったと言っていた。

つまり、男性にもロールモデルが必要なのだ。家族を最優先することに違和感のない男性のお手本が。特に、「男らしい」男性がそのステータスを利用して、「男らしさ」の定義を変えてくれることが必要だ。資産運用会社ＰＩＭＣＯのＣＥＯ、モハメド・エラリアンが会社を辞めたのは、成長していく娘の大切な節目の多くを見逃してしまうと感じたからだった。彼は、いくつかのアドバイザー的な仕事に就いた。「毎日のささいなことも、大切な出来事も、娘と一緒に経験できるような」柔軟な働き方をするためだ。[*36] データベース会社モンゴＤＢの元ＣＥＯ、マックス・スキルソンもまた、３人の子供たちともっと時間を過ごすために、社長を降りると発表した。辞任に際して、彼はブログにこう書いていた。

こんなことを書くと、この先もうＣＥＯの仕事には就けなくなるかもしれない。何千万ドルを棒に振ることになるだろうか？　おそらく。人生は選択だ。今の僕は家族ともっと時間を過ごすことを選ぶ。家族ともっと一緒にいながら、意義とやりがいのある仕事を続けられる自信がある。[*37]

こんな立場の男性は珍しいけれど、ハリウッドのパパたちと同じように、彼らが社会に与える影響は大きい。[*38] これほど地位は高くなくても、自らの選択肢を見つめて同じような判断をする男性もいる。それは、これまでずっと女性がしてきた選択だ。フィデリティで役員を務めるロブ・ボーランドと、その妻で大手弁護士事務所のパートナーを務めるベスは、３人の幼い子供を育てていくには、何かを諦めなくてはならないと気がついた。そこで、ロブは責任の少ない仕事に移り、その２年後には専業主夫になった。ロブの息子は小児科医にこう言ったという。「人生で一番嬉しかった日は……パパが仕事から帰ってきて、もうずっと家にいて僕たちの面倒を見てくれると教えてくれたとき」だと。[*39]

男性に尊敬されるような男性が、稼ぎが良くて力のある妻を支えたり、自分が重責から退いて家族のために時間を使えば、他の男性もそれに従うだろう。男性が思い切ってリスクを取り、殻を破り、新しい役割を上手に負えることを証明できれば、新世界が生まれる。実際のところ、女性が見ている「男の世界」は、比較的少数の男性によって作られているにすぎない。それは、特権階級として教育を受けた、異性愛者でマッチョな男性のための世界だ。そんな集団は男性全体の代表ではなくなっている。それ以外の男性のための世界が作られるかどうかは、彼ら次第だ。

人生の教訓

オーストラリア人ブロガーのブロニー・ウェアは、長年の緩和ケアの仕事経験をもとに『死ぬ瞬間の5つの後悔』（仁木めぐみ、新潮社）を書いた。[*40] 男女に関わらず、人々がなにより後悔するのは、「誰かが期待する人生ではなく、勇気を持って本当の自分の人生を生きればよかった」ということだ。[*41] 2番目に後悔するのは、「あれほど必死に働かなければよかった」ということ。「私が付き添った男性患者は例外なくそうだった。彼らはみな子供の成長を見なかったことを悔やみ、配偶者に寄り添えなかったことを悔やんでいた」[*42]

老いは大切な真実を表に出してくれる。だけど、それが難しいのはなぜだろう？　これほど多くの男性が死ぬ間際までそれに気づかないのはどうしてなのか？

ライアン・パークは若くしてこのことに気づいた。自分ができるときに娘と可能な限り時間を共に過ごすことにしたという彼は、こう言っている。「何十年もあとになって人生を振り返ったときに、仕事のために間違った選択をしたと後悔したくない」と。[*43] 彼の友人の外科医は、人生の儚さを毎日見続けている。彼はパークにこう言った。「30代や40代の父親がしょっちゅう交通事故で運ばれてくる。みんな、幼い子供にさよならを言う間もなく逝ってしまう。それができるあいだに大切なことに目を向けるべきだ」

オバマ大統領もまた、こう言っている。

家族をないがしろにしたら、その責任に失敗したら、ほかのすべてに意味がなくなる。私が死の床につくとき、自分が作った法案のことを考えたりしないだろう。自分が進めた政策も考えないだろう。自分が行ったスピーチのことも、ノーベル賞のことも、考えないだろう。私が考えるのは、娘との散歩。妻とのんびり過ごした午後のひと時。幸せで健康で愛されていると知っている家族と囲む夕食。そして、私がそのすべてをきちんとできていたかどうかを考えるだろう。[*44]

私にとっては、それが男らしさというものだ。

7 ありのままで《レリゴー》

『アナと雪の女王』は、私も大好きな映画だ。息子たちには少し子供っぽすぎたが、私は飛行機の中でこの映画を楽しんだ。主題歌の「レット・イット・ゴー〜ありのままで〜」を歌うのは、ヒロインの姉。彼女が、王女として期待された堅苦しい役割を捨てて、それまで隠してきた魔法の力を使ったとき、私は応援の声を上げたくなった。

この章では、あの主題歌が伝えた、殻から解き放たれることについて、少しひねりを加えて語りたい。女性たちは、社会が期待する古臭い「女性のあるべき姿や行動」から抜け出すべきだ。また同時に、あなたが期待する「男性のあるべき姿」や「男性が得意なことと苦手なこと」への思い込みも捨てなければならない。

自分にスポットライトを当てる

私の知人のすべての女性には、そしてこの本を読んでいる女性のほとんどには、家庭での男性の姿について、ある種のステレオタイプが深く刷り込まれている。かく言う私も、思い当たるふしがある。たとえば、「男の見落とし」について。男性は台所の戸棚を開けると、その中をぼぉーっと見つめて、大声で怒鳴る。「ピーナッツバターどこ？」ピーナッツバターはたいてい目の前にある。私はよく、「夫はサンタクロースを信じている」と笑う。彼にとってみれば、クリスマスは靴下や他のいろいろなものと一緒に、魔法のように目の前に現れるらしい。これを聞いてクスクス笑わない女性はいない。

男性を茶化しても、ある程度までは大丈夫だし、笑いの種にはなる。私は家で3人の男性に囲まれているので、性差についてのジョークには事欠かない。夫や息子が大笑いすることが私にはまったく面白くない。男性陣が笑うのはだいたい身体の動きにまつわることだ。逆に、私から見るとあからさまな女性のしぐさでも、息子たちはまったく意味がわからないことも多い。いずれにしろ、私は性差を認めているし、違いをありがたく思っている。

でも、ここで話したいのは性差ではない。刷り込まれた優越感についてだ。アメリカ人女性の大半は、家事に関しては子育てから料理まで、すべてにおいて男性よりも女性の方が達者だと思い込んでいる。女性は本音では家のことを諦めたくないと思っている。だが同時に、私たちの多くが家庭の役割を男性に担ってほしいと思い、男性にやってもらうつもりでもいる。

こんな状況を考えてほしい。仕事の初日に男性上司がこう言ったらどう思う？「僕の方が生まれつきこの仕事に向いているけれど、とりあえず君にやらせてあげよう。君がこの仕事をきちんとできるように、すべてのタスクについて細かい指示を残しておいた。僕の出張中は、数時間おきに電話して、一字一句指示に従っているかを確かめるから、よろしく」

そんなクソ上司がいたら、どんな女性でもすぐに人事に駆け込んで苦情を出し、おそらく訴訟に持ち込むかどうかを考えるだろう。女性の聴衆にこの話をすると、「細かい指示を残しておいた」までくる頃には、なんのことかわかったという感じの笑いが全体に広がる。女性たちには、この話がすぐに通じる。妻が夫に子供たちを任せるときは、いつもこんな感じだからだ。自分が出かけたときの夫の「ベビーシッター」ぶりにいつも不満たらたらの女性もいるし、みんなの食事を用意して、夫にやるべきこととリストをこまごまと書き連ねないと、外出などできないという女性もいる。職場のダブルスタンダードを強く拒絶しておきながら、家庭ではいまだに女性がダブルスタンダードを設けていることを指摘すると、たくさんの女性が少し申し訳なさそうな顔をする。だが、手を挙げて、ほかのたくさんの人が考えていることを口にする人が必ず出る。

「でも、夫は本当になにもできないんです」

「もし私がいなかったら、家がしっちゃかめっちゃか」

「うちの夫なら、毎日子供たちにピザを食べさせてしまうから」

私は笑って、そうでしょうねと言う。それから、私自身が長年仕事をしてきた中で、男性がいいと思っているやり方や、これしかないと思ってきたやり方に疑問を持ってきたことを打ち明ける。たとえば、男性は長時間職場にいるのが好き。必ずスポーツのたとえを持ち出す。大きいことがいいことだと（たいていは）思い込んでいる。私の仕事のやり方は違う。男性の同僚に間違っていると言われても、仕事がきちんとできていれば文句を言われる筋合いはない。初期のフェミニストたちは男性が決めた職場の役割ややり方に従わなければならなかった。今では職場の平等が進み、女性が自分のやり方で自由に仕事ができるようになった。男性だって、家庭で同じような自由と平等を与えられてもいいのでは？

もちろん男性は、女性たちが家事や育児に長けているという先入観を持っていることに気づいている。セラピストのバーバラ・カスは、ニューヨーク誌の記事の中で、この点に関して多くの女性を批判している。「夫の育児のやり方を支配したがる女性が多すぎる。『これある？ あれやった？ このこと忘れないで。あとお昼寝もよ』それこそ男女差別だ」[*1]。ハフィントンポストで、パパブロガーのアーロン・ゴーヴェイアはこう言っている。「こき使われていると言い募るのはママの方で、パパにもっとやってほしいと文句を言いながら、実際にパパが手を出すとやり方が違うと責め立てる。自分のやり方しかないと思い込んでるんだ。僕はいつも、着替えのやり方とかごはんの食べさせ方が違うって責められて、バカにされる」[*2]

ここで、議論を続けるために、仮に、ほとんどの女性がほとんどの男性より家事や育児がうまいと仮定してみよう。それはどうしてなのか、考えてみるといい。練習と自信。その両方だ。

では家の仕事の中で、性差のないものを考えてみよう。たとえば、確定申告。お宅では母親がやっていた？ それとも父親？ 私の家では確定申告は父の仕事だったが、結婚してはじめての共同申告は私がやった。私の方が収入が多かったこともあるし、それまでもずっとやってきたからだ。一度やるとそれが私の分担になり、やり続けていたら達者になって、いまさら夫がやる意味はなくなった。旅行の計画は夫の仕事だ。彼の父親はいつもこまごまと家族旅行の計画を立てていた。だからはじめての家族旅行は夫が計画し、以来ずっとそれが彼の分担になっている。でもそれらが逆でもおかしくなかった。つまり、一度やり始めるとそれが自分の分担になり、やるごとに知識が増して上達するということだ。

ではこのパターンを子育てに当てはめてみよう。自分で子供を生んだ場合には、母親が母乳を与える。ということは、この時点から母親がスキルを獲得し始めるということだ。もちろん、母親にもまったくはじめての経験だ。赤ちゃんは、子育てのマニュアル付きで生まれてくるわけではない。親としての自信がつくかつかないかは、本人がそう思い込めるかどうか次第だ。社会心理学者のクラウド・スティールによる「プライミング効果」の研究からも、それは明らかだ。生徒たちが課題に挑戦する前に一瞬だけデキる人の姿を見せられると成績は上がり、デキない人の姿を見せられると成績は下がる。

『ヴィヴァルディをながす』の中で、スティールはステレオタイプがどれほど文化や状況に左右されるかを示している。[*3] たとえば、女性や黒人やラテン系の人は数学が苦手だと言われ、アジア人や男性よりも総じて数学の成績が低い。だが、そんなステレオタイプは状況に左右されることをスティールは証明してみせた。数学のできるスタンフォード大学の男子学生に、18問の難題を出し、「アジア人の方が白人よりもこの手の問題は得意だ」と告げてから問題を解かせる。もう一方のグループにはなにも言わない。結果の違いは明らかだった。アジア人の方が得意だと言われた白人のグループは、なにも言われなかったグループより点数が3ポイントも低かった。成績にするとAとBとの違いだ。

もし女性が家の中のことなら男性よりもうまく早く片付けられると思い込んでいれば、おそらくそうなるだろう。逆に、ラトガース大学のステュワート・シャピロ教授が言うように、「もし男性が、子育て（や料理）が下手だと繰り返し言われ続ければ、または女性が家のことをやった方が家族が助かると言われ続ければ、おそらくそう信じ始める[*4]（し、もともとそう思い込まされている）」。父親研究所の創立者、ジャック・オサリバンもまた、こう言っている。仕事と家庭の議論になると男性が黙り込んでしまうのは、「偉いＣＥＯでさえ、男性は私生活や家族の話題になると自信がないからだ」と。[*5]

育児の苦手な男性というステレオタイプを、私たちがどれほど繰り返し刷り込んでいるかを考えてみてほしい。男性が抱っこしていた赤ちゃんが泣き出すと、少なくとも私の世代の女性はすぐに手を貸そうとする。自分の方が上手に赤ちゃんをあやせると思っているからだ。父の世代や私の世代の男性のほとんどは、赤ちゃんが泣き出したら母親や祖母や叔母が辺りにいないか見回すだろう。

ここでもまた、それは生物学的な違いだという人がいる。女性は出産時に大量のオキシトシン、つまり「愛情ホルモン」を放出し、そのため赤ちゃんの顔を見た瞬間に絆が生まれ、子育てができるようになる。男性は違う、と。[*6] 女性は母乳をあげられる。男性はあげられない。哺乳類の雄で子育てに参加するのはわずか5パーセント。[*7] 残りの95パーセントは射精したら離れていく。だから、フェミニストがいくら否定しようとも、女性は「生まれながらにして」子育てに向いているのだ、と。

だが、本当にそうなのだろうか。オキシトシンの放出も、母乳も本当のことだ。脳神経学者のケリー・ランバートとクレイグ・キンズレーは、ラットは子供を生むと賢くなり、忍耐力が高まり、敏捷になることを証明した。[*8] しかし、同じような変化と同じようなホルモンが、雄のカリフォルニアシカネズミの脳にも発見された。[*9] カリフォルニアシカネズミは雄と雌が共同で子育てをする。そして子育てによって雄が影響を受けるのは、シカネズミだけではないこともわかった。雄のマーモセットやふくろうやサルや、もちろん人間でも、内分泌系や神経回路に母親と似た変化が起きていた。[*10]

最近の父親の神経イメージ研究では、親になると脳に構造的な変化が起きることも見えるようになった。[*11] 子供を見たときに脳が活発化するだけでなく、育児と不安に関係する脳の領域に長期的な変化が起きることもわかった。

この研究はまだ一時的で始まったばかりだが、双子ができたばかりの男性は、この研究についてこんな風に書いている。「父親になると、頭の中でお皿がぐるぐる回っているような感覚になる（僕の場合は皿がふたつだ）。どこにいても、何をしていても、この壊れやすい存在から片時も目を離せないような気分になる。遊んだり食べさせたりするときには、小さな顔に浮かぶどんな表情にも気づくようになる。小さなしゃっくりにも、泣き声にも、敏感に反応する」[*12]。それは母親と同じ！

夫が結婚前にどれだけ子供を持つことについて考えていたかはわからない。子育ての細かいことまで考えていなかったことは確かだ。それでも、夫は大学教授なので子供が小さい頃には私と同じくらい子供のそばにいることができた。弟のブライアンが生まれたとき10歳になっていた私は、よく弟の面倒を見た。揺らしてあげたり、ゲップをさせたり、おむつを替えた経験はすぐに蘇った。だが、今の時代のいろいろな器具の使い方を覚える必要はあった。夫は私より子育て本を読み、さまざまな商品を調査していた。母乳の期間中でも、夫は一日の最後に哺乳瓶で母乳をあげていた。夫が主導権を取って、いろいろなやり方を試行錯誤し、息子を1時間でも多く寝かせておけるように工夫していた。夫と息子のあいだにはすぐに絆ができた。

私たちの脳についても、身体についても、生き物としての仕組みについても、今新しい知識が次々と明らかになっている。今の私たちに言えるのは、男性と女性に何ができるかについて、また私たちの行動の何が遺伝で何が育ちによるものかについて、知らないことが多すぎるということだ。男性と女性は違う？　もちろんだ。だがその違いは、家族の稼ぎ頭になる能力や、家族の世話をする能力を左右するような違いなのだろうか？　その答えは出ていない。

神経科学者ケリー・ランバートの賢い一言を、覚えておくといい。「自然が教えてくれることがあるのなら、それは、環境変化に適応できる柔軟な種が生き残るということだ[*13]」

女性は手放したがらない

息子が夜中に目を覚まして、「マミー」ではなく「ダディ」と呼んだ日のことは、今も忘れられない。私はまず、控え目に言うなら、「深い戸惑い」を覚えた。母親は私でしょ!?　子供は母親を呼ぶものじゃない!?　息子に呼ばれないってことは、私はいい母親じゃないんだ。

夫がとなりですやすやと眠っているあいだ、私の頭の中にはそんな考えがぐるぐる回っていた。結局、息子が呼んだときに起き上がったのは私だった（夫は、私が家にいないときには自分がそうしているんだからと言う。私には知りようがない。でも確かに、私が不在のときに息子が呼んでも誰も来なかったという文句を息子からは聞いてない）。

あのとき、私は起き上がって息子を寝かしつけながら、パパは下で寝ているけどママはここにいるからね、と息子に言い聞かせた。心配しなくていいわよ、と。息子たちが成長すると、私ではなくまず夫に頼ることが何度もあった。宿題の手助けも、音楽から女の子のことまで、いろいろなアドバイスを求めるときも。そのたびに私は自分を問い詰めた。母が言っていたように、いくら欲張っても、仕事であれだけのやりがいと満足を得ていながら、同時に息子が最初に頼る人間にはなれないと思い知らされた。

あの夜、私は自分の気持ちをよくよく考えてみた。あのもやもやは罪の意識なのか？　子供が必要とするときにいつもそばにいるのが理想的な母親だから？　少なくともアメリカでは、この話題はこのところずっと議論の的になっていた[*14]。いい母親のイメージがなぜあれほどはっきりと決まっていて、あれほど完璧でなければならないのかと、繰り返し女性たちは自問してきた。私の母はよく、最高の子育ては「いい意味でのほったらかし」だと言っていた。あの「多少ほったらかしとく方がいい」という説はどこにいってしまったのだろう。今では、友人曰く、「ちょっとほったらかすと児童相談所に通報されちゃう」ほどだ。

２０１４年にベストセラーとなった『子育てのパラドックス』（高山真由美訳、英治出版）の中でジェニファー・シニアは、いくつかの要因が重なって、ほったらかし育児が時代遅れになったと書いている。子供の数が減ってきたこと。避妊が簡単になり女性が妊娠をコントロールできるようになったこと。前の世代よりも遅く子供を持つようになったこと。１９７０年から２００６年のあいだに、35歳以上の初産数は8倍に増えている[*15]。「昔は義務だった妊娠と子育てを、今は多くの女性がのどから手が出るほど欲しがっている。『徴兵』が『志願兵』になったのだ。子供に対する期待は膨らみ、子供は普通の生活の一部ではなく、自分の人生を充実させてくれる存在になった[*16]」

本当に正直に打ち明けると、息子が私ではなく夫を呼んだときに感じたのは、罪の意識ではなく嫉妬だった。仕事であれほどの充実感を得てもなお、私は最初に名前を呼ばれたがっている。精神科医のアンドラス・アンジャルも言っていた。「人は必要とされたがる。自分も誰かを必要とし、同時に誰かに必要とされることが、私たちをつき動かしている[*17]」。子供が母親を呼び、子供にしか言えないことを母親に話すとき、母親はあの独特な恍惚感を味わう。私たちは、あの気持ちを誰かと分け合うことを本当に望んでいるのか、本当に分け合うつもりがあるのだろうか？

ケイトリン・ベンホールドは若きジャーナリストで、10年来の付き合いになる。出会ったとたんに、彼女の知性と情熱を感じた。それ以来、私は彼女のコラムを読み、外交問題についてときおりインタビューに応じてきた。その間に彼女は結婚し、ふたりの娘に恵まれた。私のアトランティック誌の記事が出てから1年後、彼女の考察を読んでなるほどと思った。それはまさしく、父親と母親のどちらが子供に必要とされたがっているか、という考察だった。

ケイトリンはハーバード大学のニーマンフェローに選ばれた。このフェローシップは、ジャーナリストとして最も栄誉ある賞で、受賞者はハーバードのキャンパスで9か月を過ごす。世界のトップジャーナリストが、このフェローシップに参加する。たいていは男性で、妻と子供を連れてキャンパスにやってくる。だが、ケイトリンの夫はロンドンでの仕事から離れられず、ハーバードでのフェローシップ中に彼女が独りで2人の子供を世話することはできない。そこで、私がワシントンに行ったときと同じことをした。2人の子供をロンドンに残し、夫に世話をしてもらうことにして、彼女は独りでハーバードにやってきた。

フェローシップが終わって家に帰ると、夫が子育ての難しさをこれまでとは違う意味で理解していることがわかった。*18 たとえば、夜なべした翌朝仕事に行くとき、身体が鉛のように感じること。「でも夫は、子供が最後に頼るのは自分だ、という『唯一無二の存在』になったことで元気を得ていた」。ケイトリンはそのかわりに、「わが子がもうひとりの親にばかりなつくときの拒絶された気持ち」を知ることになった。

私と同じで、ケイトリンもまた、キャリアの目標を思い切りフルタイムで追いかける大きな解放感を知っている。それは「日常生活のこまごまとしたことに責任を持たないことであり、分担の少ない親になることであり、歯磨きやしつけを心配しなくていいこと」でもある。ケイトリンも以前は「産んだのは自分だから、いくら夫が頑張っても、私と子供との絆はくらべものにならないほど強い」と思っていた、と正直に告白している。だが今では「性別ではなく、責任と時間が子供との絆の深さを決める」と考えるようになった。それからは、彼女と夫は、お互いが「役割をいつでも交換できるようになったことで、以前よりも平等な関係になった」と言う。

ジェニファーの言うことも、ケイトリンの言うことも、その通りだと思う。いくつかのことについては、息子たちが最初に頼るのが私であってほしいといまだに思う。息子たちが気持ちの上で問題を抱えているときと、倫理的なジレンマに合ったときだ。私は、いつ自分が息子を助けたらいいか、どう助けたらいいかを知っておきたい。それがわかるくらいには、息子たちの人生に関わりたい。ワシントンから家に戻ったのはそのためだ。それが私にとってのワークライフバランスだ。それが、私という人間の一部だし、親や兄弟や親友を助けるのと同じくらい私にとって大切なことだ。

とはいえ、私が仕事でこれほど飛び回るつもりなら、夫が家族をつなぎとめる「主役の親」になることを受け入れないわけにはいかない。私が成長するあいだ父は飛び回っていたけれど、私と父はとても仲が良かった。それに、息子たちにとって父親とも母親とも近しいことは幸運だし、私もまた仕事と愛する家族の両方を持てて恵まれている、と自分に言い聞かせている。

ケイトリンの経験や私の経験は、すべての人にとっての真実ではないだろう。しかし、必要とされたいという思いは誰にでもあるし、どんな母親も必要とされれば嬉しいものだ。もし仕事でトップに昇るには何かを犠牲にしなければならないとすれば、そして職場で男女平等を求めるように家庭でも男性に平等な育児や介護の責任を求めるのなら、女性は自分自身の深い欲求と望みを正直に認めるべきだ。家事を手放すのは簡単だ。でも自分が子供の宇宙の中心であることを諦めるとなると、話は別になる。

フィフティ・シェイズ・オブ・コンフュージョン

アトランティック誌に例の記事が出たあと、ニューヨークのCNN本社の前で若い女性に声を掛けられた。彼女は私に気づいて、仕事と家庭についての議論を始めてくれたことに感謝していると言ってくれた。対等なパートナーを持つことが大切だということをお互いに話していたが、「皿洗いをやる専業主夫」の話になると少し顔をしかめた。その表情がまさに、男女の不平等の核心を表していた。女性は仕事を辞めても、パートナーとして魅力的な存在でいられる。男性にとってそれは、いまだにリスクの高い選択だ。昔より専業主夫を歓迎する風潮になったとはいえ、その点ではどう見てもまだ平等ではない。2010年にピュー研究所が行った調査では、男性が家族をきちんと養うことは大切かという問いに、64パーセントの女性が大切だと答えている。[*19] 女性が家族を養うことについて、大切だと答えた女性は39パーセントにとどまった。

女性が望んでいるということと実際の行動に違いがあることを、若い男性ははっきりと気づいている。『男性の終わり』の中で、ハンナ・ロージンはデイヴィッドという男性の例を挙げている。デイヴィッドは大学院出の29歳の男性で、専業主夫についてこう語っていた。「そうだね、いつも頭の片隅にはあるよ。でも、超進歩的な人間でも、やっぱり専業主夫ってタマなしみたいに思ってしまう。僕は進歩的だし心も広いと思うし、政治的なイデオロギーから言えば、専業主夫はもちろんありだと思う。専業主夫がこの世に存在してほしい。でも自分はなりたくないな[20]」

公共ラジオで「ＴＥＤアワー」の番組ホストを務めるガイ・ラズの仕事は、月曜から金曜の9時から5時ではない。公園に子供を連れていくと、母親とベビーシッターに混じって父親は彼ひとりで、ほかの母親から完全にシカトされると言っていた。「どんなに寛容なコミュニティでも、必ずくすくす笑われたり、『ミスター・ママ』とからかわれたりする[21]」

男性と同じように女性もまた、「男性らしさ」がなにかを決めている。男性に変わってほしければ、女性は新しい男性像を尊ぶべきだ。子供の世話ができ、女性よりも稼ぎが少なく、台所やお稽古事や旅行を彼のやり方で整理し、それが男性としてセクシーで魅力的に思えるような、そんな男性の姿を受け入れるべきだ。

でも今のところ、女性はどっちつかずの態度しか見せていない。３００万人がアトランティック誌のウェブサイトで私の記事を読み、２００万人以上が『リーン・イン』を買った[22]。でも、『フィフティ・シェイズ』3部作のうち少なくとも1冊買った読者は1億人にのぼる[23]。主人公はスポーツ万能でハンサムな億万長者で、家と飛行機と車と高価な洋服でいっぱいのクローゼットを持ち、遊び部屋で彼女を調教する。彼はすべての面倒を見てくれる。本の筋書きは、彼の妻となり母となった女性が人間としてそれなりに独立し、まあまあの仕事に就き、彼の欲望を愛に変え、怪我しない程度に変態プレーを楽しむというものだ。この3部作と映画のファンは圧倒的に女性だろう。だが、ファンの周りの男性がその余波を感じないはずはない。

男性も女性も、私たちの誰にでも、面倒を見てほしいときがある。母親になってつらいのは、病気になったときに寝ていなさいと言ってくれて、冷たい手を額に当ててくれる人がいないことだ。もちろん、男性が自分を守ってくれると嬉しいし、たまには手綱を渡したいと思う。でも、うなるほど金があってなんでも解決してくれる男性なんて、ただの幻想だ。

男性も戸惑っているし、私たち女性も戸惑って当然だ。でも、少なくともその戸惑いを正直に認めるべきだろう。職場でも家庭でも本当の平等を求めていると口では言いながら、女性の多くは明らかなことを否定している。男性CEOの大半は、子育て期間中に妻が専業主婦として家庭にいるか、柔軟に働いて子供の面倒を見ている。ならば、女性のCEOにも同じ存在が必要だ。私たちは自分のキャリアが欲しい。そして家族も欲しい。あらゆる意味で平等（か、もっと有能）なパートナーが欲しいだとしたら、何かを犠牲にしなければならない。

スーパーウーマン幻想を捨てよ

まずは、自分に対するバカげた期待を捨てよう。シカゴ大学の経済学者、マリアン・バートランドは、同僚のエミール・カメニカとジェシカ・パンと生活時間の研究を行った。この研究から、夫より稼ぎのいい妻は、そうでない女性よりたくさん家事をしていることがわかった。[*24] まったくおかしな話だが、心理学的な要因からこのことは説明できる。『パートナーシップの力』の中でベッツィー・ポークとマギー・エリス・コータスはこう書いている。

周りの女性たちを思い浮かべて下さい。すでに満杯の人生にまだいろいろと詰め込もうとしていませんか？　いつもイエスとばかり言って、ほとんどノーと言えないのでは？　もうちょっとやれば完璧になると自分に言い聞かせていませんか？　もっと努力して、睡眠時間を削って、もっと頑張って、もっと笑って、もっと強くなれば、いつかなんとか目標にたどり着くと思っていませんか？

そんな女性は、「スーパーウーマンになろうと、完璧の極みを目指してありったけの力を振り絞り、山のように高い期待（自分と他人が積み上げた）に添うために、ますますもがき苦しんでいる」[*25]。ベッツィーとマギーもかつてそうだった。

バーナード・カレッジ学長のデボラ・スパーが『ワンダーウーマン』を書いたのも、そんなスーパーウーマン病に冒された経験からだ。彼女の世代の女性は「道を誤った」と言う[*26]（デボラは私よりたった7歳下なだけだ。私の青春は70年代で、彼女は80年代だった。だが、フェミニズムの方向性は70年代と80年代で大きく違った）。「私たちはフェミニズムの闘いと勝利を当たり前に受け取って、それを完璧な自分を作るための通行証だと思い込んでしまった[*27]」。彼女は全編にわたって、「あまりにも非現実的な期待」を捨て去るべきだと面白おかしく、また強烈に主張している[*28]。理想的な母親で、スター社員で、「世界を救い、永遠に17歳のモデルのような外見を維持する」ことなどできないのだから。

デボラは、男性は家庭のことを責任を持ってできるようにはならないし、育児や介護で女性と同じか女性よりも主導的な役割を負えるようにはならないと言っているが、私はそうは思わない。それに、私自身は完璧主義じゃない。理想的な母親像に合わなくても大丈夫だと思っている。私の母はカップケーキを焼くよりも、絵を描く方がはるかに得意で、私はそんな母の側面をいつも尊敬していた。だが、いつも自分への期待を上げ続け、自分がもう少し早く起きれば、もっと時間を上手に使えば、もっと頑張れば、すべてがうまく行くと考えてしまうタイプの女性には、やめなさいと言いたい。そんな幻想は捨てなさい。

男性に任せよう、彼らのやり方で

型にはまった言い方をすると、その昔、女性は家事を取り仕切り、その中で自信を持って力を発揮していた。男性は仕事の世界を支配し、その中で自信を持って生きていた。今では女性が職場に進出し、昔は男性とものとされた仕事で、男性と同じか男性よりもできることを証明し、そこで輝いている。稼ぎ頭となってなお毎晩食事のしたくを欠かさず、同時に冷蔵庫に貼ってある航空交通管制のような予定をこなす女性は、スーパーウーマンだ。40年前の女性よりもへとへとに疲れ果て、幸せでないとしても、少なくともスーパーウーマンであることには違いない。[*29]

自分で勝手に作り上げたそんな高座からは、降りた方がいい。これ以上無理だと思ったら、諦めて助けを求めるべきだ。できるふりをするよりも弱さを認めるほうが何倍も勇気がいる。

スーパーウーマン幻想をすでに捨て去った読者のみなさんは、おそらくこう思っているだろう。もちろんよ。だからずっとそう言ってるじゃない。男性にそこをやってほしい。男性が子育てや介護を平等に助けてくれれば、女性は養い手として平等になれる。

だが、それこそが、私たち女性が捨て去るべき点なのだ。女性は「助け」を求めてきた。つまりそれは、なにをするべきかを決めるのは女性で、男性にそれを「手伝って」もらうという意識の表れだ。それではうまくいかない。本物の平等とは、職場と同じ平等が家庭でも実現されるということだ。そしてそれは、家の中が一変するということだ。

グロ・ハーレム・ブルントラントはノルウェー初の女性首相だ。1974年に環境大臣としてはじめて入閣を打診されたとき、彼女は35歳で、13歳を筆頭に4人の子供がいた。[*30] 夫は仕事を受けるように励まし、子供の面倒は自分が見ると言った。だが条件がひとつあった。自分のやり方でやらせてほしい、と。その意味が彼女にはよくわかった。ふたりはそれまでも家事を分担してきたが、主導権を握っていたのは彼女の方だった。今、彼は家のことを引き受けるけれど、彼女に指示されるのはいやだと言っていた。彼が起こしたイノベーションがある。子供たちにアイロンをかけさせるとき、ペアでやらせるようにした。アイロン台をふたつ並べて、おしゃべりをしながらアイロンをかけさせた。そうすれば、それほど退屈せずにすむ。それから、バージニアの空港で見つけた看板を壁にかけた。「家は健康的に暮らせるくらいには清潔でなければならないし、ハッピーに暮らせるくらいに散らかっていなければならない」[*31]

夫と私がその境地に達するまでには、長い時間がかかった。長いあいだ、家のことを全部私が引き受けているのはどうしてだろうと、夫にイラついていた。夫もいろいろやってくれてはいたけれど、私がなにかやってと夫に言っても、夫はすぐにはやってくれなかったり、それが自分の仕事だとは思っていないようだった。私がどう感じているかに夫が気づいたのは、旅行に出たときだ。旅行の計画を立てるのは夫だ。飛行機、車、乗り継ぎ、ホテル、旅程表。息子と私を急かして荷物をまとめさせるのは、いつも彼の方。息子たちと私は夫の言うことに従うだけで、夫が望むほど素早くてきぱきとできたためしがない。誰かがやってくれるのでのほほんと構えて、予定を確かめたりしないし、予期せぬことに備えたりもせず、次になにが起きるか心配することもない。

旅行のときに私たちが指示通りに動くだけで、それ以上は何もやろうとしないことに夫が感じる腹立たしさは、私が家で思っていることと同じなのだと夫に言ったら、夫はやっとわかってくれた。そのほかにも気がついたことがある。私は長いあいだ、夫に本当に責任を預けようとしていなかった。心の底では、自分の方が上手に家のことができると思っていたのだ。彼流のやり方でできると信頼していなかった。もちろん、私流のやり方を彼がうまくできるとも思っていなかった。

それが性差別だということは、火を見るより明らかだ。息子もそう言っていた。私は、ほとんどの女性と同じように、夫が私より育児や家事が上手にできると思わなかった。それは彼が男性だからだ。でももし、私が女だから男より法律や医療やビジネスやその他の仕事で劣るなんて思われたら、ブチ切れるはずだ。

だから、そんな考えは捨てた方がいい。女性の方が家のことが上手で、子育ても家事も女性流が正しいなどと思い込んでしまうのは、女性は男性よりもマルチタスクに優れているという、よく聞くお題目のせいもある。

賛否両論を引き起こした「レトロ・ワイフ」という記事の中で、ジャーナリストのリサ・ミラーはこう書いている。「女友人の多くは、まるで家事を出産や授乳と同じ、生物学上の必然と思っているかのようにふるまう。まるで、誕生日パーティーを企画したり、医師の予約を取ったり、プレゼントを包んだり、学校の先生と連絡を取ったり、新しい上履きを買ったりすることが、女性にしかできないことのように」[*32]。リサはまた、2010年にイギリスで行われた研究にも触れている。「男性は女性ほどさまざまなことを一度に考えられず、マルチタスクに向いていない。男性と女性の被験者が失くした鍵を探す仕事を頼まれ、同時にまったく関係のない雑事をいくつも与えられた。電話で話したり、地図を読んだり、算数の問題を解いたりさせられた。すべてのケースで女性の方が手際よく鍵探しに取り組んでいた」という。

なるほど。ここではとりあえず、女性の方が一度にいろいろなことをこなせるとしておこう。でも、だから何？　ついこの前まで、一度にいろいろなことをする人（女性）は、「落ち着きがない」、とか「多芸は無芸」と言われたものだ。いつから、一度にいろいろなことができるのが成功や有能さを測る唯一のものさしになったのだろう？

夫も私も、マルチタスクは私の方が得意だということはわかっている。夕食の献立を作りながら、息子の学校の先生にメールを送りながら、さまざまな約束を思い出すこともできる。でも、夫の方が私より手早く美味しい食事を作れるし、下の息子のピアノの練習に何時間も付き合ってニュアンスや間違いを指摘することもできる。子供たちのしつけも、彼の方がうまい。それらは、異なるタスクに優先順位をつけ、長期にわたって継続的な努力ができるという夫の能力のたまものだ。

どちらの親が集中力があっても、どちらがマルチタスクの達人で、宿題を見るのが上手で、日程調整に長けていても、私たち女性が家庭で本当に平等なパートナーを求めるのなら、私たち流の「平等」を押し付けてはいけない。夫の家事のやり方は私とは違う。家具の好みも、台所の整理の仕方も、なにもかも。でも私のやり方がいいと決めつけるのはおかしい。

パパに家事をまかせていると、家が女性雑誌の見開きからどんどん離れてスポーツキャンプのようになってしまうのは本当だ。もっと言うと、パパが家事をしている家はママが家事をしている家よりも、たいてい散らかっている。皿洗いや洗濯は、夕食後のキャッチボールの後だし、私がワシントンにいるあいだの我が家では夕食中にポーカーをしていた。また、ジェニファー・シニアが指摘するように、パパは子供たちの気持ちをあまり推し量ることはなく、物理的な欲求や知的な求めには応じている場合も多い。[*33] それでもいいのかもしれない。ひざを擦りむいたときに慰めてあげることは必要かもしれないけれど、[*34] 赤ちゃんを寝かしつけるには気持ちを推し量る必要はそれほどない。「パパ」的な子育てが、「ママ」的な子育てよりいいとも悪いとも言えない。

たとえパパが雑だったとしても、居間がサークルの部室みたいになってしまったとしても、だからといって子供たちが曲がって育つとは限らない。シングルファーザーの数はシングルマザーほど多くはないが、子育てに成功している人は多い。[*35] 父親がふたりの家庭もそうだし、母親がふたりの家庭も同じだ。女性が思い込みを捨てて、男性に本当に平等に接し、子育ての主導権を渡せば、男女の子育ての差などただの偏見だと気づくかもしれない。

それを確かめる方法はひとつだけだ。

バック・トゥー・ザ・フューチャー

どんな世代の人も、自分たちのやり方が正しいと思い込んでいる。たとえば、誰が家庭を守り、誰が働くかは、歴史的に、誰との結婚が許されるかに左右されてきた。異人種間の結婚は１９６７年まで多くの州で違法だった。イギリスの王族はチャールズ皇太子がダイアナと結婚するまで、一般人との結婚を許されていなかった。[*36] また、チャールズがカミラ夫人と結婚するまでは、離婚経験者とも結婚できなかった。アメリカでの同性婚は今もどちらに転ぶかわからない状況だ。ある時代に考えられなかったことが、別の時代には普通のことになる。

育児や介護について、ムズに、こんな論説を投稿した。1993年に歴史家のメアリー・フランシス・ベリーはニューヨーク・タイムズに、こんな論説を投稿した。女性が家を守り、男性が外で働くという「伝統的な理想の家族」は、近年生まれたものだという[*37]（この論説は、キンバ・ウッズとゾーイ・バードが子育ての問題で司法長官を辞退したことをきっかけに書かれたものだった。残念ながら20年前とは思えないほど、新鮮な話題に感じられる）。1950年代以前、白人家庭は子育てをアフリカ系アメリカ人に任せていた。中流家庭にも黒人のメイドがいた。17世紀や18世紀にさかのぼると、子供が乳離れをすると、父親が子育ての中心になっていた。

父親は子供の教育や信仰を監督していただけでなく、子供と遊び、何を食べるかを決め、子供が夜ふかししていれば寝かしつけていた。仕事と家庭を両立する母親の負担を軽減するために父親が子育てに参加するトレンドは、古い習慣への回帰と見ることもできる[*38]。

子供時代が短く、ほとんど存在しなかった頃には、同性の親が子供に「見習い」をさせていた。男の子は父親と仕事に行き、女の子は母親を助けていた。幼児の世話は女性の仕事で、金持ちの家では看護師の仕事だったが、子供をはぐくむ責任は母親だけでなく父親にもあった。

家族の誰がどんな役割を負うかを長いあいだ左右してきたのは、社会経済環境だ[*39]。農耕時代には家族全員が農場で働いた。工業時代の初期には貧しい家庭の子供は工場で働き、親は畑に出ていた。児童労働が西欧社会からなくなったのは20世紀の前半だ。それは単純労働者の需要が減ったからだった。また、子供を学校に留めておける余裕のある家庭も増えてきた。「19世紀の労働力だった児童は、教育の対象になった」と社会学者のヴィヴィアナ・ゼリザーは書いている。[*40]

『殻に押し込められて』の中で、スーザン・ファルーディはいい点を突いている。「『男性らしさ』は、『男性が社会にどう役立つか』から引き出されるものだ。[*41] 先に『男性らしさ』があるわけではない」。男らしさはサングラスや武器のように取ったり付けたりできるものではない。「ロングビーチ造船所で働き、艤装や溶接やボイラー製造の技術を身に着けた男たちは、『男らしく』なるためにそこにやってきたわけではない。彼らは価値ある仕事を求めていただけだ」とファルーディは言う。言い換えれば、男性による育児や介護がお金の上でも気持ちの上でも「価値のあること」になれば、「人の世話ができること」が「男らしさ」の特徴に含まれるようになる。歴史が教えてくれるのは、男性は教師から起業家まで、さまざまな分野で人の世話と育成の役割を上手にこなせるということだ。しかし、男性はその役割を「彼らのやり方」で作り直すだろう。男性にそうさせることができるかどうかは女性次第だ。

新時代

英語教授のアビゲイル・ラインが「ママ・無修正版」というブログに、素敵な文章を上げていた。ひげもじゃで入れ墨だらけの夫は「おむつ替えの名人で、料理の達人で、最高の庭師」だし、息子と「ばっちりと息が合い」、そんなふたりの姿は、見ていてただただ美しいと言う。[*42] 息子が左右違った靴下を履いていても、一日中パジャマで過ごしていても、だからといって夫がいいかげんに子育てをしているわけではない、と彼女は気づいた。今の時代の本物の革命とは、「家庭を女性のなわばりと見るのをやめて、職場と同じように男女両方が活躍する場と見ること」だと言う。

目を閉じて、こだわりを捨てた自分を思い描いてみよう。周囲の期待も、自分への期待も、パートナーへの期待も、家庭への期待も捨てたらどうなるかを想像しよう。子供が夫やパートナーやその他の愛すべき大人の名を呼ぶということは、子供のそばにいてあげられる人がたくさんいるということだ。夫があなたと同等に家事の主導権を持ち、あなたにどうしてほしいかを指示する姿を想像してほしい。

山のような思い込みや偏見や期待やダブルスタンダードや疑いをすべて捨て去ることができたら、可能性に満ちた新世界が待っている。スーパーウーマンの称号を失ったとしても、得るものは途方もなく大きい。

Part 3

平等への道

最高裁判事のルース・ベイダー・ギンズバーグは、これまで長いあいだフェミニストとして闘い続けてきた。1970年代には弁護士として歴史的な女性の権利を勝ち取り、1993年にクリントン大統領から最高裁判事に指名されてからは、判例を通して声を上げている。

ギンズバーグ判事は、最高裁スタッフ向けの広報誌のインタビューの中で、事務官のデイヴィッド・ポストに柔軟な働き方を許したと語っていた。*1 デイヴィッドの妻は経済学者で、2人の幼い子供の子育てがデイヴィッドの肩にかかっていたからだ。ギンズバーグはこう言った。「それが私の理想とする世界のあり方です。父親が子育てに平等な責任を持つとき、女性が真に解放されるのです」

「父親が家庭に重きを置く」でもなければ、「父親が家事を分担する」でもない。「父親が子育てに平等な責任を持つとき」という言葉に注目してほしい。「責任を持つ」のと「助ける」のでは、天と地ほどの差がある。細々とした生活の管理も、心配も、まさかのときも備えも、「責任を持つ」ことに入る。女性はなわばり意識を捨ててほしい。男性は踏み込んでほしい。

だが、そこまでの変化を起こすことが本当に可能なのか？　2013年の夏、私はTEDグローバルで講演を行った。そこで「男性が参加できる社会にすることが必要だ」と訴えた。聴衆が私の言葉を疑っているのが伝わった。「不可能だと思われるかもしれません。ですが、私の子供時代には、母はディナーパーティーの席でたばこを吸っていましたし、白人と黒人はトイレが分かれていましたし、全員が異性愛者だと名乗っていました。今は違いますよね[*2]」

そう言うと、苦笑いが起きた。この50年間に世界がどれだけ変わったかを、聴衆に思い出してほしかった。アフリカ系アメリカ人にとって、LGBTコミュニティにとって、肺がんで愛する人をなくした家族にとって、世界はいい方に変わった。そこまでの大きな変化が起きたのだから、これから大きく世界を変えることだってできるはずだ。今は想像もできない姿になるかもしれない。

最後の4章は、真の男女平等を達成するための具体的な方策について書く。それが、女性運動のゴールを切るということだ。たとえば、話し方を変える、といった単純なこともここに含まれる。他には、キャリアの軌道を変えること。職場のあり方を変えること。そして政治システムを変えることだ。

2012年、私は下の息子と民主党大会をテレビで見ていた。ちょうどジョン・ケリー上院議員が壇上に登っているとき、息子があの人は誰？　と聞いた。あの人は上院議員で、2004年の大統領候補で、もしオバマ大統領が再選されたらおそらく国務長官になるだろう、と答えた。息子は驚いた顔で、とっさにこう言った。「え〜っ、男でも国務長官になれるの？」下の息子は1999年生まれ。コンドリーザ・ライスがコリン・パウエルから国務長官を引き継いだ年に生まれた。そして次に国務長官になったのがヒラリー・クリントンだ。息子を見ながら、1997年の熱狂を思い出した。その年、200年以上の歴史の中ではじめて、マデレーン・オルブライトが女性として国務長官に就任したのだ。

変化の土台づくりには長い時間がかかるが、いったん始まるとあっという間に物事は変わる。荒々しい水流が一気にダムを決壊させるように。私の人生は女性の革命的変化の時期に重なっていた。だが変化のペースは落ち、停滞してきた。今こそ、次の大きな波を起こすときだ。女性のためにも。そして男性のためにも。

8　話し方を変える

1980年代にロースクールに入学したとき、教授陣の言葉遣いに驚いた。ハーバードの若い男性教授たちは（当時、70名近い教員の中で、女性はほんの数名だった）意図的に男女の役割をひっくり返すような言葉を使っていた。たとえば、不法行為法の教授は、裁判官、医師、弁護士、エンジニア、それ以外のどんな職業の人でも、わざわざ「彼女は《she》」という代名詞を使っていた。彼がそう言うたび、私はえっ？　と思った。女性の医師も、裁判官も、エンジニアも、私の周りにはひとりもいなかったからだ。私はそれほど年寄りではない。1980年代のはじめになってようやく、そうした言葉遣いの変化が私の意識を変えたのだった。

それから10年後、「ミス」や「ミセス」に対抗して「ミズ」という敬称が使われるようになった。今では信じられないかもしれないが、「ミズ」を一般的にすることが、初期のフェミニストたちの悲願だった。因習打破を旗印に掲げた「ミズ・マガジン」がその先頭に立っていた。「ミス」か「ミセス」かで、女性は独身か既婚かに分けられた。その区別が女性についてのいちばん重要な情報だという偏見が根底にあった。「ミズ」は、独身か既婚かにこだわらないアイデンティティを女性に与えた。一見ささいな言葉遣いの違いに、大きな象徴的な意義があった。

話し方がどれほど大切かを示す例にはこと欠かない。言葉遣いには、深い心の底にある思い込みが表れるし、その思い込みを強化する力がある。何が普通で何が普通でないか。何が認められて何が認められないか。何に価値があって何に価値がないか。それがすべて言葉遣いに表れる。話し方を変えてもたいして人は気づかないと思うかもしれないが、言葉遣いによって多様性を受け入れるという強いメッセージを送ることもできるし、相手の思い込みを変えることもできる。ロースクール時代、男性のものだと思っていた職業に「彼女」を当てはめたことで、何が可能かという私の認識は変わった。

１９８０年代には、人のアイデンティティを表す言葉の中に女性を含めることが変革とされていた。女性は人類の半分を占めるのだから。40年後の今、言葉遣いの変化は女性を超えて広がっている。２０１４年、フェイスブックは性別の選択肢を変えた。以前には男性か女性かしか選べなかった。男女どちらでもない人にとっては、アイデンティティが抹殺されたようなものだった。今ではさまざまな分類から選ぶことができる。トランスジェンダーの男性、性転換した女性、どちらとも言いたくない、両性具有など。ＧＬＡＡＤ（中傷と闘うゲイ＆レズビアン同盟）のサラ・ケイト・エリスはこう語っている。「この（フェイスブックの）新しい機能は、トランスジェンダーを認め、彼ら彼女らの言葉で本当の物語を語ることに向けた第一歩です[*1]」。言葉は見えないものを見せてくれ、聞こえないものを聞かせてくれる、基本的な手段のひとつなのだ。

既婚女性が夜に出かけると、こんな風に聞かれるのはしょっちゅうだろう。「今晩は旦那がベビーシッター係？」 男性が夜出かけたとき、妻が「ベビーシッター係」かなんて聞かれることがあるだろうか？　子供のいる男性社員を「ワーキングファーザー」と呼ばないのはどうしてだろう？　逆に、育児の主導権を握っている男性を「ミスター・ママ」と呼ぶのはどうしてだろう？　こうした言葉遣いはささいなことに思えるかもしれないが、その中に性的な役割分担の偏見や、どんな行動が認められるかという社会構造全体が反映されている。

遠回しに言っても同じ

国務省を辞めてフルタイムの教職に戻ったとき、キャリアを諦めたという気持ちはまったくなかった。しかし、例のアトランティック誌の記事に対する反応の多くは、この議論をよくある「ママ問題」のひとつだと考えているようだった。私が「母親としての罪滅ぼしのために国務省を退いた」と言った人もいる。[*2]私の話を「女性が家庭と仕事を両立できず、ドロップアウトしたり出世路線を降りた」例の典型として、よくある分類に入れる人もいた。[*3]

私もそんな風に思われることを予期して、あの記事の中でわざわざそんな見方に反論したつもりだった。だから余計にムカついた。みんなと同じように、息子たちのことなど何も話さずに、2年の任期が終わったから大学に戻るとだけ言っていれば、誰も気にもかけないことははなからわかっていた。ニュースになったとしても、「アン＝マリー・スローターが任期を終えてプリンストンに帰還」くらいのものだったろう。

でも違った。弟のホークはいつも私と私のキャリアを応援してくれていた。投資銀行に勤める弟は、仕事で会う人に、私が「ドロップアウトしていない」ことを伝えなければならないことにイライラしていた。メディアは私に「母親と外交政策の高官の両立に失敗して昇進路線を降りた」人間というレッテルを貼っていた。私は「やり抜く力」のない人間か、家庭と仕事を両立できない人間として描かれていた。実際には、教授としてフルタイムで授業と研究に取り組み、外交政策のコラムを定期的に書き、年間30回から40回の講演を行い、新しい本を執筆していたのに。私はただ、忙しくて柔軟性のない仕事から、忙しくて柔軟性のある仕事に移っただけだ。家族とより多くの時間を過ごせるように、自分で予定を組めるような環境に移っただけだった。それなのに、高校や大学を中退してしまった学生みたいに「ドロップアウト」したと呼ばれた。

だとすれば、ほんの少しでもフルタイムから働き方を変えた女性や男性が、自分を負け犬のように思ってしまうのは無理もない。パートタイムに変わったにしろ、責任の少ない仕事に変わったにしろ、仕事を辞めてしまったにしろ。さすがに私を弱虫と呼ぶ人はいなかったけれど、そう思われているのは明らかだった。「脱落する」とか「ドロップアウトする」という言葉遣いは、社会が何を成功と考え、何を失敗と考えているかを表している。また同時に、こうした言葉は本音をオブラートに包み、それに正面切って反論できなくしてしまう。自称進歩的な社員やジャーナリストや社会批評家が、遠回しにそうほのめかすことで、仕事と家庭の対立を「職場の問題」でなく「母親の問題」にすり替えることが可能になる。それがまるで、弱い女の問題のように。

ワシントンで、「家族との時間を増やすために辞任する」という言葉は、クビになったときの常套句だ。[*4] それが当たり前になりすぎて、ミシェル・フロノイ国防次官が２０１１年12月に３年間の任務の後に、14歳、12歳、９歳の３人の子供たちともっと時間を過ごすために辞めると発表したとき、ニューヨーク・タイムズはこう書いたほどだった。「フロノイ氏の辞任に友人や多くの国防総省スタッフは驚いたが、その辞任理由は、クビになったときのいつものワシントン流の言い訳ではなく、本音として額面通りに受け止められている」[*5]

国防総省もまた、それがクビの言い訳だと思われることを懸念して、公にこう発表した。「辞任の決断は、家族への献身以外のどんな理由でもないことを、ここにはっきりと断言する」[*6]。国防総省のスポークスパーソン、ダグ・ウィルソンはこう語った。「フロノイ氏はこの仕事を愛し、国防総省のスタッフもみな彼女を愛していた」

このワシントン流の言い訳の奥にあるものを考えてほしい。つまり、政府高官が家族と時間を過ごすために辞めるとは思えないから、別の理由があるはずだと考えられているということだ。キャリアより家庭を優先する人は、それが短期間であっても、能力かやる気が欠けていると見なされて、職場で生き残ることはできないと思われる。そんなのバカげている。しかもあまりに偏った価値観だ。真の平等が実現される新しい世界の構築に向けた第一歩は、男性と女性の仕事に関する選択を語るとき、この手の差別的な言い回しをやめることだ。

ダブルスタンダードを捨てる

ワーキングマザーなら誰しも、仕事と家庭をどうやって切り盛りしているんですかと訊ねられたことは数知れないだろう。では配偶者に、何度そう聞かれたか訊ねてみるといい。もしあなたがそろそろ子供を作ろうかと考えていたり、周囲から見てそのくらいの年齢だとすると、仕事と家庭の両立について誰かがあれこれとアドバイスをしてくれたことが何度あっただろう？　同年代の男性に、そんな会話をどのくらい交わしたか訊ねてみよう。男性はきっとそんな話をあまりしてないか、まったくしていないはずだ。

最近採用面接を受けた女性なら、採用担当者は「家庭にやさしい」制度を持ち出したのでは？（面接官が候補者に妊娠・出産を考えているかどうかを聞いたら、違法になる）。同じ会社に面接を受けた男性の友達はいるだろうか？　そんな制度を説明されたかどうか、男性の友達に聞いてみるといい。

私が指導した学生で、弁護士事務所での「家庭にやさしい」制度について学士論文を書き、今は弁護士になった女性はこう書いていた。「弁護士事務所は『家庭にやさしい制度』について大げさに宣伝したがる*7（といっても、ほとんどの場合は数名のアソシエートに在宅勤務を許すか、他の企業よりも少しだけ産休を長く与えてパートタイム勤務を許す程度だ）。弁護士事務所の面接を受けたとき、私が何も言わなくても、パートタイムで働くアソシエートに何人も紹介され、どの事務所でも子供を持つ女性パートナーに必ず会わされた。私の夫も弁護士で、履歴書は私とまったく同じだが、私と同じ弁護士事務所の面接を受けても、『女性にはひとりも会わなかった』し、面接中に家庭にやさしい制度についての説明もなかった」

あなたが男性でも女性でも、正直に自問してほしい。若い男性に家庭と仕事をどう両立しているかと訊ねたことがあるだろうか？　私自身、多くの女子学生とは子供のことについて話してきた。だが20年以上学生を指導し助言を与えてきたけれど、この私自身も明らかなダブルスタンダードを持っていたことを認めないわけにいかない。プリンストン大学での最後の2年間、何を変えなければならないかを本当に深く考えたあとではじめて、私は男子学生に子供を持つ可能性や時期について話すようになった。

もうひとつのダブルスタンダートは「パパ後光症候群」というやつだ。夫が育児の主導権を握っているママなら必ず目にしたことがあるだろう。「いいパパ」と呼ばれたマット・ヴィラノが言っていたことでもある。母親が普段やっていることを父親がすると、「すごい」と思われる。

私自身、これはよく経験した。まだ学部長になりたてのころ、私よりはるかに時間が自由だった夫は、学校行事によく参加していた。学校の先生や他の母親から、素晴らしいパパねとよく言われたものだ。働きながら子供の面倒も見ている夫の周りには後光が輝いて見えるらしい。でも、それはすべて、私がやったら当たり前だと思われることだ。何度も言うようだが、夫は父親としてかけがえのない存在で、私は心の底から感謝している。だが、パパにだけ後光が射して見えるという現象は、ダブルスタンダードの象徴だ。女性と男性で、褒められる基準も批判される基準も違うのだから。子供の行事に出席する父親を褒めたたえるのはやめた方がいい。ワーキングマザーは長年同じことをやってきた。その行為を褒めるということは、母親ならやって当たり前のことを父親には期待していないという意味だし、伝統的な性的役割の思い込みをますます強めることになる。私たちが変えようとしているのは、まさにそうした思い込みなのだ。

逆の場合もある。私はよく企業のミーティングなどで、女性が才能あるディレクター、マネジャー、マーケターとして紹介されるのを聞く。司会者はたいてい、彼女の能力を褒めたあと、こんな風に付け加える。「その上に、ティーンエイジャーの双子のお子さんもいるんです。ワークライフバランスの達人ですよ」。もちろん、仕事以外の人生があることは大切だ。だが、同じ司会者が男性を紹介するときには、家族がいるかどうかなんて話はしない。ここでも、子育てが女性の責任だという暗黙の了解が再確認されるのだ。

ワーキングマザーの最初の世代は、成功するためには男性の同僚と同じようにふるまわなければならないとわかっていた。だから子供のことを口にしなかった。上に昇った女性の多くは今も同じようにふるまい、子供を医者に連れて行くときでも、ただ「約束」があると言う。子供のために仕事を中断していると知られたくないからだ。だが、収入を得る行為と、家族をケアする行為が平等に扱われる社会を作るには、家族の世話があることを職場で正直に言うべきだ。それが、小さくても力強い一歩になる。といっても、赤ちゃんの写真を同僚に見せるとか、幼稚園児がやった「すごいこと」を聞いてもらうとか、そんなことではない。子供を学校に送り届けなければならないために、早朝ミーティングに出席できないなら、正直にそう言うべきだ。

子供が近々生まれる男性の同僚にも、女性に聞くのと同じように家庭と仕事の両立について聞いてみるべきだ。まったくそんな話をしないという選択肢もあるのかもしれない。だがそれでは明らかな真実を否定することになる。子育ては大切だし、時間がかかるという真実だ。それを認めるべきだろう。でもそれがすべて女性の責任だという前提は間違っている。男性をそこに含めることが、正しい方向への大切な一歩になる。

最近、世界最大級の資産運用会社ＰＩＭＣＯから招かれて、経営陣向けの年次カンファレンスで外交政策について講演した。主催者から、仕事と家庭についてのスピーチもしてほしいと頼まれた。嬉しいことに、聴衆のグループは「ＰＩＭＣＯウーマン」ではなく、「ＰＩＭＣＯペアレンツ」という名前だった。しかも50人を超える聴衆のうち、少なくとも3分の1は男性だった。名前の違いはささいなことに見えて、家族の責任はすべてのメンバーにあると確認するための大きな一歩になる。

アーンスト＆ヤングのＣＥＯ、マーク・ワインバーガーはこの変化を次のようなキャッチフレーズで表した。「女性は独りですべてを背負いたくない。男性は取り残されたくない」[*8]。まさにその通り。

真の平等に向けた新しい言葉遣い

幸い、どんな言葉を使うかは私たち次第だ。私たちひとりひとりが、話し方を変えることができる。話し方で、家族のケアと競争が本当に平等だということも、それが男性と女性の両方に等しく価値のあるものだということも、伝えることができる。子供を作ることだけでなく育てることにも、男女に平等な責任があることを伝えられる。仕事と同じくらい愛する人やモノを大切にし、充実した人生を送ることは可能なのだということも伝えられる。その実現に向けて、私たちができることをいくつかここに挙げてみる。

- 先週何時間働いたかを自慢する人がいたら、または仕事のことしか話さない人がいたら、最近どんな面白い本を読んだか、またはいい映画を見たかを聞こう。忙し自慢に乗るのはやめよう。仕事以外で人々が大切にしているものを探そう。
- 誰かに会ったとき、すぐに「お仕事は?」と聞くのはやめよう。何に興味があるか、趣味は何か、人生で何に情熱を持っているかを聞こう。どう生計を立てているか以上のことにあなたが価値を見ていることを、話し方で伝えよう。
- 職場で子供のいる男性のことを話すときには、「ワーキングファーザー」または「働く親」という言葉を使おう。親や家族の世話をしている人のことを、「働くケア提供者」と呼んでもいい。

●家で子供の世話に専念している男性や女性を指すときは、「専業主婦」や「専業主夫」という言葉を避けよう。この呼び方は、会社にいるのが普通で、家にいる人にも肩書が必要だと言っているように聞こえる。「子育ての主導権を持つ親」、「アンカーになる親」、「フルタイムの親」と言い換えてみよう。

●職場に子供が生まれる男性がいたら、「どんな風に仕事と家庭を両立させていくか」を訊ねてみてほしい。子供が生まれたら、「どんな風に配偶者と子育てを分担しているか、職場がどう変わったら子育ての助けになるか」を聞いてみよう。少しお節介で余計なお世話だと思われるかもしれない（女性はしょっちゅうこう聞かれている）が、職場で子育てや介護の大切さを認めることは非常に重要だ。

●職場で部下や同僚が、家族の世話のために早退しなければならなかったり、遅れて出社したり、自宅から働く場合には、「どう仕事を終わらせるのか」といった質問はしない方がいい。たとえそれが、問い詰めるような口調でなく穏やかな聞き方だったとしても、できるだけしない方がいい。そうした質問は、家族に献身的だと仕事への貢献度が下がるという思い込みを強めてしまう。

●家族の世話のためにあなたが会社に遅く来たり、早く帰ったり、自宅から働く場合、仕事と同じくらい大切なことをしているのだとはっきりと公言しよう。職場で仕事と家庭の両立を目指すグループを作るときには、「親の会」や、「ケアの会」と呼ぼう。「働き方を改善する会」ならもっといい。

●リーダー路線にいた人が、家族の面倒を見るためにペースを落としてパートタイムになったり、より柔軟なスケジュールを選んだりした場合に、その人の志は変わっていないことを前提にしよう。話しかけて聞いてみよう。この期間を、家庭のための期間としてまた、異なるスキルや経験を得るための価値ある「投資期間」として話してみよう。その人に準備ができれば、支援の方法を一緒に計画しよう。

●本人の希望、または必要性からパートタイムやフレックスでさえ負担が大きいと結論が出れば、講義や訓練を受けたり、ボランティアをしたり、今後仕事でも役に立つ働き方ができるかどうかを話し合おう。そのような社員を、会社の卒業生として話題にしよう。しばらくしたら「卒業生」をまた採用できるチャンスがあるかもしれない。

●憧れの人について語るときには、その人をすべての面で尊敬しているのかどうかをまず自問してみよう。競争の面だけではなく、人生のケアの面についても考えてみよう。誰かについて話すときには、あなたがその人の全体像に価値を見ていることを示そう。キャリアの成果だけでなく、子育てや親類の世話や地域への貢献のすべてを見よう。

最後に、収入を得ることと家族の世話をすることとのトレードオフを言い表す常套句には、いまだに問題があると言っておきたい。「すべてを手に入れる」という言葉の落とし穴についてはすでに話したが、一見無邪気な表現にもまたそれなりの問題がある。「仕事と家庭の両立《ジャグリング》」という言葉が特に頭にくるという友人もいる。ジャグラーにとってボールや棒はどれも完全に同じものだ。だが、仕事と家庭は違う。子供や親が倒れそうになったら、その他のものはどうでもよくなる。両立などできなくなる。「バランス」という言葉が許せないという友人もいる。仕事と愛する人の中間で奇跡的に均衡がとれる人生など存在しないからだ。私たちのほとんどはバランスが取れていない。ただ人生に追いつこうと走っているだけだ。

私はこの本で「両立」と「バランス」のどちらも使っているが、一番いいのは「仕事と生活のちょうどいい落としどころ《フィット》」を探し出すという考え方だ。[9] この言葉を最初に唱えたのは、柔軟な働き方の先駆的なエキスパート、カリ・ウィリアムズ・ヨストだ。「落としどころ」は便利なフレーズだ。それぞれの人に合った頃合いがあることを意味しているからだ。ジョアン・ブレーズとナネット・フォンダは「カスタムメイドの働き方」というフレーズを使う。[10] つまり、一定の期間やキャリアのある時期の社員のニーズに合わせた働き方という意味だ。仕事と家族の世話にどのくらいの時間を割り振る必要があるかは日によって違う。それをちょうどよく割り振るには、変わり続ける状況に合わせられる柔軟性が必要だ。まるで綱渡りのプロや向かい風の中で飛行機を飛ばす操縦士のように。

言葉遣いだけではすべては変わらない。しかし話し方を変えると考え方が変わり、考え方が変わると行動が変わる。もし社会をより良くし、人の価値と選択の価値の測り方を改善したいなら、あなたの望む変化に合うような言葉を使うことから始めよう。

9 キャリアプランを立てる（計画通りにはいかないとしても）

人生の中で、仕事での成功と愛にあふれた家族の喜びをどちらも得たいなら、事前の準備は欠かせない。仕事に１００パーセント没頭したい時期と、家族の世話に時間を使いたい時期とを、できるだけ早いうちに見通しておいた方がいい。見通しが立てば、その見通しに沿ってキャリアの選択ができる。

しかし、もしあなたが独身で、子供を持つことは眼中になく、両親も他の家族も健康で問題がなければ、先ほどのアドバイスは自分にはあてはまらないと思うかもしれない。誰しも若い頃には、自分は大丈夫だと思えるものだ。たとえ、その問題で苦労している人が世の中にはごまんといると知っていても、自分はうまく地雷を避けて、なんとか人生を渡っていけるだろうと思ってしまう。もちろん、そうなればいいと思う。私の知人の中でも、特に大きな妥協を強いられず、子供を育てながら仕事に励んでいる女性が少なくとも数人はいる。だが、外交政策と同じで、希望は戦略にはならない。運にまかせても、うまくいかない。こうした問題にぶつかる可能性はかなり高い。独身であっても、それは変わらない。

だから、準備しておいた方がいい。基本計画がなければ、性急に物事を決めてしまい、あとで後悔することになる。それに、完璧な計画があったとしても、さまざまな障害にぶつかるものだ。男性であれ女性であれ、収入を稼ぎ、同時に自分が主体になって家族の面倒を見るというふたつの仕事をフルタイムで掛け持ちすることは、本当に大変だ。諦めるのではなく、さまざまなシナリオを予想し、できれば家族や友人や仲間や上司と一緒に、それに備えてほしい。ドワイト・アイゼンハワーの軍備についての歴史的な一言を心に刻もう。「計画そのものには価値がないが、計画することに意味がある」[*1]

新しいキャリアの時間軸

キャリアを積む若い男女がなによりも心に留めておくべきことは、両親の時代よりも寿命がはるかに長いということだ。1990年以降に生まれたアメリカ人女性の予想寿命は86歳だ。[*2] 女性の1割は95歳近くまで生き、113歳まで生きる人も0・001パーセントいる。[*3] 同年代の男性の平均予想寿命は82歳。[*4] 女性よりも短いが、祖父の世代に比べると10年長い。教育や人種によって平均寿命は変わる。肥満の割合は貧困層の中で最も高く、特定の層では残念ながら平均寿命は短くなっている。[*5] 教育を受け、キャリアの計画を立てられる程度の所得がある女性は、母親や祖母の世代よりはるかに長生きするだろう。

寿命が延び、女性の選択肢が広がり、人生の手綱を握れるようになると、家族の世話が主な仕事でなくなる時期がくる。たとえ人生のかなりの時間を子育てや介護にかけたとしてもだ（伴走してくれるパートナーがいるともっといい）。子育てや介護の期間は一時期だ。愛と仕事の両方を得られる長い人生の中で、自分以外の人を優先させるインターバルの期間というだけだ。

アスリートは自分の状態をピークに持っていくために、練習のあいだにインターバルを入れる。しばらく全力を出し切ったら、スローダウンの時間を設けて、また練習を再開する。ジムのステップマシンや自転車にもインターバルの時間がある。安定的な基本運動のあいだに、繰り返し激しい運動が入る。いつもフル回転で活動し続けていると、身体が回復できない。いつ活動量を増やし、いつ減らすかを戦略的に計画する方がいい。

人生でも仕事でも、同じことができる。

親や祖父母の時代とは違って、今の人たちはひとつの仕事を選んでその階段を上り続けるというより、40年から50年の仕事人生の中でさまざまな仕事に出会い、異なる段階を経験するようになる。必死に努力して階段を上り、できることをすべてやって上に立ち、トップに昇る人もいるだろう。だがその努力の合間にインターバルを入れることもできる。少し仕事を減らして、より柔軟に働き、その間に家族の世話をしてもいい。

プロフェッショナルとしての成長に自分が責任を持ち、キャリアを一連の異なる仕事と人生経験の積み重ねだと考えれば、それに沿ってインターバルを選んでもいい。インターバルを事前に計画できない場合もあることは確かだが、インターバルについてあらかじめ考えておくことはできる。

アメリカの人口動態はすでにその方向に向かっている。ミレニアル世代は、社会に出てからの最初の10年について、その前の世代とは違う考え方を持っている。ロンドン・ビジネススクールのリンダ・グラットンとアンドリュー・スコットは、これまでにないような「自分探しの時期」が今後生まれるだろうと言う。「20代で道を決めず、さまざまな役割やスキルを試し、自分は何が得意なのか、何が好きなのかをより深く知る」時間ができる、と。[*6] 運動にしろ、仕事にしろ、年をとったらできないようなことに挑戦したり、人脈を作ったり、新しい経験を求めたりするようになる。

ベビーブーマー世代は引退する時期になってもまだ、その先数十年は健康で元気でいられる。大半の人は、完全に仕事を辞める余裕はないだろう。家族の世話のためにインターバルをとる人もいるだろう。子供と一緒に過ごせなかった分、孫と時間を過ごす人たちもいる。仕事の忙しい娘や息子にとっては、親の助けはお金に換えられないほど大切だ。教師になったり、平和部隊でボランティアをしたり、公職に立候補したり、自営業を興したり、コンサルタントとして知恵と経験を伝えたり、資格を取ったり、妻や友人と新しいビジネスを始めたりする人もいる。

今の仕事を減らしたり、条件を変えて同じ会社に勤め続ける人が増えるにつれ、柔軟な勤務時間やパートタイムの仕事やプロジェクトベースの仕事も要求されるようになるだろう。ミレニアル世代も子育てに忙しい社員たちも、そうした働き方を喜んで支援するはずだ。

キャリアのポートフォリオ

新しいキャリアプランニングにおいては、まず「キャリア」とはなにかを考え直すところから始める必要がある。「ポートフォリオ型キャリア」という言葉をはじめて聞いたのは、ブリジット・ケンドールからだ。ブリジットは1998年からBBCの外交特派員を務めるイギリス人ジャーナリストで、報道記者としての受賞歴のある女性だ。仕事と家庭をどううまく組み合わせるかについてブリジットと話しているとき、イギリスで「ポートフォリオ型キャリア」という考え方が普及し始めていると聞いた。いくつかのパートタイムの仕事からなる「ポートフォリオ」を作り、それぞれの仕事で自分の違う側面を表現しながら、すべてを足し合わせた全体ではフルタイムの仕事になる、という考え方だ。[*7] もちろん、アメリカとイギリスの大きな違いは、イギリスでは年金と医療費を負担するのが企業でなく政府だという点だ。それでも、この考え方をもとにしたシステムをアメリカでも導入することは可能だろう。

　このアイデアを考えるうち、私自身も長年のあいだに異なる種類のキャリアを組み合わせたポートフォリオを作っていたことに気づいた。私の場合は時系列にキャリアが変わっていて、意識しないうちにポートフォリオになっていた。弁護士、学者、作家、教師、講演者、コメンテーター、経営者、起業家、外交政策の専門家という具合に。いくつかのフルタイムの仕事をするうちにそれぞれのスキルに投資し、ときには新たなスキルを得るために意図的に新しいことに挑戦することもあれば、状況に迫られて新しい役割を担うこともあった。どちらの場合にも、そうした役割が私の能力を拡げてくれて、どれかひとつがうまくいかなくなっても支えになるものを与えてくれた。

　ポートフォリオ型キャリアにはどちらの形もある。一度に複数のパートタイムの仕事を掛け持ちする形もあれば、一連のフルタイムの仕事を順番にこなし、それぞれの仕事で異なる挑戦をする形もある。さまざまな仕事や趣味や情熱を持てば、多様なスキルと経験のポートフォリオが生まれ、それが人生のさまざまな時期に学びと前進を助けることになるだろう。いつかやりたい夢の仕事を選んだら、その仕事に必要な能力と経験のすべてを分析しよう。たとえば、資金調達、戦略、経営経験、損益責任、書く力、パブリックスピーキングの経験。こうしたスキルを身に着けるには、あらかじめ決められた出世の階段を上るほかにも、たくさんのやり方がある。異なる時期にさまざまな仕事に就くことでも、このスキルを身に着けることはできる。

このやり方を黙々と貫いて成功した女性は少なくない。テキサス州選出の元上院議員、ケイ・ベイリー・ハッチソンも、現職のマサチューセッツ州選出上院議員のエリザベス・ウォーレンもそうだ。ハッチソンは１９６７年にテキサス大学ロースクールを卒業したが、ヒューストンではどの弁護士事務所も女性を採用していなかった。そこでテレビのレポーターとして働き、州議員に出馬して当選し、その後弁護士、銀行家、経営者となり、母となったあとに国政選挙に出馬した。エリザベス・ウォーレンは20代前半に短期間専業主婦になり、子供が小さい頃にロースクールで学び、２人目の子供が生まれてからはパートタイムで働き、20代後半になってフルタイムで法律を教え始めた。その後、政府の仕事をいくつか経験して、62歳ではじめて公職に立候補した。

人生にはさまざまに異なる時期がある。それを考えることは大切だ。少なくとも、あなたがどんな人生を望むかを考えてみた方がいい。子供が欲しいなら、人生の大切な時期には、勤務時間が柔軟で、自分の自由になる環境が必要になるだろう。また、親が年をとったときに大切な存在になりたい場合にも、同じことが言える。ひとり親なら、さまざまな時点でさらに柔軟で自由のきく仕事が必要になるだろう。

子供を望まず、自分のキャリアにだけ長期間没頭できる人であっても、地域社会に貢献したいかもしれないし、小説を書いたり、外国語を習ったり、海外に住んだり、社会起業家になったり、大好きな趣味にすべての時間を使いたいかもしれない。こうした人生の大きな夢は、仕事と同じくらい大切だ。それをどう両立させるかはあなた次第だ。

将来を考えるにあたって、人生の終わりに自分の道を振り返ったときに、あなたが何をしておけばよかったと後悔するかを想像してほしい。ニューヨーク・タイムズのコラムニスト、デイヴィッド・ブルックスは、「いい履歴書」よりも、「いい弔辞」を目指せと言う。[*8] 履歴書は「仕事に役立つスキルや、成功につながるスキル」を書くものだが、「弔辞はそれよりも深い」。弔辞には「あなたの本質が描かれる。親切か、勇敢か、正直か、誠実か、どんな人間関係を作ってきたか」が記される。結局、それが人生で一番大切なものだ。

ドロップアウトではなく、先送り

仕事のできる年齢が25歳から75歳、あるいはそれ以上に伸びるとしたら、その間に教育や家族の世話や楽しい活動の時間を含めて活発に動けるとしたら、子供が幼いあいだや親が老いていくときに、少し時間をとって彼らのお世話をし、一緒にいられる瞬間を味わうのは理にかなっている。50代の半ばで頂点に立ち、65歳で引退するような計画を立てるのは、7皿のディナーコースを最初の3皿か4皿で終えてしまうようなものだ。

もしできるなら、仕事のできる期間にドロップアウトしない方がいい。先送りしてほしい。いつか仕事に戻ろうと思いつつ職場を去る女性は多い。みな自分の受けた教育とプロとしてのスキルに自信を持っている。それでも、仕事に戻るのは意外に大変だということにあとで気づく。２００３年にリサ・ベルキンはニューヨーク・タイムズ・マガジンに「途中退出の革命」という記事を発表した。アトランタの読書クラブに参加する10人のプリンストン大学卒業生をインタビューした記事だ。[*9] その女性たちの半数は、仕事をすっぱりやめて専業主婦になっていた。残りの女性のうち、ひとりはパートタイムで働き、ひとりは夫と会社を経営し、ふたりはフリーランスで、もうひとりはフルタイムで仕事をしていたが子供はいなかった。

ベルキンが描いた女性たちと同じ選択をした多くの女性を、10年後にジュディス・ワーナーがインタビューし、その後の経過を追った。ほとんどの女性が仕事に戻りたがっていたが、以前とは違う種類の仕事を探すようになっていた。およそ3分の1は、それほど問題なく収入のある仕事に戻っていた。そのほとんどは、アメリカで最高の教育を受け、職場の知人との付き合いを続け、戦略的にボランティアを引き受けていた。ワーナーは言う。「マンハッタンの私立学校のための資金集めを組織すれば、金融業界に戻る布石になる。郊外の高校の水泳チームのために手作り品を販売しても、キャリアにはつながらない」[*10]。一方で、多くの女性はまったく仕事が見つからず、そもそも仕事を辞めてしまったことがよかったのかどうかを疑問に思いながらも、子供と時間を過ごせたことには後悔していなかった。仕事を辞めたときには、経済的にも社会的にも力を失うとは思っていなかったという。

だから、もし状況が許すなら、ゲームに留まった方がいい。仕事に没頭《リーン・イン》する時期にも、仕事を控える《リーン・バック》時期にも備えて計画を立てよう。思いがけない結果にならないように、先を考えて意図的に判断しよう。戦略的に考えていれば、仕事を控えたり横滑りしたり、しばらく休む時期でも、人脈を保ち、スキルを磨いておくことができる。

その計画づくりに役立つ、手っ取り早いルールがある。25年間金融業界で同僚の去就を見てきた弟のホークが教えてくれたものだ。「一番大変なときに、仕事を辞めるという決断をするな。家庭でも仕事でも、自分が世界一ダメな人間のように感じてしまう時期がある。そんな時期が必ず来ることを覚悟して、そのタイミングで決して人生の決断をしてはいけないと肝に銘じておいた方がいい。家庭でも仕事でも、支えてくれる人の輪を作り、その人たちに助けてもらって難しい時期を乗り切り、その輪の中の人を大切にしよう。その人たちは仕事の邪魔ではなく、長い人生の中であなたの仕事を助け、あなたをより強くしてくれる存在だ」

第3の人生

数年前、自宅のそばのコーヒーショップで順番待ちの列に並んでいたときに小耳にはさんだ会話が、いまだに耳に残っている。おそらく60歳に近い女性が友達に、一番下の子供が大学に入学したので、「第3の人生」をそろそろ考え始めていると言う。引退でもなく、一時的なボランティアでもなく、人生の次のフル活動を始めたいと言っていた。

どんな仕事でも、どんな職種でも、猛烈に働き、長時間勤務をいとわず、進んで出張に出かけ、24時間365日いつでも対応するという人はいる。そんな人たちは、そうでないペースの人より昇進も早く、早い時期に頂点にたどり着く。

それは公平だ。わき目もふらず仕事にはげむ人や、家庭を守ってくれる人が別にいるか、愛する人にほとんど会えないという代償を受け入れる人、またはお金といい仕事と幸運との組み合わせによって家庭と仕事とを天秤にかけずに働ける人は、早くトップに昇れる。トップでなくても中間管理職やチームプレーヤーとして、完全に満足している人もいるだろう。全員が同時にゴールテープを切る必要はない。だが、ゆっくり歩むことを選んだ人に、準備ができた時点で他の人たちと同じ条件で競争できるチャンスが与えられることは重要だ。

それができないはずはない。もしヒラリー・クリントンが大統領になっていれば、健康で賢く経験豊富な69歳の大統領が誕生していただろう。史上初の女性大統領への興奮はもちろんのこと、初のおばあちゃん大統領が生まれればそれも、歴史的なことだ。ヒラリーは児童の人権弁護士として若くして成功したあと、夫の政界での志を支えるために自分のキャリアを脇に置いた時期もあったが、人生の中でさまざまなキャリアの時期を経てきた。夫が大統領としての任期を終え、娘のチェルシーが大学に入学すると、上院議員に立候補した。２００８年の予備選挙でオバマに敗北し、大統領候補にはなれなかったが、予想外の仕事に就いた。国務長官だ。

ヒラリーはマデレーン・オルブライトとコンドリーザ・ライスの後に続いた国務長官だ。オルブライトは59歳で女性初の国務長官に任命された。彼女はシングルマザーとしてふたりの娘を育てながら議会スタッフとして働き、すでに大学教授としてキャリアを確立していた。２００１年に政府から去ったあとは、著作家として、起業家として、またビジネスウーマンとして活躍している。コンドリーザ・ライスもまた、複数のキャリアを経験してきた。大学教授となり、国家安全保障会議のメンバーになり、スタンフォード大学の教務部長になり、国家安全保障問題担当大統領補佐官となり、国務長官となり、今は自身の戦略コンサルティング会社のプリンシパルであり、全米プロフットボール（ＮＦＬ）のコミッショナー候補としてもよく名前が挙がっている。

ヒラリーもライスもオルブライトも、ものすごいキャリアを持ち、その人生は誰もが知るところだ。とはいえ、私たちの誰もが、キャリアと家庭の順番をもっと戦略的に考えることはできる。既婚者なら、ハンナ・ロージンが描いた「シーソーのような結婚」を考えてほしい。[*11] カップルのどちらかが順番に家庭の主導権を握り、そうでない方は稼ぎ頭として努力する。子供のいる人は、子供たちが家を出る日に備えよう。子供が巣立った後の親といえば、なにもすることがなく、淋しそうに巣の周りを飛び回っている親鳥のように思われている。私は、子供たちが巣立った後の時期を、新たなエネルギーと目的とやる気の湧き上がる「第3の人生」と考えたい。

未来がどうなるかは誰にもわからない。私たちの中には第4、第5の人生を考えている人もいるかもしれない。子供たちの世代には確実にそうなるだろう。

コミットメント期間

先読みできる社員はすでに、インターバルを含むトレーニングの手法を取り入れている。呼び方は違うし、子育てや介護のニーズに特化したものではないにしろ、考え方は同じだ。『アライアンス』（篠田真貴子監訳、ダイヤモンド社）の中で、リンクトインの共同創業者のリード・ホフマンと、共著者であるベン・カスノーカとクリス・イェは、シリコンバレーに広がる雇用関係の新しいモデルを描いている。[*12] この本はまず、終身雇用とそこから生まれる企業への忠誠心は死んだという前提から始まる。ミレニアル世代は、人生の中で複数の仕事に就くことをよく自覚している。だから社員が会社に人生を捧げすぎることはなく、会社も社員に投資しすぎることはない。『アライアンス』はどちらの側にもまったく違うモデルを提案する。タイトルが示しているように、お互いの利益になるように協力するというモデルだ。

ホフマンたちは、古い労働モデルは1970年代と80年代に崩壊したと言っている。グローバル競争のプレッシャーから、社員は使い捨ての存在になってきた。企業は口では「人材こそ最も大切な資産」と言う。[13] だが、ウォール街が経費削減を求めると、「最も重要な資産」だったはずの社員は突然、「最も切り捨てやすい資産」に変わる。企業のそんな姿勢は当然ながら社員の不信を招く。

お互いが信頼を回復するには、雇用契約を無期限の約束としない仕組みを作ればいい。目的と締め切りがはっきりと決まった「コミットメント契約」にすればいい。コミットメント期間が終われば、社員は同じ会社の次の任務に就いてもいいし、まったく別の会社に行ってもいい。社員は新しいことを学べるし、情け容赦ない市場の犠牲にならずにすむ。社員は自分の努力に価値を見出せる。

ホフマンたちはまた、こうも記している。この取り組みはシリコンバレーという究極に柔軟な場所で始まったものだが、「人材がなによりも大切な資産であり、社員がそのように扱われるべき」職場ならどこでも、同じやり方が通用する、と。[14] GEでも、グローバルな非営利組織のエンデバーでも、このような雇用の枠組みを取り入れている。この取り組みの一番の特徴は、社員それぞれの組織との関係や、人生の特定のタイミングに合わせて仕事を作ることができるという点だ。会社への交渉力やスキルのない下の層の社員であっても、組織に搾取されないだけの保証が必要であり、「コミットメント期間」の考え方は今後の取り組みとして可能性のあるものに思える。

この雇用方式は、求められる時間や取り組み方の違う仕事を、インターバルを挟んで続けるようなキャリア・プランニングにぴったりと合う。しばらくペースを落としたあとに仕事に戻ったり、上を目指したりする場合にちょうどいい。40代の後半から50代の後半の女性はちょうどそうしたインターバルを抜ける時期で、子供たちが巣立ったらフルタイムの仕事に戻る意欲も準備もある。男性もまた、そのような選択肢がますます必要になるだろう。

私の義妹のローリーはいい例だ。義妹はプリンストン大学を優等で卒業し、卒論で賞を受け、30代の前半に大手オークションの会社のシニアバイスプレジデントになった。弟のホークとのあいだに子供を授かったが、そのうちのひとりに軽い障害があり、どちらかがフルタイムで家庭にいることが必要になった。弟は出張が多く、責任は義妹の肩にかかった。よくある言い回しを使えば、「義妹は家庭のためにキャリアを犠牲にした」ことになる。若い頃に素晴らしいキャリアを築いていた彼女は、今50代にさしかかった。実務能力と経営スキルを持ち、人としても忍耐強く、母になったことでそうした資質はますます強化された。彼女は次の「コミットメント期間」の準備ができている。

「コミットメント期間」の発想のもとになった軍隊もまた、兵士やスタッフが出たり戻ったりできるような制度を模索しつつある。というのも、兵士の訓練には膨大な時間と労力と費用がかかるため、離職を減らさなければ軍にとって大きな損失になるからだ。2009年から、アメリカ海軍は「キャリア・インターミッション・パイロット・プログラム」を立ち上げた。これは「現場から一時的に離れることを許可し、より柔軟なキャリアパスを提供することで重要なスキルを持つ人材の定着率を上げるため」のプログラムだ。[*15] このプログラムを利用すると、現役兵は一度だけ3年間まで予備兵に戻ることができ、その後「スムーズに現役兵に戻れる」という。

空軍も同様の制度を2015年に開始した。女性パイロットの定着を目的にしたプログラムだ。[*16]「子供を持ちたいから空軍を去る女性もいる」と空軍人事局長のサミュエル・コックス中尉は、空軍タイムズにそう語っていた。[*17]「そういう人たちが一時的に空軍から離れて家族を持ち、また戻って来られるような制度を作れたら、と思った」。その通りだ。

民間企業ではマッキンゼーが、プロジェクトの合い間に年間10週間ほどオフィスを離れられる制度を導入している。*18「テイクタイム」と名付けられたこの制度を使って、旅行する人もいれば、家族の世話をする人も、趣味に励む人もいる。導入されてからまだ数年なので、長期的な効果についてはわからない。だが、短期的に見ても、社員の維持と採用に役立っているという。参加者は、疲れがとれて新鮮な気持ちで仕事に戻り、没頭できるようになったと語っている。こうしたプログラムは、膨大な数の労働者それぞれに合った働き方に向けての小さな歩みではあるが、正しい方向に向かう一歩だ。

今の一歩がのちにどんな結果につながるかは、あなたの考え方次第だ。若い女性からよくこう言われる。「先生のアトランティック誌の記事を読んだときには、興味深かったけれど自分にはあまり関係ないと思っていました。でも結婚して（子供が生まれて）突然理解できたんです。いつもどうしようかと迷っていますし、思ったよりもすごく大変です」

もちろん、彼女たちの気持ちはわかる。でも、ずるずると待っているのはよくない。子供ができたり、親が病気だったり年をとってきたりすれば、いつか必ず仕事だけに集中するのは難しくなる。実際にどんなことが起きるかを、知人の例で紹介しよう。

● 子供が40度近い高熱を出し、3日経っても熱が下がらない。医師は自然に収まると言うが、保育園では熱があると預かってくれない。疾病休暇は使い切ってもう残っていない。助けになる親族は近くにいない。配偶者は大事なプレゼンがあって休めない。さあ、どうする？

● 学芸会が平日の昼間にあるが、どうしても出なければいけないミーティングと重なってしまった。配偶者はその日、出張でいない。もしあなたが行かなければ、あなたの子供だけ、親が見にこないことになる。さあ、どうする?

●赤ちゃんが生まれて3か月ほど、夜は1、2時間しか眠れない。大変な仕事をどうやってこなしたらいいだろう?

●保育所にいつも4時までに子供を迎えに行かなければならない。職場の全員が6時まで働いていて、あなたの分まで仕事をさせられて、あなたに怒っている。あなたはクビになるかとビクビクし、永遠に昇進できないのではないかと恐れている。そもそも働きやすい職場でもない。だが、あなたの特殊なスキルを活かせる仕事は少なく、この職場は貴重だ。どうしたらいい?

●保育園を卒園してから小学校に入学するまでの休みを埋めるために、娘を評判のいいサマーキャンプに送った。だが変化が大きすぎたらしく、娘は問題行動を起こしている。キャンプの主催者は他の子供に迷惑がかかるので、送り返すと言う。もう他のキャンプはいっぱいで入れないし、入れたとしてもまた娘が問題行動を起こすかもしれない。どうしたらいい?

配偶者とじっくり話し合う

バージニア北部にある女性リーダーシップセンターの主催するカンファレンスで、講演を行った。集まった聴衆は800人。ほとんどは女性だった。講演の後、ある若い女性が手を上げて質問した。女性が子供を育てながら同時に仕事でトップに昇るには、男性リーダーの配偶者と同じくらい頼れるパートナーが必要だという点についての質問だった。もし彼女も彼女のボーイフレンドもトップに昇りたいとしたら、どうしたらいいかと聞いたのだ。私が答え始めると、当のボーイフレンドもやってきて、一緒に話を聞きたいと言う。ふたりとも選んだ分野でトップに昇る可能性はある。だが同時にではないだろうと私は答えた。さまざまな時点でのトレードオフと代償を認識した方がいい。どんな選択をするかについて、計画を事前に話し合っておいた方がいいとも答えた。おそらくふたりが望んだ答えではなかったと思う。でも現実から目を背けても仕方がない。

　これまで、そのことを真剣に話し合うカップルは少なかった。結婚前、または子供ができる前にそうした計画を立てることはなく、たいてい子育てか年老いた親の世話が必要になってはじめて、ふたりとも同時に出張したり、ふたりとも同時に大変な責任を背負ったりはできないことに気づくが、そのときにはもう遅い。今の若い男女が、完全に対等な関係を手に入れられるはずだと信じ込むのは無理もない。１９８０年代に大学を出た私たちの世代でさえそうだったのだから。前の世代とは違う男女の関係を、自分たちなら築けると思っていた。だが子供ができると、ほとんどの人は選択を強いられる。そして、ほとんどの場合は、女性のキャリアが犠牲になる。

　そして今、あなたの番がやってきた。あなたが若い女性で、恋人がいるとしよう。彼はあなたのキャリアを心から支えているし、彼の母親もワーキングマザーで、男女平等を１００パーセント信じている。これ以上何が必要だろう？（この仮定は、男性にも当てはまるし、恋人が同性でも異性でも同じだ）[*19]

　だが実際は、もっと具体的な話に踏み込むべきだ。細かいことではなくて、大きなことに。

１９７０年、フェミニスト作家のアリックス・ケイツ・シャルマンは「婚姻契約」というエッセイを書いた。[*20]今では名高いこのエッセイは、シャルマンと夫がすべての家事と育児を平等に分担するとした約束について描いていた。そこには共同で分担するすべての家事が挙げられ、その中にはたとえば子供の髪を梳くといったささいなこととまで含まれていた。それから40年後の２０１４年、スレート誌のライターで学者でもあるレベッカ・オニオンは、シャルマンが描いたような契約が自分の夫とできたら、そのときはじめて子供を持つことを考えてもいいと書いた。[*21] もちろん、子供の髪を梳かすのは旅行の計画を立てるよるはるかに簡単だけど。

まずはじめに、心の底にあるキャリアの夢について、自分にも相手にも正直になってほしい。もし何でも夢がかなうとしたら、20年後または30年後に何をしていたいだろう？　どんな風になりたいだろう？　あなたはどのくらい野心家だろう？　あなたにとっていい人生とはどんな人生だろう？　キャリアの成功以外に、どんな人生の目標があるだろう？

そして、家庭について自問してほしい。子供は欲しいか？　男性はみなそうだが、いつか自然にできるものだと思っているか？　年老いた親を介護する自分を想像できるか？

もしあなたが将来、愛する誰かの世話をすることを考えていて、特に子供を持ちたいと思い、同時にあなたもパートナーもキャリアで成功することを望んでいる場合、しかもその仕事が他の人の都合に合わせ、誰かの指示を仰ぐものの場合には、次のようなシナリオを考えながら、先ほどの質問に答えてほしい。

●上司からリーダーの資質があると認められ、昇進させたいと言われて、あなたは喜んだ。だが、この会社の経営陣はみな、国内海外のさまざまな現場の経験を必ず積んでいる。昇進すれば、転勤になることは間違いない。配偶者は私と一緒に来てくれるだろうか？　相手のキャリアダウンになったり、本流から逸れる可能性があるとしても？　転勤したあと、あなたが新しい仕事に慣れるあいだ、配偶者は子供たちの学校、友人、医師、活動などの面倒を見て、新しい生活づくりをしてくれるだろうか？

●あなたとパートナーの両方が待ち望んでいた仕事への昇進を打診され、どちらも興奮している。あなたが昇進すると転勤になるが、パートナーは転勤も遠隔勤務も許されない。自分が昇進したいので、パートナーに昇進を遅らせてほしいと言えるか？

●もしあなたが転勤の多い仕事に就いたら、配偶者はいつも子供の世話をしてくれるだろうか？ 子供の保護者会、病欠、放課後活動に付き合ってくれるだろうか？ 保護者同伴の遠足で、母親に混じって独りだけの父親になってもいいだろうか？ 子供たちが泣き止まず、家は散らかり放題なのに、あなたが空港に向かうためにさっさと家を出たとしても、それでも配偶者はあなたを愛し、支えてくれるだろうか？

●子供のひとりに障害があったり、思春期になって気難しくなったり、もっと親の助けがあればうまくいく場合、配偶者は責任の少ない仕事に切り替えて、もっと家にいてくれるだろうか？ あなたが子供の世話よりも収入の面で家庭に貢献していても、まだあなたをいい親だと思ってくれるだろうか？ 長い結婚のあいだに夫婦のどちらかが浮いたり沈んだりして、パートナーの番がきたらあなたが支えになることを信じてもらえるだろうか？

●あなたの方が収入が多く、仕事で成功していたとしても、配偶者は気にしないだろうか？（特に女性の方が収入が多い場合、ゲイのカップルや経済的に誰かに依存することなど考えられない女性の場合にこの質問が当てはまる）。パートナーは他の男性からのからかいを流せるほど、成熟しているだろうか？ からかいの言葉は男性よりも女性や義理の家族や、自分の両親から来る場合も多い。

今はまだすべての質問に答えられないかもしれないが、家庭と仕事の両立から起きるリアルな問題やトレードオフについてお互いが心を開いて会話することが、絶対に必要だ。パートナーは、もちろんあなたにも仕事をしてほしいと言うだろう。だが、もし彼が本当に自分の昇進を遅らせたり、あなたが上に昇るために自分が仕事を変えたりするつもりがないのなら、もう一度考え直した方がいい。少なくとも、自分にとって何が大切か、お互いにとって何が大切かわかるだろう。

もちろん、夫婦のどちらもがキャリアで大成功し、完璧な子供のいる、パーフェクトカップルが世の中にいないわけではない。だがそれよりも、男性とまったく同じスタートを切りながら、途中でなにかを犠牲にしてきた女性たちの方がはるかに多い。または、あなたの尊敬する女性がどんな風に家事を分担しているかをじっくりと見てみるといい。パートナーが子育ての主導権を握り、家事の大半を担っている女性がその中にどのくらいいるか調べるといい。

そして、こうした会話を、定期的に続けるべきだ。もし子供を持つかどうかを決めていなくても、こうした会話には意味がある。25歳のときには、35歳で欲しいものが想像もつかないものだ。年老いた親や病気の家族の世話が思いがけず自分の肩にかかることも多い。そうなったときのことを話し始める価値はある。以前は予想もしなかった選択をする可能性は高い。そんなとき、選択肢が明確で、パートナーが得るものと犠牲にするものをわかって選択ができれば、お互いがはるかに満足できる。また、この先お互いがどう立場を交換するかを一緒に計画もできる。

その最中にはわからない

この章は、キャリア・プランニングについての章だ。まだ働き始めで、これから計画を立てる人を対象に書いている。今まさに「綱渡り」の最中にいる私たちのような人間には、インターバルや従軍の考え方がうらやましく思える。私たちの現実の日常生活には、その余地はない。しかも、インターバルはある程度経済的に安定していることが前提で、多くの家庭にその余裕はない。仕事のペースを緩めて、フリーランスになったり、コンサルタント的に働くと、月々の収入が大きく変動することになる。

ただ生きていくことだけで精一杯という数多くの女性の能力を活用し、インターバルやケアを誰もが現実に選択できるようにするためには、仕事の未来についてもっと議論し、職場の文化を根底から変えるよう強く求め続けるべきだ。禁煙や同性婚を求めるのと同じように、強く訴えなければならない。

幸い、変化はすでに起きつつある。そんないい職場を見つけられれば……。

10 職場を変革する

ピカピカのジムが完備された職場の記事を何度読んだことがあるだろう？　一日30分きびきびと歩けば体重が減り、血圧が下がり、ストレスが少なくなり、免疫力が上がり、脳が活性化されるという話なら、耳にタコができるほど聞いている。もしそれがすべてできるような薬があれば、みんな毎朝必ず飲むだろう。それなのに、私たちの大半はそんなちょっとしたことがなかなかできない。自分の身体にいいことなのに、小さな一歩を踏み出せずにいる。

企業もまた、自分たちにいいことができずにいる。社員が家庭と仕事をうまく組み合わせられれば組織にとってもメリットがあるのに、一歩が踏み出せない。再雇用、社員保持、生産性、創造性、やる気への効果は、さまざまな研究でも証明されている。まして今、人材獲得競争はますます厳しくなり、グローバルなデジタル経済で成功するための人材教育が国家的な懸念となっている時代だ。そんな時代に、高い教育を受けて仕事もできる40代から50代の膨大な数の女性たちが、リーダー路線から完全に締め出されている。しかも、家族の世話のために一度だけ主流路線を降りたというだけの理由で。

どうしてそんなワンパターンの働き方が続いているのだろう？　その理由は、この本で法学者や経済学者やフェミニストの意見をもとに描いたように、働くタイミングと働き方、理想的な働き手のイメージ、いつキャリアのピークを迎えるかということについて、この社会が１９５０年代の考え方から抜け出せないからだ。古い体制の中で成長し成功した男性たちは、ほかのやり方でも仕事で開花できるとは思えないのだ。

ありがたいことに、助けの手はもうここにある。私が取締役を務める企業の人事部長は、ミレニアル世代は「いつでも、どこでも、どんな働き方も」可能な職場を望んでいると言っていた。企業もまた、労働環境を変える方向に進化している。そのことを理解し始めた伝統的な企業もますます増えていて、柔軟な働き方を提供したり、育児休暇や子育てを金銭的に支援したり、介護にも金銭支援を始めるケースもある。

こうした大規模な変化を起こすことが重要だ。こうした変化が、そのうち私たちひとりひとりの生活と仕事に影響を与え始める。だが、大規模な変化を自分の力で起こすのは難しい。一方で、個人にもできる日々のささいな変革もある。どう考えるか、どう話すか、どう計画するかを変えることはできる。職場はその交差点だ。経済や社会の大きな力と個人の努力が実務レベルで交わる場所だ。管理職と労働者は、個人でもまた一緒にも、誰もがケアとキャリアを両立でき、企業にも社員にもメリットが生まれるように、職場の環境を作り出すことができる。

仕事の未来

仕事の環境は今、農耕経済から工業経済への移行に匹敵するほど、激しく変化している。デジタルテクノロジーによって、職場は中央集権型から分散されたネットワーク型に変わっている。こうした変化の規模と深さをすべて見通すことはできないが、さまざまな予想には事欠かない。ここでは複雑なプロセスを単純化し、これからやってくる大きな変化のいくつかを挙げておきたい。将来どんな職場で働きたいかを考え、あなた自身のキャリアの方向性を把握する参考にしてほしい。

オンデマンド経済

オンデマンド経済では、単一の雇い主のために一定期間働くかわりに、独立した職人やフリーランスの請負人が必要に応じてサービスを提供する。フリーランスの職業人はプラットフォームを通じて顧客とつながり、プラットフォームが裏付けと保証と支払いを担保する。それがウーバーであり、リフトであり、エアビーアンドビーであり、タスクラビットの世界だ。その世界は、ありとあらゆるものに広がっていくだろう。用務員、料理、洗濯、買い物、運動、プログラミング、医師、弁護士、上司、テレビ広告制作からエボラ用防護服づくりまで[*1]。

オンデマンドのサービスは「共有経済《シェアリングエコノミー》」につながっている。持っている車を日中は使わない人や、家に余ったスペースのある人が、それを誰かと共有することで、収入を得る。誰もがすべてを所有するかわりに、今持っているものを分け与えてお金を稼ぐ。「プロジェクト経済」とか「ギグ経済」と呼ばれる現象も同じだ。固定された時間に固定された収入を得るかわりに、プロジェクトごとに収入を得る働き方もできるようになってきた。

オンデマンド経済にはもちろん批判も多い。主婦や学生が時間のあるときにウーバーのドライバーとして小遣い稼ぎをするのはいい。だが、それで生計を立てようとすれば、最低賃金以下の生活を強いられ、福利厚生もない。健康保険、障害保険、ボーナス、失業保険、年金には加入できない。社員ではなく、請負人になるというのは、そういうことだ。もちろん、失業するよりはマシだが、現在の貧富の格差は際立って大きい。マイホーム所有者と掃除代行者を結ぶプラットフォームは、金持ちの家を掃除するためにホームレスの人たちを雇っている。シリコンバレーの投資家から莫大な投資を受けた起業家は、こうした清掃人に大したお金も福利厚生も与えず、清掃人自身はアパートを借りることもできない[*2]。

とはいえ、オンデマンド経済が拡大し続けることは間違いない。前途はとてつもなく有望だ。少なくとも、こうしたプラットフォームを通して、低賃金労働者でも子供が病気だったり学校が休みのときに、失業を心配せずに家にいられるようになる。だが、すべての人がその恩恵を得るには、「共有経済」を「ケア経済」に変えなければならない。産業革命時代の工場労働者が、自分たちが生み出した富の分配を求めて労働組合を作ったり、ストライキを行ったのと同じことだ。こうしたプラットフォームを通して働く労働者が、生活できるだけの賃金を受け取り、まともな医療と教育を受け、未来に夢を持てるようにしなければならない。

新しい労働の形が生まれるだろう。古い働き方を新しい形に作り直すと言った方がいいかもしれない。ＭＩＴ教授のトーマス・マローンは、２００４年に『フューチャー・オブ・ワーク』（高橋則明訳、武田ランダムハウスジャパン）という予言的な本を出している。[*3] そこでは、手に職のあるフリーランスの専門家がギルドのようなものを組織して、雇い主と同じ立場に立つための力を持つような未来が描かれていた。たとえば、今ではSAG‐AFTRAとして知られるようになった映画俳優組合がその例として挙げられる。SAGは、俳優、歌手、ダンサー、テレビジャーナリスト、声優など、独りで仕事を請け負うさまざまなアーティストの団体だ。SAGのメンバーは、演劇、映画、レコード制作、放送番組など、プロジェクトごとに仕事をし、プロジェクトが終わると解散する。家を作るときに、配管工や電気工や大工や屋根づくりやそのほかの職人が集まるのと同じことだ。健康保険や年金の交渉はSAGが行うため、メンバーは好きなだけそれぞれのプロジェクトに打ち込める。

フリーランスの職人や請負人が生活費を稼ぎ、家族を養い、将来に備えられるような働き方を選べれば、オンデマンド経済ははるかに柔軟になり、働き手は自分でスケジュールを決められるようになる。収入を得る場としての物理的なオフィスはいらなくなる。それこそ、仕事と家族の世話を両立させたい多くの労働者が求めるものだ。

高所得者層でも、家族の世話をしているプロフェッショナルにとってオンデマンド経済は神様の贈り物のようなものだ。弁護士、経営管理職、バンカー、医師、その他の知的職業に就く多くの女性たちは、自分のなりたい親になりながら、キャリアで上に昇ったり、少なくともレースに留まることが可能になる。アキシオム・ローとブリス・ローヤーズという法律専門のサービスプラットフォームがある。どちらも一流弁護士事務所に勤務経験のある弁護士をぞろりと揃えて、プロジェクトごとに大企業に弁護士を貸し出す。顧客にとって弁護士事務所を雇うよりはるかに料金は安く、柔軟な使い方ができる。トップコーダーというプラットフォームは、フリーランスのコンピュータプログラマーとプロジェクトをつないでいる。[*5] エデン・マッカラムはプロジェクトごとのコンサルティング・サービスを提供する。メディキャストでは患者がアプリで往診を頼める。患者は往診ごとに定額料金を払い、医師は医療過誤保険で保護される。ロサンゼルスのビジネス人材グループという会社は管理職を派遣し、特定のプロジェクトの遂行に必要なスキルを提供している。

社会保障が持ち運べれば、家族の世話を必要とする時期に、こうしたさまざまなプラットフォームを通して多くの働き手がより柔軟な働き方を選べるようになる。しかし今のところは、勤め人のほとんどは決まった時間に決まった場所で、決まった量の仕事を求める上司のもとで働いている。今の制度をどう変えたら、ケアのための時間と余裕を作れるだろう？

オープンワーク

多くの職場は今も100年前の枠組みそのままだが、このところ劇的に変化しつつある革新的な職場もある。こうした職場では社員が上司と一緒に仕事の環境を作ることができる。以前なら秘密の会話を交わしていた個室を解放し、生産性やコミュニティや忠誠心や充実感を上げるためのさまざまな可能性を追求している。そうした変化はいずれも、ケアの余裕につながる。そうした挑戦は「オープンワーク」と呼ばれるムーブメント兼プラットフォームの一部だ。私もこのムーブメントに参加している。

「オープンワーク」は名詞でもあり動詞でもある。仕事の種類であり、働き方であり、職場に命を吹き込むある種の価値観や精神でもある。参加者の中には、会社側と協力して草の根から職場を変えた人もいれば、上司を説得して、信頼や相互の尊敬や柔軟性や共同責任を理解させてきた人もいる。オープンワーク・ドット・オルグのキャスリーン・クリステンセン会長は、それを「生産性と健全性を阻害するものを排除する運動」と呼んでいる。[*6]

オープンワークは経営陣と社員のどちらにとってもメリットがある。オープンワーク企業の97パーセントは生産性が向上している。[*7] 社員の88パーセントは仕事の満足度が高まった。ストレスや燃え尽き感が減った人は45パーセント。オープンワークの要素がどう実践されているかについては、ウェブサイトにさまざまな実例が紹介されている。本物の変化が、現実の職場で起きている。

たとえば、ゼネラル・モーターズの金融子会社では、コールセンターの社員の意欲を高めストレスを下げたいと思っていた。

GMフィナンシャルは社員にスケジュールの決定権を渡し、一番いい働き方を考えてもらうことにした。最終的には、社員にスケジュールだけでなく仕事の割り当ても決めさせた。社員は協力し合って計画を作った。1日8時間のシフトと同等の仕事をこなしていれば、始業から3時間以内に出社すればよく、夏の勤務時間は短縮された。その結果、ストレスが大幅に減り、遅刻や欠勤は9割も減った。社員は家庭での余裕ができ、渋滞にはまってもパニックにならずに済んだ。離職率は大幅に減った。現在の離職率は業界平均より低い6・2パーセントになった。[*8]

オープンワークの原則を取り入れたもう1社の例は、テキサス州ダラスにあるライアンLLCという税務サービス会社だ。[*9] この会社では多くのスター社員が燃え尽きて、退職してしまった。その反省から2008年に「マイ・ライアン」というプログラムを立ち上げ、「しっかりと責任を果たしている限りは、いつでも好きな場所で仕事ができる」ようにした。オンラインのダッシュボードで自分の仕事の進捗を確認でき、勤務時間ではなく点数によって成果は測られるようになった。社員の目標は、高い点数を維持することであって、顧客に請求できる時間を稼ぐことではない。

会計事務所は大手も中小も革新的だ。おそらく同族企業では女性が長らく経理を担当し、法律や金融よりも会計の世界には女性が多いことも理由かもしれない。とりわけ、KPMG、プライスウォーターハウス、EY、デロイトという、ビッグフォーの世界的な会計事務所では、役員の中にもパートタイムからの昇進者がいて、大いに勇気づけられる。たとえば、アーンスト&ヤング（EYの旧会社名）は2013年に、フレックス制度を利用していた200名を超える社員を管理職に昇進させた。[10]デロイトにはすべての社員が利用できる「キャリア・カスタマイゼーション」のプログラムがある。[11]このプログラム名は、副会長のキャスリーン・ベンコとアン・チチェロ・ワイズバーグの著作から名付けられた。各事業部はそれぞれの社員が必要に応じて仕事のペースを速めたり緩めたりできるような働き方を準備できる。2003年から2011年までデロイトの会長を務めたシャロン・アレンはこの制度について、「長い仕事人生のあいだには、誰もが自分の活動を見直す必要に迫られます。仕事のペース、場所、その他にもいろいろと調整が必要になります」と語っていた。[12]

会計の世界だけではない。1-800CONTACTSという通販企業を見てみよう。[13]この会社はユタ州に800名を超える社員を抱えている。その勤務システムは、航空会社のマイレージプログラムを真似た面白いシステムだ。「前向きな勤務態度」（たとえば時間通りに出社するなど）にはポイントが付き、そのポイントを使えば、年間100日までの無給休暇と30日を超える有給休暇を取得できる。マイレージプログラムと同じで、より事前に休暇を知らせれば、その分使うポイントが少なくて済む。自宅からスマートフォンを使ってシフトを交換したり、誰かにシフトを頼んだり、頼まれたりもできる。

別の業界でも新しい挑戦が起きている。デルタ航空は社員に時間の管理を許し、仕事と家庭生活を両立できるような、さまざまな選択肢を提供している。[*14] 南カリフォルニアガス会社は「スマートワーク」というプログラムを導入し、柔軟な勤務時間、遠隔勤務、休暇の延長などを取り入れている。[*15] グループウェアを使って自宅勤務も可能になってきた。アメリカン・エキスプレスで自宅勤務を選んだジョアン・ブレーズとナネット・フォンダは、「オフィス勤務の同僚より43パーセントも売上が多い。[*16]
ＩＢＭは世界中の社員の4分の1を自宅勤務にすれば7億ドルの費用削減になる」と言う。

エバーノートは、独自の柔軟な仕事環境を作り上げつつある。[*17] エバーノートの社員は休暇を取りたいだけ取っていい。だから自分の休暇日数を数えていない。２０１２年、夢だったエベレスト登山を果たし、3週間の休暇から帰ってきた社員は、ビジネスウィーク誌にこう語っていた。「信頼に基づくシステムだ。社員が自分で時間を管理できることを前提に、会社は社員に接している」

皮肉なことに、社員に休みを取らせることが難しい場合もある。エバーノートが最初に無制限の休暇期間を設けたとき、上司を喜ばせようとして以前よりも休暇日数が減った社員もいた。[*18] そこで、エバーノートのＣＥＯは数週間の長い休暇を取った人に、チケットで旅行を証明できて同僚に休暇の話をすれば、ボーナスを与えていた。「旅行から帰ってきた社員はよく働く」。エバーノートのＣＥＯはビジネスウィーク誌にそう語った。「生産性が上がり、さらに役立つ人材になる」

私もまた、現在ＣＥＯを務めるニューアメリカ財団で同じような経験をした。私が就任したとき、多くの職員は取らずじまいの有給休暇が溜まっていて、辞めるときにお金に換えるつもりでいた。若い職員の多くは締め切りのある重要なプロジェクトのために昼夜なく働いていて、休みをとれるとも思っていなかったし、とにかく頼まれた仕事を果たそうとしていた。私は休暇の価値を強く信じ、6週間の有給休暇は職員の好きなときにいつでもどんな形でも取っていいことにしていたが、ひとつだけ条件をつけた。翌年に持ち越せるのは2週間だけにしたのだ。消化していない残りの有給休暇は取れなくなる。これには、多くの職員が余計なお世話だと批判した。私はもちろん職員の健康と幸福にも気を配っているけれど、組織としてのニューアメリカ財団の健康と幸せと生産性にも気を配る必要がある。

新しい会社の中には思い切ってオフィスをすべてなくしてしまった会社もある。ワードプレスを開発したオートマティック社は、「完全な分散型」企業だ。200名を超える社員はすべて自宅勤務だが、郵便物を受け取るために物理的な本社をサンフランシスコに置いている。オートマティックの社員は170の都市で働き、もしコワーキングスペースを使いたければ月に250ドルの支援金がもらえる。入社時には自宅オフィスの支度金として3000ドルが支給される。

CEOのマット・ムレンウェグは、優秀な社員が好きな場所で働くと最も成果が上がると言う。テクノロジーサイト「マッシャブル」のインタビューで、ムレンウェグは、オフィスがあると社員はそれなりの恰好をして時間通りに出社して、忙しそうにしていれば仕事をしているような気になると言っていた。だが「自宅ではなにかを生み出すことに集中する。コードを書いたか、ブログを書いたか、提案を作ったか？　オフィスにいるかいないかは関係ない」[*19]

目に見える商品ではなく、バーチャルなものを生み出すデジタル企業だけに、そんな柔軟性が許されると思うかもしれない。しかし、間接費を減らして効率を上げたいのは、どの業界でも同じだろう。

私が故郷のバージニアのシャーロッツビルで講演を終えたあと、ある女性がやってきて、彼女もまた完璧に分散された柔軟な職場で働いていると教えてくれた。すべての社員が自宅から働けるように上司がネットワークを作ってくれたのだという。彼女の会社は？　建築会社だった。

テクノロジースタートアップの働き方に対する姿勢と、その結果生み出される柔軟性は、ウォール街の金融企業が人材獲得競争で後れをとりつつある、ひとつの大きな要因だ。２０１３年秋、ウォールストリート・ジャーナルは、ゴールドマン・サックスやバークレイズなどがジュニアスタッフの週末勤務を減らす対策を打っていると報じた。[20]一方で、モルガン・スタンレーのＣＥＯ、ジェームス・Ｐ・ゴーマンは、インベストメントバンカーならおそらく誰もが思っていることを、正直に口にした。「それが正しい答えとは思えない。案件の進行中に仕事を止めることはできないから」[21]

その通りで、仕事は止められない。バンカーが24時間休みなく働いて案件を成立させることを、クライアントは期待する。それでも、はるかに斬新な解決策もあるだろう。たとえば、案件に１００パーセント没頭した分の時間と同じだけの休暇を与えたり、早退させたりといったことだ。定期的なサバティカルや休職の制度を設けてもいい。学者は学期中の３～４か月は猛烈に働き、春休みや夏休みにはリズムを変えて安定的なペースで仕事をする。猛烈な職場でも社員が自分のリズムを調整できるようになれば、ボーナスは下がったとしても生活の質と定職率は高まるだろう。

手綱を握る

オープンワークの環境に自分を置くには、今の仕事を辞めてそうした会社に転職するしかないと思う人もいるかもしれない。今の上司や会社が家庭と仕事の調整を許すような変化に前向きに取り組むとは思えない場面はそうだ。でも、早まらないでほしい。オープンワークが目指すのは、変化につながるような正直な会話を交わすことだ。あなた自身がその会話を始め、変化を起こし、大きなインパクトを生み出すこともできる。

上司を教育する

「上司のマネジメント」は、社員にできる効果的な取り組みだ。これまで私のために働いてくれた部下の多くは、私の頼みを上手に振り分け、最も重要な仕事を優先させてくれた。私のしたいことがすべてできるわけではないとわかってのことだ。また本当に優秀な部下たちは、彼ら自身も人間だということを、私にそれとなく念押ししてくれた。彼らにできる以上の仕事を私が与えてしまったときや、あまりにも短い締め切りを設けてしまったときには、「全部できない場合には、どれが一番大切ですか」ときちんと聞いてくれた。

そう聞いてくれると本当にありがたい。その質問によって、何が一番重要かを私自身がよく考えるようになるからだ。また、そうすることで、優先度の低い仕事に社員が時間をかけることがなくなり、本当に必要な仕事が終わらないという問題もなくなる。

もちろん、1週間徹夜してすべてをやり終えることもできなくはない。しかしそれでは彼らの頭はさえず、生産性は下がり、この仕事を長く続けることはできなくなる。徹夜が悪いと言っているわけではない。私もしょっちゅうやっていた。そうしなければならない場合もあるし、緊急時に頼れる人間になることは大切だ。最後の最後になってやっとエンジンのかかるタイプの人もいる。それでも、常に危機モードで働き続ければ、そのうちにとてつもない代償を支払うことになる。限界を設けてもいい。重要なことはやり遂げるし、必要なときには無理もするけれど、優先度の低い仕事のために自分の人生の大切なことを犠牲にするつもりはないということを、はっきりさせるといい。

そうすることで、上司もまた健全になり、生産性が上がる。２０１２年秋に私のアシスタントになったハナ・パッセンは、私がまだオフィスにいても6時きっかりに退社し、私を驚かせてくれた。ハナは大学を卒業したばかりで、私とはお互いに知り合おうとしているところだった。私がすべきことをいろいろと伝えると、ハナはそれを書き留めて、それから帰り支度を始めた。ラグビーの練習かもしれないし、仕事の後になにか別の予定があったのかもしれない。

そのときの私ときたら、「自分なら絶対上司より先に帰ったりしない」などと思ってしまった。私なら上司と同じくらいか、普通ならそれよりずっと遅くまで会社に居残るだろう。でも一緒に働き始めてから数か月のあいだに、ハナは私が必要としたときにはいつも助けになってくれたし、膨大な量の仕事を片付けてくれた。しばらくすると、私は自分の時間管理を反省するようになった。彼女が帰ったあとにまだ残っている自分は要領が悪すぎる！

上司と話し合う

プリンストン大学公共大学院で私の教え子だったファテマ・スマーは、当時上院議員でのちに国務長官になったジョン・ケリーのもとで、上院外交委員会のスタッフとして働いていた。第2子出産後に産休から戻ったファテマは上司に、金曜日を在宅勤務にしてもらえないかと提案した。そうすれば、赤ちゃんの面倒を見ながら仕事の責任も果たし続けられる。さらに、その方が委員会にとってもいい結果が生まれると言ったのだ。上司は期間を決めて在宅勤務を試してみることに賛成し、彼女はすぐにオフィスで一番仕事のできるスタッフになった。この働き方は第3子の出産後も続き、ほかのスタッフもまた働く時間や場所を柔軟に選べるようになった。

ファテマは勇気を出して、上司に直談判し、必要なものを手に入れた。あなたもそうすべきだ。結局、あなたが頼まなければ、あなたが何を必要としているかを上司は知りようがない。しかし、上手な頼み方というものがある。ここで、頼み方のコツをいくつか挙げておこう。

●調査する

従業員規則を見て、自分の会社の柔軟な働き方の制度を調べておこう。柔軟な働き方があることを宣伝しているとしたら、その制度を利用できるかどうかではなく、制度を活用したとしても、昇進路線を守れるかどうかを話し合おう。会社側が正しい価値観を持っていることを前提にしながら、フレックス制度の活用に伴う烙印を排除しよう。

●計画する

既存の制度に沿った提案にしろ、あなたの都合に合わせた働き方の提案にしろ、さまざまな生活の側面がまとまるような具体的な計画を考えよう。週3日出社し、月曜と金曜は自宅勤務にしてもらい、毎日5時45分には退社して子供を保育園に迎えに行き、子供が寝たあとにまた仕事をするなどという風に。ストレスを下げて生産性が上がるような働き方を考えてほしい。

●アポイントを取る

上司に提案する場合に、ちょっとした立ち話で済ませてはいけない。家族の世話に時間を割きながら責任ある仕事を続けていくにはどうしたらいいかについて、あなたが配偶者とこれまでずっと話し合っていたことを、上司に知らせよう。

●会社にとってのメリットを強調する

計画を立てるとき、新しい働き方がどう会社の利益になるかをはっきりと上司に伝えよう。あなたの生産性が上がることを説明しよう。たとえば、オフィスではいろいろな邪魔が入ってしまうけれど、自宅勤務なら、何時間もの集中が必要になる大型プロジェクトに力を注ぐことが可能になるといったことだ。上司が乗り気でない場合は、お試し期間を提案しよう。専門家は3か月のお試し期間を勧めている。その後で、うまくいかない場合は考え直せばいい。そして必ず、お試し期間の結果をどのように評価するか、その基準を上司と決めておいた方がいい。

●もし提案が通らないとき……

頼んだからといって、もちろん聞き入れられるとは限らない。上司がダメと言っても、諦める必要はない。オンラインマガジンのウーマンズ・デイにフレックスジョブ社CEOのサラ・サットン・フェルの記事が掲載された。サラは、もし頼みを断られたら、人事評価の際にもう一度この問題を持ち出してみることを勧めている。言い回しのアドバイスも与えてくれている。「このことについては少し前に話し合いましたが、まだ私は諦めていません。私だけではなく、会社にもメリットがあると思うんです」[22]。それから、社員として会社のためになにができるかを説明しよう。

ここで正直に打ち明けたい。プリンストンの公共政策大学院の学部長時代、職員がより柔軟なスケジュールを求めてきた。私は喜んで受け入れようと思ったが、当時の上層部から強力な反対にあい、できなかった。上層部の主張はいつも同じ。「ひとりの都合に合わせたら、全員の都合に合わせなくてはならなくなって、組織としての統制や規律がなくなってしまう」。誰かが特別扱いをされることに憤慨する人もいる。

私がCEOを務めるニューアメリカ財団では、自宅勤務中の仕事ぶりをどんな基準で評価するかや、政策分析に関わるプログラムスタッフと事務系スタッフの評価基準の違いをどのように扱うかが問題になった。国務省も同じだが、どちらの場合も、古い文化から新しい文化への頭の切り替えが課題だった。私は学者なので、いろいろな場所で大量の仕事をこなすことに慣れている。オフィスはミーティングのための場所だった。だが伝統的なオフィス文化に慣れた人にとっては、家やカフェや図書館は、仕事以外のときに行く場所だ。こうした文化は徐々に変わっていくものだろうし、ひとつひとつ実験をしながら、失敗と成功をはっきりさせて進んでいくだろう。

最後にひとこと。上司は敵でないことを肝に銘じておこう。あなたが家庭と仕事の両方を切り盛りしなければならなくなったとき、上司の助けにいい意味で驚くかもしれない。国務省時代に、国務副長官のジム・スタインバーグがある週に何度か続けて8時45分からのミーティングに遅刻したり欠席したことがあった。ジムの妻（彼女も政府の仕事をしていた）が出張中で、ジムが娘を学校に送っていることをアシスタントが説明すると、クリントン国務長官はイラつくどころか親として対等であろうとするジムを尊敬し支えるようになった。

ほとんどの上司は、あなたに最高の力を発揮してほしいと願っているし、楽しく働くことで成果が上がると思っている。あるイギリスの経済学者は、仕事を楽しんでいる社員はそうでない社員より生産性が12パーセント高いと言う[*23]（上司にもそれとなく伝えるといい）。職場の改革には時間がかかるが、社員ひとりひとりの小さな一歩が前例を作る。あなたの足跡をたどる女性も男性も、あなたに感謝するだろう。

メールに囚われているとしたら、優先順位が間違っている

いつ、どこで、どんな風に働くかを自由にさせてくれる職場であっても、家族を一番に置くかどうかはあなた次第だ。10年以上前から、私はある言葉を唱え続けている。「メールに囚われているとしたら、優先順位が間違っている」。毎晩、山のように積もったメールを片付けるためにオフィスに残ることもできる。少なくともその3分の1は必要のないもので、毎日処理したとしてもまたすぐ山積みになることは間違いない。そのかわりに、家に帰って息子が寝る前に本を読んであげることもできる。私にとってなにが一番大切なのかを真剣に考えたとき、答えは明らかだった。

あなたが死んだとき、あなたがすべてのメールに返事をしていたかどうかを思い出す人はいない。その逆だ。国務省時代に、上に昇れば昇るほど、メールの返事が少なくなることに気づいた。もっと大切なことがたくさんあるからだ。クリントン国務長官の首席補佐官だったシェリル・ミルズは、すべてのメールに目を通していたが絶対に必要なものにしか返事をしなかったし、「オーケー」の変わりにただ「k」とだけ書いていた。

メールの件は、はるかに大きな問題の象徴にすぎない。24時間365日仕事をする文化とそれに伴

う責任感や罪悪感こそ大問題だ。四六時中頼み事をする人はますます増え、私たちはこれまでになく必死にそれに応えている。大切なのは、ゆっくりと立ち止まって、本当に何を優先すべきかを考えることだ。あなたにとって何が一番大切か。優先順位をつけて、それを片付けるために一線を引くのは、あなたしかいない。それをやってくれる人はほかにいないのだ。

家族を優先させるなら……

ＣＥＯやスーパーバイザーや管理職が、生産性向上とモラル改善の次の大きな波に乗り遅れないためには、本物の柔軟性を実現できる働き方を提供しなければならない。難しい挑戦に見えるが、必要なのは理解とビジョンと少しの勇気だ。

２００２年にプリンストン公共政策大学院の学部長となり、はじめて管理職としての大きな責任を任されたとき、息子たちはまだ5歳と3歳だった。もしどちらかに問題があったら、たとえば病気になったり、学習の面で誰かの助けが必要な場合には、家族を優先した。

今挙げたような問題は、母親を部下に持つ管理職にとってはおそらく悪夢だろう。だが、私は仕事にコミットしていたし、母親であっても同時に仕事に集中し、論理的に判断し、人を導く自信もあった。私は上司として、ステレオタイプを拒絶した。試行錯誤はあったものの、先送りできない責任や人に任せられない責任をきちんと果たしている限り、家族を優先させても、自分が仕事に戻ったときはるかに集中し、生産的で、やる気が上がっていることに気がついた。

一日がかりの大学院の理事会があった日、11時から12時まで保護者会に参加するためにその間は副学部長に会議を任せると理事たちに言った。もちろん、保護者会を別の日にしてもらえればよかったのだろうが、それは不可能で、私にとって保護者会に出席するのは大切なことだった。私が理事会を抜けても、世界の終わりというわけではなかった。副学部長は私に代わって完璧に会議をまとめてくれた。理事の一部は戸惑ったかもしれないが、ほとんどの理事は私が8時間のうちほんの1時間だけ理事会を抜けても、子供の学校に行く方がはるかに大切だとわかってくれた。

そのうち、私はスローガンを作った。「家族が一番。でも仕事をおろそかにはしない。人生は二つが一つになったもの」。このスローガンは私にも、仕事仲間にも、部下たちにも同じようにあてはまる。私の部下に家庭の問題があったら、彼らの子供、親、配偶者、祖父母、叔父叔母、甥姪、いとこに問題があったら、その人たちに寄り添うべきだ。上司も同僚も、できるかぎりその社員を支え、仕事の穴を埋めよう。そのかわり、その人にしかできない仕事は責任を持ってやってもらい、大切な任務や課題がどこかに紛れてしまわないように確かめよう。

私は、プリンストン大学でも、国務省の政策企画本部で35人の部下を率いたときも、現在のニューアメリカ財団でも、この哲学に従ってきた。実際、ニューアメリカ財団にやってきた最初の年、財団の理事長に会うためにシカゴに飛ぶ前の晩、プログラムディレクターのひとりから出張に同伴できないと連絡をもらった。この2週間、彼の妻がずっと子供の面倒を見ていたけれど、妻に緊急の仕事が入ってしまい、彼自身が子供の面倒を見なければいけなくなったと言う。

そのディレクターに、大切な出張だから（本当に大切だった）ドタキャンなど許されないと言うこともできただろう。財団のCEOとして、資金提供者に会いに行くのは当然のことでもあった。だが同時に、私も働く親として、彼と配偶者がどんな話し合いをしているのかが手に取るようにわかったし、彼が夫としてまた親としての務めを果たす方がいいこともわかった。彼が私と一緒に来てくれればもちろん助かるけれど、絶対にいなければならないわけではない。実際、その出張はうまくいった。彼はこの出来事を通して、ニューアメリカ財団が組織としての価値観を守り、家庭と仕事の両立を助けることを再確認した。彼はチームの貴重な一員だし、次にヘッドハンターが彼に電話をかけてきても、私は少し落ち着いていられると思う。

私は完璧な上司ではない。マネジメントとは学習と試行錯誤の継続的なプロセスだ。それでも、私が部下のために家族を最優先できる職場を作れば、どんな職階の人でも仕事をおろそかにすることはないことを、いつもこの目で見ている。彼らは仕事と家庭をひとつに組み合わせ、両方を成し遂げている。責任ある人なら、職場の仕事だけが自分たちのすべきことだとは思っていない。家庭よりも仕事を常に優先させる人を、私は雇わない。その人の人格を疑ってしまう。

結果に注目する

究極の柔軟な働き方は、成果しか見ない環境、いわゆる「ROWE[*24]（完全結果志向の職場環境）」だ。この手法の第一人者になったのが、『職場がクソな理由とその直し方』を書いたカリ・レスラーとジョディ・トンプソンだ。ROWEとは、「仕事ができている限りは、人々が好きなことを好きなときにできる働き方」だとこの本には書いてある。だから就業時間というものはない。重要なのは、仕事ができていること、そして成果が上がっていることだけだ。

だからこそ、ROWEは見た目より難しく、当然ながら予期せぬ結果や問題につながることもある。まずはじめに、決まった時間に決まった場所にいることが必要な仕事もある。たとえ自宅で仕事ができきちんとできたとしても、オフィスに誰もいなければ、特に管理する人が誰もいなければ、やる気が薄れることもある。もっと悪いのは、上層と下層に分かれた組織で上層の社員が自宅で勤務しているあいだに下層の社員が出勤しなければいけない場合には、怒りも生まれる。

大企業でのＲＯＷＥの評価は、良し悪しが半々だ。家電量販店のベスト・バイは鳴り物入りでＲＯＷＥを取り入れたものの、新しいＣＥＯのヒューバート・ジョリーはこの手法を画一的すぎるとして取りやめた。ミネアポリスのスター・トリビューン紙に、ヒューバートはこのように書いている。「このプログラムは、社員への権限移譲が常に正しいという前提に立っている。権限移譲が必ずしも効果的でないことは、チームを率いた経験があれば誰でも知っている」[*25]。一方、ＲＯＷＥを取り入れたＧＡＰは大成功だと言っている[*26]。

ＲＯＷＥを正式なプログラムとして取り入れて逐一実行するかどうかはさておき、その哲学はマネジメントの方法にいい影響を与えると私は思う。上司は部下に何を期待するか、結果をどう測るかをはっきりと知らせるべきだとレスラーとトンプソンは言う[*27]。時間通りに（早めの方がいい）出社するのは誰か、時間通りに（遅めの方がいい）退社するのは誰かを監視するのは、どう目標を定めてきちんと達成するかを深く考えるよりも手っとり早いのは間違いない。目標の設定と達成には、優先順位を明確につけ、チームにその優先順位を伝え、目に見える基準と締め切りを伝える必要があるからだ。

パロ・アルト・ソフトウェアのＣＥＯ、サブリナ・パーソンズはこの原則を職場に取り入れて大成功を収めている。ＲＯＷＥを正式に採用しているわけではなく、似たような原則を使っている。パーソンズの社員は全員、柔軟にスケジュールを決めていい。「結果に注目し、すべての社員のすべての仕事に目に見える目標と目的があるんです」とサブリナは言う[*28]。サブリナのもとで働く社員は、「何時間会社にいたかではなく、何をしたかで判断されます。毎朝新鮮な気分で出社すれば、成果が上がり、イノベーティブな仕事ができるんです」

サブリナは3児の母で、子供たちは10歳と8歳と5歳の男の子だ。彼女は成果主義をもう一段極めて、職場そのものを変えようとしている。子供たちが赤ちゃんの頃、彼女は子供連れで出社し、ほかの社員にもそうさせていた。社員は3か月の産休を与えられていたが、早く仕事に戻りたい社員もいて、その人たちは赤ちゃんを会社に連れてきていた。「赤ちゃんを連れてこられる職場にしたんです」とサブリナは言う。[*29] もちろんオフィスは仕事の場なので、特別な支援の必要な赤ちゃんがいる場合には、たとえば自宅勤務を許したり、その他の働き方を考えた。だがそうでなければ、社員が仕事をきちんとしている限り、赤ちゃんが横で寝ていても問題はない。この原則を貫いたことは報われた。社員はこの3年で28人から60人に増え、売上は毎年4割から5割上がっている。

こうした考え方と働き方にたどり着くにはまず、これまでとはものの見方をまったく変えて、どうしたらいい結果を出せるのかを考え直す必要がある。必要な仕事の質とその仕事をする人の資質に基づいて、仕事の割り当てと時間を決める方が、いい仕事ができる。

ケアをする人に投資する

すべての社員が最も生産的になれるような職場を作るための最後の一歩は、管理職や経営陣が育児や子育てを資産として見ることだ。一見過激に聞こえるかもしれないが、子育てや介護、また愛する人の世話は仕事に役立つ知識と経験になることを、CEOも管理職もチームリーダーも認識するべきだ。まずなにより、ケアの経験者は極めて要領がいい。無駄にする時間などないからだ。また、5章で言ったように、ケアの経験から得られる資質は多い。知識、忍耐力、適応力。正直さ。勇気。信頼。謙虚さ。そして希望。

競争と同じくらいケアに価値があり、それが人格形成に影響を与えると信じるのなら、父親の育児休暇を義務にすべきだし、少なくとも当たり前にすべきだろう。そうすれば、新米パパたちは育児休暇を取っても昇進を諦めなくて済む。また、ケアの価値を信じるなら、家族のケアをするすべての社員が仕事を続けられるだけでなく、リーダー路線に留まり続けられるような働き方を歓迎すべきだ。たとえ、昇進に時間がかかっても、不規則な昇進でもいい。

さらに重要なのは、家庭のために仕事を中断していた40代後半から50代の優秀な女性たちが数多く存在するということだ。経営者はその存在を認識すべきだろう。

マッキンゼー・グローバル・インスティテュートは、2020年までに世界でおよそ4000万人もの「スキルギャップ」が生まれると予想している。つまり、大学卒業かそれ以上の資格を持つ人材の需要に対して、世界的な人材供給が追い付かないということだ。「人材不足に悩む業界は、必要なスキルを持った人を見つけるノウハウを獲得し、競争優位を与えてくれる社員の採用、維持、研修の戦略を立てなければならない」とマッキンゼーは書いている[*30]。その答えの一部は目の前にある。トップに昇っていない、膨大な数の女性たちだ。入社してから役員室にたどり着く前に消えていく数多くの女性たちが、目の前に存在している。ただ目を開いて彼女たちを見つめ、先を見る目と知恵を持って彼女たちをもう一度採用し、本物のチャンスを与えればいい。

ぜひリスクを取って、ケアの担い手に投資してほしい。そして、もっと広い意味でケアそのものに投資してほしい。ケアと競争はさまざまな形でひとつになれる。それが素晴らしいものを生み出す。

ビル・ゲイツがそのヒントを与えてくれている。世界一の金持ちとなったビルは、妻のメリンダに影響されて資産のほとんどを分け与えている。この本の執筆中に、ビルが２００８年に世界経済フォーラムで行ったスピーチを読んで、ハッとした。彼は自己利益の追求と他者への思いやり《ケア》こそ、人間の本質を成すふたつの力だと語っていた。このふたつの力が「創造的な資本主義」の原動力であり、何十億人もの人を貧困から救うもとになると言う。[*31] あなたも仕事の中で競争とケアをうまく組み合わせ、理想の職場を作ってほしい。

11 思いやりのある市民になる

私たちは自己啓発が大好きだ。ニューヨーク・タイムズには自己啓発のジャンルに絞ったベストセラーリストがある。そうした本は、リーン・インしたり、立ち上がったり、誰かを越えて行けと教えてくれる。それは、自分の強みを活かし、弱点を克服し、進歩を確実にするためのマニュアルだ。自己改善は私たち現代人の宗教と言ってもいい。そのマニュアルは、結局はすべてが自分次第で、自分がちゃんとしていれば、変化を起こすことができると唱えている。体制の中にいる人たちを組織したり動員することについては、書かれていない。既存の体制は機能不全だと思われているからだ。

誤解しないでほしい。私も自己啓発本をたくさん読んできた。ダイエットの本も、心の平穏を見つけるコツも。だが、私が呼びかけているような変化を起こし、人生をより良いものにするには、力を合わせるしかない。個人だけでは変化は起こせない。集団で政治的な力を発揮しなければ、体制は変わらない。これまでも、私たちはそうして変化を興してきたし、これからもそうできるだろう。

私は弁護士で、政策の専門家でもある。「政策」とは、特定の状況でどう行動すべきかを書いた一連の指針にすぎないことは誰よりもよくわかっている。「正直さこそ最高の政策」と言われるのはそのためだ。公共政策とは、私たちが市民としてどのように生きたいかを決めるときの原則であり、私たちの選んだ政治家が規制や法律を作るときの原則でもある。それは、もし私たちが共に、税金をどのように使うべきかを決めるとしたら何ができるのかを明確に示すものだ。私たちは新しい国の姿を作ることができる。歴史と私たちの一番いい部分に寄り添って、仕事と家庭に平等な価値を置き、市民が充実した幸福な人生を送る国にすることができる。

ケアのインフラを作る

道や橋やトンネル。港、空港、鉄道。電気、水道、ごみ処理。そして今は高速インターネット。そうしたものがなければ、企業は競争できないし、会社も社会も価値を生み出せない。それが「インフラ」というものだ。つまり、誰もが必要とし、個人では作れないような、経済を機能させるための骨組みだ。リアルかバーチャルかに関わらず、移動と輸送のインフラは経済競争のインフラだ。私たちには、それと同じようなケアのインフラが必要だ。市民が個人の目標だけでなくお互いの関係性においても花開けるような、一連の枠組みや仕組みが必要なのだ。

かつて、社会にはケアのインフラがあった。[*1]専業主婦と呼ばれるインフラが。だが今では女性の6割は職場に進出し、かつてのインフラは壊れてもとに戻ることはない。私たちは、21世紀の新しいケアのインフラを作らなければならない。社会と経済の求めに応えるようなインフラを作る必要がある。

活動家の蒲艾真は、「高齢化時代」とそれに伴う膨大な介護のニーズについて、こう書いている。「ケアのインフラは、鉄道や高速道路や電気やインターネットとは違うように思えるかもしれません。ケアはなによりも優先されるものですから」[*2]。もし、自分で食べることも、お風呂に入ることも、洋服を着ることもできなければ、ほかのインフラなどどうでもよくなる。

蒲艾真はまた、「ケアのネットワーク」はエネルギー網と同じようなものだと言う。そう考えると、イメージが湧きやすい。さまざまなエネルギー供給源から異なる種類のエネルギーが供給されるように、ケアの供給と支援にもたくさんの違う供給源が必要だろう。そのインフラの要素になりそうなものを、各国の政策を参考に、ここに書き出してみる。

- 良質で手ごろな育児と介護のサービス[*3]
- 女性と男性の両方が取得できる家族休暇や疾病休暇
- パートタイムやフレックスワークを要求する権利
- 小学校や中学校並みの幼児教育への投資[*4]
- 妊娠中の女性への包括的な雇用保護[*5]
- ケアワーカーの賃上げと研修[*6]
- 高齢者の在宅ケアを支えるコミュニティの支援網[*7]
- パートタイムやフレックス社員に対する差別の禁止[*8]
- 年齢差別を禁止する既存法の執行強化[*9]

●ひとり親への経済的社会的支援
●現在のデジタル経済に合わせた小学校と中学校のスケジュール改革[*10]――子供の学習に関する先端知識の活用

こうした課題への具体的な政策提案は国によって違い、政党や政治哲学によっても違う。だからすべての政策提言をここで挙げることはできない。もっと知りたい場合には巻末の注で紹介するリンクを見てほしい。個人が直接に関われる組織や支援するキャンペーンの情報を載せてある。[*11]妊婦の有給休暇や雇用保護の義務化、またパートタイム従業員の保護といった、誰もが使えるようなケアのインフラを作れば、正しいことをしようとしている企業が公平に戦える環境ができる。税金を使った保険制度よりも、このような政策を企業に実施させる方が高くつくかもしれない。利ざやが薄く株主からの訴訟リスクもある中で、こうしたことに費用をかければライバルに遅れを取る可能性もある。短期的には、正しいことを行おうとする企業の社員は報われていると感じ、より仕事に打ち込み、生産性が上がり、離職率は下がるだろう。それでも、競争の激しい環境で、個々の企業に頼って必要な変化を起こしてもらうわけにはいかない。理想的な社会に向けた新しい基準を設置し、足元を固めるような、政治的な変革が必要になる。

ケアにまつわる政治

認めよう。私は民主党員だ。もしあなたが共和党支持者なら、おそらく私のことをサヨクのお花畑にいる人間だと思っているに違いない。しかしケアにまつわる政治は、それほど単純ではない。フォックスニュースのアンカーで母親でもあるメーガン・ケリーを思い出してほしい。メーガンは、有給の産休制度が必要だと訴えている。フォックスのライブ番組で、保守派ホストのマイク・ギャラガーは、3か月の産休は「ぼったくり」だと言った。[*12] メーガンはそれに対して、アメリカは有給の産休制度を義務化していないたった4か国のうちのひとつで、マイクのコメントは「アホ丸出し」だと訴えた。「私たちは人間を育てているんですよ。産休は優雅なバケーションじゃないんです。厳しい、大切な仕事なんです」

家族の絆を強め、保育者を支援することについては、右派左派に関わらず誰もが賛同するところだ。リベラル派では、オバマ大統領が2015年の予算に、安価で良質な保育の拡充を盛り込んだ。現在、アメリカで「良質な保育」を受けられる子供は、全体のわずか1割と言われる。保育に関わる働き手の平均的な年収は2万ドルを下回る一方で、2人の子供を保育所に預けている家庭では、全国50州で保育費用が家賃を上回っている。[*13] オバマ大統領はまた、病気休暇や家族休暇の拡充を多くの州に呼びかけた。

保守派を見ると、有給の家族休暇を提供している数少ない州のひとつが、ニュージャージーだ。州知事は共和党のクリス・クリスティー。共和党の上院議員が提出したこの法案では、雇用者が残業手当の代わりに有給を与える仕組みになっている。[*14] 世論調査によると、共和党支持者の女性の大半は、有給の家族休暇を支持している。[*15] 共和党上院議員のケリー・アヨットは、ケアの提供者への支援を目的にした上下両院の超党派委員会を率いている。[*16] ケリーは、家事従事者がサラリーマンと同様に年金に入れるような法案を通した、上院議員のケイ・ベイリー・ハッチソンの後に続いている。[*17]

もちろん私たちはみなそれぞれ考え方が違う。だがケアに関して、育児や介護にリソースをつぎ込むべきだという点でそれほど異論はない。異論があるのは、誰がケアをするかという点だ。保守派は家庭、教会、コミュニティだと言う。リベラル派は、多くの人にはそれが拠り所にならず、逆に家庭にも教会やコミュニティにも頼れないような、社会的弱者をますます追い込むことになると言う。

私は、どちらも同時に試してみるべきだと思う。この問題はそれほど深刻だからだ。政府と民間、教会と州、州と国（そして地方自治体）のすべてに責任がある。ケア領域でもう少し競争を促してもいいのでは？　政府の解決策と市場の解決策のどちらが効果的かを、右派と左派で挑戦してみるべきだ。州ごとに解決策は違ってもいい。子供やお年寄りやそのほかのケアを必要とする人たちの生活が向上しているかどうかを測る共通の指標を開発することもできる。さまざまな都市でも同じことができる。いちばんうまくいくやり方を導入すればいい。

連邦政府レベルでは、州や民間企業の競争的な取り組みを促すような法案を通過させるべきだろう。そのためには妥協も覚悟しなければならない。さまざまなものの見方があることを認め、少なくとも、自分がいいと思うやり方よりも優れた計画があるかもしれないことは認識するべきだ。そうした妥協にたどり着くには、育児や介護を身を持って体験した議員を増やすことが必要になる。

実際、政治的信条はどちらでも、平均的な市民は幅広く政府による子育てや介護への支援を求めている。その声が聞こえないのは、政治家だけのようにも思える。理由は単純だ。男性が多すぎる。私がこう言うと、それこそ性差別だと思われるかもしれない。国家の防衛や株式市場は男性に任せて、女性は家庭と社会的なセーフティネットだけ気にかけていればいいという人もいる。現実はそのステレオタイプ通りだが、少なくとも今この時点で、安価な保育所や有給休暇を議会で後押ししているのは女性だけだ。[18] だが、どんなグループでも女性が過半数を超えると、男性のふるまいが変わることは明らかになっている。議会も同じだ。

女性に投票しよう

アメリカ革命のスローガンは、「代表なくして納税なし」だった。私たちはまだその目標に達していない。もちろん、男性が女性を代表することはできるだろう。女性が男性を代表することもできるし、アフリカ系アメリカ人が白人を代表することもできる。年配の人が若い人を代表することもできる。それでも、女性議員の少なさは、深刻な結果につながっている。

女性に投票すべきなのはなぜかと聞かれたら、ほとんどの有権者は男性と違う女性ならではの資質を思いうかべるだろう。『女神的リーダーシップ』（有賀裕子訳、プレジデント社）の中で、ジョン・ガーズマとマイケル・ダントニオは13か国で6万4000人の男性と女性に、「リーダーシップ、成功、倫理観、幸福」を得るために今なにが一番必要かを調査した。13か国すべてで、男女のどちらもが現代のグローバルな問題を解くカギとして挙げたのは、いかにもフェミニスト的な特徴だった。[19] たとえば、協力、成果を分け合うこと、忍耐力といったものだ。また大多数の人は「伝統的なマッチョな考え方や振る舞いに支配された世界、つまり統制と競争と攻撃に満ちた白黒しかない世界」に辟易していた。私が驚いたのは、回答者の3分の2が、「もし男性が女性のように考えたら」世界はもっといい場所になるだろうと思っていたことだ。[20]

男性が女性のように考えたら世界が良くなるなどという意見は、一見性差別のようにも聞こえる。ステレオタイプからまったく抜け切れていない考え方は、結局男性にも女性にも得にならない。だが一方で、政治学者のタリ・メンデルバーグとクリストファー・カーポウィッツは、複数の実験から、政界の女性は実際にケアの問題と弱者の問題に普段から注意を払っていることがわかった。[*21] しかし、この問題の解決に向けた法案を通すとなると、女性議員の人数そのものが問題というわけではない。2014年に出版された『沈黙する女性』の中で、メンデルバーグとカーポウィッツは、調査結果をこうまとめている。「議会の女性比率そのものはあまり問題ではない」[*22]

問題は、女性が声を上げるかどうかだ。タウンホールミーティングや、政策企画会議や、一般的な議論に参加していても、女性の意見が誰にも届かなければ、何も変わらない。もちろん、頭数も重要だが、実際に思っていることを口に出せる女性の数がクリティカルマスに達することが重要なのだ。そうなってはじめて、物事が変わりはじめる。

メンデルバーグとカーポウィッツはある実験を行った。参加者の男性と女性はグループに分かれてタスクを渡され、お金を稼ぐ。それからグループの中で、いちばん所持金の少ない人たちにどれだけのお金を分配するかを決める。観察者がその結果を記録し、参加者の発言を書き留めた。どのくらい頻繁に、お金の話題に比べて子育てや介護の話題が出たか、また女性がどのくらい話したかが記録された。

結果はふたりにさえ驚きだった。まず、女性だけのグループは男性だけのグループに比べて、はるかに気前がよかった。[*23] 女性だけのグループは、それ以外のグループと比べて分配する金額が7000ドルも多かった。「女性の数が増えるほど、多数決で決めた分配金額は多くなった」[*24]。当たり前だが、女性が少数派のグループでは、女性の発言は少なかった。[*25]

だが、なにより意外だったのは、女性が多数派の場合、男性が育児や介護の問題についてより多く発言していたことだ。[*26] 男性が1人で女性が4人のグループでは、62パーセントの男性が子供の話題を持ち出した。男性が4人で女性が1人のグループで子供の話題を持ち出した男性はわずか19パーセントだった。もちろん、研究室は議会とは違う。それでも、こうした発見は、女性の意見が聞こえてこないと、誰も女性が気にかける問題をそれほど緊急だとも重要だとも思わないことを裏付けている。

女性が発言するときには、「問題を指摘するだけではなかった。女性は恵まれない人や弱い立場の人を『私たち』の中に入れていた」[*27]。言い換えると、女性は男性より広い範囲の市民を代表しているということだ。また、「女性が強く主張すると、男性も同調し、子育てについての発言が増え、貧しい人により寛容な支援を強調し、女性の話し手を支え励ました」[*28]

世界中の政治にも、同じことが言えるかもしれない。多くの女性が当選したら、もちろん個性や政治信条はそれぞれ違っても、国家として本当の姿を反映できる可能性が高くなる。充分な数の女性が代表になれば、女性の声や考え方がそこに加わるだけでなく、男性も本来の自分になることが許され、父親として、息子として、夫として、兄弟として、また守り人として、競争者として、勝者として話し、投票できるようになるだろう。もちろん、男性みんながお互いに意見が合うわけではないし、女性議員も同じではない。その意見の違いこそ、民主主義だ。しかし、そうした人たちこそ、私たちの本当の姿を幅広く反映することになる。競争し、ケアする市民としての私たちを。

ケア経済

投資家は政治家と同じくらい、ケアのトレンドに注意を払うべきだ。ケアの仕事の需要はますます増えている。良質のケアが人生に違いをもたらすことが認識されてきたことも、また高齢化もその理由だ。2030年までに、引退後人口と労働年齢人口の割合はほぼ倍増する。2020年までを見ても、アメリカ人の6人にひとりは65歳を超え、[*29] 3人にひとりは老人介護の責任を負うことになる。[*30]

私たちは、どう年をとりたいかについても好みがうるさい。アメリカ人のほぼ9割は、施設に入りたくないと言う。だが、尊厳を持って自宅で介護を受けるには、在宅介護業界が充実していなければならない。在宅介護士の需要が急拡大しているのはそのせいだ。[*31] だが良質なケアを受けようと思えば、それなりのお金を払うべきだろう。介護をする人たちの賃金と社会的地位が上がり、規則的な労働条件が整うことが出発点だ。子供と親へのケア、そしていつか自分自身も受けることになるケアの質が大切だと思うなら、ケア経済にもっと関心を持った方がいい。

先見の明のある経済学者たちは、この問題に何十年も取り組んでいる。ケア経済の仕組みは複雑だ。ケアの定義そのものがわかりにくく、愛や努力、有給と無給の仕事が絡み合っているからだ。ケアを、穀物や鉄鋼やそのほかのお金で手に入るものと同じようなコモディティーと見ると、その価値が破壊されてしまう。反対に、気持ちの見返りが大きいからお金は要らないとか、最低の賃金でもいいなどというふりをすれば、その価値を無視することになるし、ケア人材の供給数も質も下がってしまう。経済学者のナンシー・フォーブルは、社会学、政治学、人口動態学の専門家とともに、「ケアの政策と研究」に関する全体像をまとめた。[*32] 21世紀のサービス経済の一部を成すケア経済の知的かつ実践的な土台を築くには、こうした研究がまだまだ必要だ。

面白いことに、この国の次世代の子供たちに投資する価値を誰よりもよく理解しているのは、アメリカ軍だ。子供の脳は最初の5年でほぼ形成される。だから、誕生から5歳までの保育と教育は、国家の安全保障に関わると言ってもいい。イスラム過激派組織のＩＳＩＳ、テロリスト網、ロシアの拡大主義、中国の興隆と同じくらい、子育ては大切な問題だとも言える。

国防総省はそれを実践している。軍内に保育所を設け、スタッフの保育費用を補助している。[33]利用料金は世帯収入によって異なる。１９８９年から軍勤務の家族はこの補助が受けられるようになっている。また省内の保育と幼児教育を行う教師に、国防総省内のスタッフと同じように、訓練と教育と勤務年数と経験に基づいて賃金を支払っている。[34]言いかえれば、国防に直接責任を持つ政府機関が、大学や大学院教育を受けた人材を採用できるだけの賃金を支払って、すべての職員の子供たちに生まれたときからケアと幼児学習を提供しているということなのだ。

民間企業でもまた、先見の明のある起業家たちがすでにケア経済に風穴をあけつつある。ハーバードのＭＢＡ（経営学修士）とＪＤ（法務博士）の両方を持ち、ふたりの幼い子供を育てながら同時に両親を介護しているシーラ・リリオ・マルチェロは、自分が質の高いケア人材を見つけるのに苦労した経験をもとに、ケア・ドットコムを立ち上げた。[35]ケア・ドットコムは、保育と介護のケア提供者のためのマーケットプレースだ。ケア提供者と雇い主を引き合わせ、２分に１組が成立している。こうした試みは家族とケア提供者に役立つだけではない。一大ビジネスでもある。ケア・ドットコムは新規株式公開で９１００万ドルを調達し、２０１４年１月に上場すると時価総額は５億５０００万ドルを超えた。[36]

ブライト・ホライズンもまた、ケアのマネタイズに成功した企業だ。良質の幼児教育、病児保育、企業内保育、病院や大学内保育など、さまざまなサービスを提供している。ブライト・ホライズンもまた公開企業で、２０１３年に市場に再上場を果たしたときの時価総額は14億ドルにも上った。[37]

不動産会社もケアの需要に応える試みを始めている。たとえば、カリフォルニアでは二世帯住宅の開発が進められている。[*38] 階段を上らなくていいように1階に両親世帯のためにお風呂と寝室を完備し、上階に子供世帯が住むようなレイアウトになっている。これなら「サンドイッチ世代」は両親の介護ができ、祖父母が孫の面倒を見ることもできる。

友達と一緒に老いていけるよう、コメディ番組の「ゴールデン・ガールズ」のように共同生活を始めるシニア世代もいる。特にベビーブーマー世代には、「共生」が魅力的だと言うコンサルタントもいる。コミューン生活を通して「1960年代の社会的意識がふたたび盛り上がるかもしれません」と、そのコンサルタントは予測していた。[*39] 私自身も、その楽しさを実感するひとりだ。私はワシントンで、大学時代からの親友と週に2日アパートをシェアしている。彼女はニューヨークの自宅から、政府の仕事のためにワシントンに引っ越した。彼女の夫は定期的にワシントンを訪れる。まるで大学のルームメイトに戻ったようだ。しかも彼氏が時々やってくるのも同じ!

大手のケアサービス会社や不動産会社のほかにも、個人のケア提供者はますます増えている。蒲艾真の組織する全米家庭内労動者協会は、20組織と共同で「世代を超えたケア」のムーブメントを生み出した。[*40] 人口動態の変化に注目し、特に高齢化時代の在宅ケアと地域ベースのケアにおけるイノベーションを先導することで、このムーブメントは「この国のケアのあり方を根本的に変える」ことを目指している。

アルツハイマーやその他の認知症の人のお世話をする人は、特殊な難しさを抱えている。だが保育に関しては、教育と専門的な研修によって、ケアする方にもされる方にも大きな違いがもたらされる。家庭内ケア提供者協会はコミュニティベースの非営利組織で、自宅で愛する人を長期に無料で介護する家族や友人のニーズに応えている。[41]

さまざまな種類の専門的なケアサービスに対する爆発的な需要の拡大にも目を向けてほしい。これまでは医師と看護師が中心となっていた。今ではさまざまな種類の医師の助手や、複数の専門性を持った看護サービス提供者がいる。身体と心のセラピストはますます増えている。心身のバランス、姿勢、歩き方、ストレス、人工関節手術から心臓発作まで、それぞれの病気からの回復術に特化したセラピストもいる。こうした仕事は、「本物のキャリア」を築けなかった人たちがたどり着く仕事ではない。医療の知識とスキルだけでなく、患者との信頼関係を作る能力が必要とされる仕事だ。幼児から大人まで、私たちがより良い人生を送るためには、彼らの力が欠かせない。

良質なケアの市場も大切だが、もっと幅広い意味の経済全体にケアの価値を反映させるような取り組みも重要だ。人間関係という社会資本や、育児を通して生み出される人的資本をどう測ったらいいのか？

お金や不動産といった伝統的な基準のほかに、社会的な豊かさを計測するための経済指標を開発する「ケア経済活動」という取り組みもある。[42]少なくとも、子供と大人に対するケアの社会的価値をきちんと測れるようにするべきだ。結局、ＧＤＰ（国内総生産）は人間が生み出すものだ。私たちが大切だと思うものを測って、それを増やすように努力すればいい。

非凡な国アメリカ

外交政策の世界では、というか一般的な政治の世界では、アメリカ例外主義がありとあらゆる記録に残っている。私たちは早くからアメリカは他の国と違うと考えていた。1630年、マサチューセッツ湾植民地の知事になったジョン・ウィンスロップは、こう書いていた。「我々は丘の上の都市としての自覚を持たなければならない。すべての人の目が、我々に向けられている」[*43]。アメリカ人は、自らを統治し、信仰と表現の自由を確立し、「新世界」を探索して発展させ、その市民と欧州の同胞にとっての輝く模範になることを目指した。

ケアに関して言えば、アメリカは「やっていないこと」の点で例外的だ。先進国の中で(実際にはほとんどすべての国の中で)、有給の産休が義務化されていないのはアメリカだけだ。西欧諸国の多くは父親にも母親にも寛容に育児休暇を与えている。たとえばイギリスは緊縮財政の中でも、最長1年間の育児休暇を与え、いくらかの給料も支払っている[*44]。

産後数週間から数か月以降も、ほかの先進国には、親やケア提供者を支えるための、素晴らしいサービスや設備がある[*45]。保育所、障害者のケア施設、老人や死期の迫った人向けの施設などだ。

ノルウェーの子供家族省の大臣を務めたヴァルガード・ハウグランドは、ノルウェーの哲学をこうまとめている。「私たちは国として、子育ては本物の仕事だと認め、この仕事は社会全体に価値のあるものだと認定しています。ですから、この価値あるサービスに社会がお金を払うのは当然です」[*46]

こうした国々ではすでに、その努力が報われつつある。競争力が増加し社会階層の移動性が高まっているのだ。長年欧州政治を研究している夫は、アメリカよりもヨーロッパの方が貧しい家庭に生まれても中流になりやすいと10年前に言っていた。私にはその話が信じられなかった。逆だろうと思っていたからだ。アメリカの歴史は、偏狭な階級制度や宗教的偏見から逃れた移民たちの成功談そのものだから。

だが今はもう、夫の話を否定できない。デンマーク、オーストリア、ノルウェー、フィンランド、カナダ、スウェーデン、ドイツの移民は、アメリカの移民よりはるかにいい生活を送れる可能性が高いことが、大学、シンクタンク、国際組織によるさまざまな研究で明らかになっている。[*47] こうした国の貧しい子供たちは、アメリカの子供たちより、貧困から抜け出せる可能性が2倍も高い。もちろんどの国もアメリカよりも小さく、アメリカほど多様でもない。それでも、たとえばカナダは、外国生まれの市民の割合がアメリカよりも高い半面、彼らが社会経済階層を上に昇る可能性はアメリカの2倍も高い。[*48] 社会的移動性には、さまざまな要因が関係する。差別、収入格差、教育、家族構成。また、安定的な子育てを可能にするコミュニティの支えがあるかどうかも、大きな要因だ。[*49]

アメリカが他の国とまったく同じことをする必要はない。実際、気前のよすぎるヨーロッパの育休制度は、女性の野心をくじくという研究もある。クレア・ケイン・ミラーはニューヨーク・タイムズに、ヨーロッパの女性が管理職になる確率は男性の半分で、アメリカの女性が管理職になる確率は男性と同等だと書いている。[*50] その理由は、長期の育休による意図せぬ結果によるものだという。[*51] 女性は野心に歯止めがかかってしまうのかもしれない。雇用者は長期の休職を恐れて、重要ポストに女性を置きにくい。

だが、私たちにできることはある。「すべての人間は平等に作られている」という建国の哲学に立ち返って、男性と女性は平等であり、これまでの男性の役割とされていた収入を得ることと、女性の役割とされていた家族の世話が、平等に必要とされ、同じだけの価値があると理解することだ。そして、育児や介護など、人の世話ができる社会はより公平な社会だということを、さまざまな方法で認めることだ。

心理学者のキャロル・ギリガンはこう指摘している。子供はよく、「そんなの公平じゃない！」と言う。またそれと同じくらい「かまってくれない！」と言う。[*52]「かまってくれない！」という言葉には、見捨てられることへの恐れが表れている。その恐れは、すべての弱者や、若者、老人、病気の人、障害者といった誰かに頼って生きる人たちが感じるものだ。「公平じゃない！」という言葉には、力を持つ人がそれを濫用して、特定の誰かをひいきするようにルールを作ったり変えたりすることへの恐れが表れている。[*53]

このことにどんな意味があるかを考えてみよう。かまってもらえないということは、差別されているのと同じように、平等に扱ってもらえないという意味だ。どちら場合も、力のある人が力のない人を虐げている状態を表している。力のない人とは、若者、お年寄り、病気の人、障害者、みんなと違っている人、社会的に不利な立場にある人だ。「公平じゃない」とは、「自分を見てもらえない、聞いてもらえない。平等な権利や尊敬を受けていない」という意味だ。「かまってくれない」とは、「自分が他の人たちと平等に扱われず、頼る人を必要としているときや弱っているときに、見捨てられた」という意味だ。

私たちは、思いやりのある市民であることに誇りを持たなければならない。誇りを持って国を気遣い、お互いを気遣わなければならない。私たちの歴史は、新天地の開拓に乗り出した荒々しい人たちの物語というだけでなく、家を作り、キルトを縫い、家畜を育て、狭い小屋の中で子供を教育した人たちの物語であることを、思い出さなければならない。お互いを気遣うことができなければ、国として競争できないことを理解しなければならない。

私たちには政治的な行き詰まりを打ち破る力がある。これまでに何度もしてきたように、私たちは私たち自身を作り直すことができる。私たちはふたたび非凡な国になれる。コンピュータの速度や軍事力だけではなく、コミュニティの力とケアの質において、非凡な社会を作ることができるのだ。

おわりに

いろいろな意味で、この本は私から家族へのラブレターだ。家族は、私がやってきたことすべての土台で、私という存在のすべてでもある。この本のページには、私たち家族のさまざまな姿が映し出されている。この数年間、競争とケアの両方の視点から世界を見るようになった私は、家族のひとりひとりをこれまでと違う目で見るようになった。私の中に新しい尊敬の念が芽生えていた。

１９５０年代の終わりに生まれたことを私はずっと幸運に思ってきた。母が生まれた１９３０年代でもなく、祖母が生まれた１９００年代でもない時代に生まれて本当によかったと。つい最近まで、母や祖母が私と同じチャンスを与えられていたらどんな風になれていただろうと感じていた。もちろん、女性にチャンスが広がった時代に生まれたことをありがたく思っているけれど、今では母や祖母の世代の女性が男性と同じだけ社会に貢献していたことがわかる。母や祖母の世代の女性は家族に投資した。息子や娘を教育し、ひらめきを与え、今の私たちにしてくれた。助けが必要な人を気遣った。家族だけではなく、そのほかの人たちも思いやった。社会学と経済学の用語を使えば、彼女たちは人的資本の育成者だった。もう少しニュアンスを持たせると、人間性そのものをはぐくむ人だった。

ベルギー人の祖母、アンリエット・マドレーヌ・ドゥ・ブラッツは、１９３２年に医学生だった祖父と結婚し、間もなく母と叔父を出産した。1940年5月にドイツがブリュッセルを占領すると、祖父はベルギー軍に服すことを拒否してダンケルクの連合運に入隊し、イギリスに渡って、その後特殊空軍部隊に入った。占領下のベルギーで2年を過ごした祖母は、祖父と合流することにした。それからの6か月は映画になりそうなストーリーだった。祖母はまだ34歳で美しく、ノーと言われてもひるまなかった。

兄と私は祖母の闘いの話を聞かされて育った。祖母は6か月かけてフランスからスイスに渡り、スペインとポルトガルを抜けて、最後に船でロンドンにたどり着いた。私たちはその話を暗記するほど聞かされた。ベルギーの抵抗軍にいる友人が、占領地から自由なフランスに入れてあげようとしても、子供が一緒でなければだめと答えた。その話になると祖母は熱くなった。戦況がどうなるかはまったくわからなったし、子供を置いていくなんて考えられなかった。それから数十年後、祖母は母にこんな風に説明していた。

多少の人生経験と年齢を重ねた今になって振り返ると、危険が迫っているのに見て見ぬふりをしていたのだとわかるわ。それに、もともと楽観的だから。大変な状況になるとどうにかそこから抜け出そうと考えるのね。解決できないかもしれないとか、悲惨な状況から抜け出せないかもしれないとか、思ったことがないの。だから、あのときもダメかもしれないなんて露ほども思わなかったし、私と子供が悲惨なことになるとも思わなかった。

祖母の文章を読むと、微笑まずにいられない。すごく祖母らしい。鉄のように意志の固い女性なのだ。年をとってくるぶしの軟骨がすり減り、足が不自由になるだろうと医師から告げられても、祖母はただ歯を食いしばって痛みに耐え、ブリュッセルの通りを猛烈な速さで歩き続けた。家を取り仕切り、祖父の外科医院を管理し、家族の資産を運用し、すべてにこまごまと気を配った。厳しく頑固な人で、私が送ったフランス語の礼状を添削して送り返してきたものだ。それでも、ありったけの時間をつぎ込んで私たちの勉強を見てくれたり、私たちが成功するようにどんな活動にも手を貸してくれた。

祖母の人生を見ていた私は、あれほどの決意と楽観性と管理能力と純粋さがあれば偉大な経営者になれたはずなのにと思っていた。祖母が働いていればベルギーの産業界は今とは違う姿になっていたはずだと思ったりもした。もちろん今も、祖母がもっと広い人生の選択肢を持っていたらよかったのにと思う。しかし、祖母のおかげで、祖父は数多くの患者から感謝され、2人の子供はそれぞれに世界に貢献した。祖母は孫たちの大切な受け皿になり、たくさんの人の人生を明るくいいものにしてくれた。

人をケアすることは努力なしにできないことを、祖母はわかっていた。祖母は責任感の塊だった。曾祖母は祖母に、背中が椅子の背に触れないように座りなさいとしつけた（祖母は母と私たちも同じようにしつけようとしていたけれど、それには失敗した）。社会が祖母に与えた役割を祖母は責任を持って受け入れ、その役割が祖母の人生を形作り、人生に目的を与えた。夫や子供を支えるだけでなく、自分の両親、祖父の両親、友人、隣人、長年家事を手伝っていたマリーの面倒も見た。人々の行為に価値とステータスを与えるのは、その社会全体だ。祖父が患者を診ていたのと同じだけ、祖母も家族と地域の世話をすることで、社会的な価値を生み出していたことが、今では私にもわかる。

私たちが「マー」と呼んでいたアメリカ人の祖母は、まったく違う生い立ちだった。1902年生まれのメアリー・マクビー・ホークは、ノースカロライナ州のリンカーントンという田舎町で一人娘として育った。祖母の家族は代々その町で暮らしていた。曾祖父がノースカロライナ州の最高裁判事に任命されると、一家はローリーに移り住んだ。祖母が18歳のとき曾祖母が亡くなり、数年後に曾祖父が亡くなるまでは二人暮らしだった。

1920年代の半ば、祖母は裕福で周りにはたくさんの友達がいた。自宅は社交界の中心になった。現在のセントメリー大学を卒業した祖母は、短いあいだ地元の弁護士事務所で働いた。ひとりでボストンに行ったり、ヨーロッパへ旅行することもあった。当時の写真には、独立してエネルギッシュで大胆で、いよいよこれから自分の人生を生きようとする祖母の姿が写っている。

祖母はノースカロライナ州立大学のフットボール部コーチの助手をしていたエドワード（ブッチ）スローターに出会った。そして恋に落ちた。ふたりは1930年に結婚する。それから間もなく祖父はバージニア大学のラインコーチの仕事に就き、家族はシャーロッツビルに移り住み、その後一生その場所に住み続ける。シャーロッツビルまでは車で北に数時間の距離だったけれど、祖母にとってはまったくの別世界だった。お堅くて、フォーマルで、誰もが人の目を気にしていた。そこでは、祖母は判事の娘ではなくコーチの妻だった。家族のために尽くしていたけれど、以前のような自立した存在には戻れなかった。

祖母の葬儀で、私は祖母が言葉を愛したこと、祖母が子供のころに暗記した詩を父や私たち孫がそらんじていたことを語った。私はよく、祖母なら素晴らしい英語の教授になれただろうと思ったものだ。あの驚異的な記憶力を使えば、弁護士として活躍できたかもしれない。南部出身の人の隣に座っっていくつか質問をしただけで、200年前にさかのぼって私たちの家族とその人の家族がどうつながっているかを言い当てるような人だった。あれだけの才能を、遠縁のいとこを見つける以上のことに使えなかったのは、社会的損失の典型的な例だと思っていた。

そんなわけで、私は昔から祖母の人生を、能力がありながらそれを発揮できなかった最たる例だと思ってきた。私は祖母にとってはじめての孫で、ただひとりの孫娘だった。私にとって祖母は理想のおばあちゃんだった。私は祖母のイニシャルの入った大学の指輪を小指にはめている。いつもそれを見ては祖母を思い出す。私が成し遂げたことの土台には、祖母の無条件の愛と揺るぎない支えがあった。私は祖母がしてくれたことに感謝し、それと同じくらい祖母ができなかったことを残念に思う。

今の私は違う目で家族を見るようになった。私の記事が出たあと、幼馴染が連絡をくれて、私たちが小さい頃に、私の父はほかの父親とすごく違っていたと教えてくれた。私は父にお礼のメールを書いた。そして、1960年代のバージニアの男性がなぜそんなに進歩的になったのかを、生まれてはじめて聞いてみた。訴訟弁護士だった父は数々の離婚訴訟を扱っていた。男性が女性のもとを去り、経済的に自立していない女性が生活していけなくなる姿を何度も見ていた。それで、自分の娘がそんな境遇に陥ることのないようにと、自分に誓ったと言っていた。

だから今は父の別の側面が見える。父が私のキャリアを支えてくれたのは、私の成功を誇らしく思っていたからだけなく、私が必要なときに自立できるようにという思いやりからだった。しかし、私を経済的に自立するよう育てた進歩的な父でさえ、息子たちにはケアの大切さを言い聞かせていなかった。弟のひとり、ブライアンは多忙な弁護士で4人の子供がいる。義妹のジェンも弁護士で、夫婦は対等だ。ひとり目の子供ができたあと、義妹はパートタイムの仕事に移ったが、ブライアンは収入の割合以上に家事や子育てを分担している。この本を書く前は、子供が育つあいだにブライアンがもっと家族との時間を過ごすために仕事を減らしたいかもしれないなどとは思いもしなかった。

義妹のジェンが仕事を減らしたとき、私は彼女がリーダー路線から降りたのだと受け取った。私よりもキャリア志向じゃないんだと思い込んだ。フルタイムで働く夫に頼っている、パートタイムの母親だと見ていたかもしれない。同じような決断をした女性を、労働市場はまさにそう見ている。今、私の目に映る義妹は優秀な弁護士であり、管理者だ。人生の一時期に家族に力を置くことを選んだ人だ。彼女の選択によって社会全体が受ける恩恵が、私には見える。そしてあわただしい子育ての時期はやがて必ず終わる。それからでもまだ彼女は少なくとも15年は思い切り働くことができる。

この本を読んだあと、読者のみなさんが家族を含めた自分の周りと世界を違う目で見るようになることを願っている。なによりも、子供たちの人生がこれまでと違う平等なものになることを願っている。息子たちを見ると、私は胸が苦しくなる。２００９年に私がワシントンに発ったとき、ふたりはまだ12歳と10歳の幼い男の子だった。今では青年になり、自分だけの友達も計画も夢もある。息子たちが私を見下ろす様子に、私はまだ慣れることができない。この本の執筆中に長男のエドワードは大学に旅立つ。息子たちの巣離れはもうすぐだ。

息子を育ててきて、なによりもそれが不安だった。「息子は結婚するまで息子。娘は一生娘」ということわざは、私の弟たちにも義妹たちにもあまり当てはまらないけれど、友達にはそんな人がたくさんいる。女性が家事や子育ての舵を握るとき、たいていは男性よりも両親や兄弟姉妹との関係が親密になる。

息子たちもそうなるのではないかと心配だ。息子たちが素敵な伴侶を家に連れてきてくれて、その人たちも家族の一部になることを私は願っている。そして、彼らが職業人としてのアイデンティティと同じくらい、息子として、兄弟として、夫として、いつの日か父親として存在してくれるのが、私の心からの願いだ。息子たちにも私と同じくらい好きな仕事を見つけてほしい。でも、なにをするにしろ、息子たちがゆるぎない家族を築くことに時間と労力を注いでくれたら、私が誇りに思うことも知っていてほしい。どんな風に家庭を築くかは息子たちの自由だ。息子がお金とケアの両面で伴侶を等しく積極的に支え、また支えられることを願っている。

息子たちがそうなったとき、社会が私に賛成してくれることを願っている。

家族は私たちが花開くための土台になる。少なくとも産業革命以来、私たちは仕事と家庭をふたつの異なる領域に分けてきた。ひとつは男性の世界。もうひとつは女性の世界。仕事の世界に入ってくる女性が増えると、仕事と家庭の関係は、強い力で両極に引っ張られる綱引きのようになった。しかし実際は、家庭が仕事を可能にし、また仕事が家庭を可能にしている。このふたつがお互いを強め合うような世界を作れるかどうかは、私たち次第だ。

私は未来に希望を持っている。私の息子たちもそうだが、ミレニアル世代はデイヴィッド・ブルックスの言う「オレ様」を超えた価値観を理解しているようだ。[*1] エミリー・エスファーニ・スミスとスタンフォード大学のマーケティング教授のジェニファー・L・アーカーは、ミレニアル世代の4分の3は「意義ある仕事」を探し求めているという研究結果から、「ミレニアル探究者」について書いている。「意義」は当然主観的なものだが、「その際立った特徴は、自分より大きな何かとのつながりだ。意義ある人生を送る人は、他者とつながり、仕事とつながり、人生の目的とつながり、そして世界ともつながっている」[*2]。人間のつながりをはぐくむことが、ケアの核にある。

私たちはみな、ケアのために立ち上がることができる。どう考えるかも、どう話すかも、どう計画するか、どう働くか、どう投票するかも変えることができる。女性と男性が心をひとつにすることもできる。そして母や祖母が始めたあの革命に決着をつけ、私たち自身の新たな革命を始めることができる。

よくある質問

もう少し続けましょう！　この本を書いて以来、さまざまな場所で何度もスピーチや講演をし、知的で素敵な女性や男性と対話を交わしてきました。ここで、よく聞かれる質問のいくつかを挙げてみます。みなさんの質問が私の思考をさらに深めてくれています。

1　なぜ「子育てを主に担当する親」が必要なのですか？　それでは、親が競い合うことになりませんか？　ふたりが平等に子育てを担うことはできないのでしょうか？

ふたりが平等に子育てに関わることは可能です。子供が小さくて、両親のどちらもが比較的キャリアの初期にある場合は特にそうでしょう。問題はそれよりもあとです。私の夫もそう言っていますが、昇進や新しい仕事のチャンスがふたりにちょうどいいタイミングで訪れることはめったにありません。ふたりが一緒にキャリアの階段を順調に昇っていれば、いつかどちらかが昇進し、出張が多くなったり、クライアントとの関係で時間が自由にならなくなったりする時期がくるはずです。また、子供が大きくなるにつれて、子育てを人に任せることがだんだん難しくなります。幼い頃は、遊び場に連れて行き、食べさせ、着替えさせ、お風呂に入らせ、学校に入ったら送り迎えを誰かに頼めばこと足ります。ですが、保護者会に出たり、子供のスポーツの試合やダンスの発表会や演奏会を見にいったりするのは親の務めですし、宿題もだんだん難しくなり、ティーンエイジャーになれば友達と何をしているかにも目を配りたくなります。ティーンエイジャーは、あなたが話したいときではなく、彼らが話したいときに口を開くものです。ということは、そばにいて、そんな瞬間を待つしかありません。どこかに車で送っていく途中とか、深夜に部屋にミルクシェイクを持っていってあげるときとか、同じ家の中で子供に見えるどこかで仕事をしているときとか。子供たちが話そうと思ったときにそこにいる必要があるのです。

　この時期に、両親が平等に子育てを分担しようと思えば、ふたりが同時に昇進を遅らせたり、ふたりとも時間の自由になる仕事に移らなければならなくなるでしょう。ですが、そうすると、どちらかがより大きな仕事に就くことで得られた収入を得られなくなります。そこで、多くのカップルはどちらかが仕事を控えて子育てを主に担当し、どちらかが稼ぎ頭になるという選択をするわけです。たいていの場合、女性が子育てを担当することになります。もし女性が本当に男性と対等になれば、どちらが仕事を控えるかについても、より平等に選べるでしょうし、男性と女性のどちらが子育てを主に担当してもいいようになるでしょう。子育てを主に担当する時期は、永遠に続くわけではありません。ですから、子育てを主に担当してきた親が、子供が独立したあとに仕事のペースを上げて、その後、昇進路線を歩んでリーダーとなれるような労働市場を作ることも、もちろん可能なはずです。

2

この本では、介護と育児に価値があると言いながら、その経験を通して仕事の効率や生産性が上がるようになるとも言っています。つまり、収入をもたらす仕事がまだ基準になっているということではありませんか？　介護や育児そのものだけでも、充分に価値のあることではないのでしょうか？（多くの年配の女性から、この質問を受けました）

こう問われて、私は言葉に詰まりました。育児や介護は、仕事と同じくらい人を成長させると私は言い続けてきました。人をケアすることである種のスキルと能力が身につき、それが自分の力になり仕事にもつながると主張していたのです。ですが、一生を家族に捧げてきた女性から、どうして収入のある仕事を基準にすべてを測る必要があるのか、ともっともな問いを投げられました。彼女たちの言うことは正しいのです。誰かのお世話は、それだけで充分にやりがいと価値のあることです。子供、両親、配偶者、祖父母、親戚や愛する人のお世話がなによりも大切だと判断するのはもっともですし、それは実際に重要です。

ですが、どちらも求めている男性と女性は多い、とも思うのです。個人の目標を追求し、必要な場合にはその能力を活かして経済的に自立しながら、家庭を作ったり地域に貢献することで、誰かの成長と成功に誇りと満足を感じるような人生を送りたい（もちろん、それに伴う頭痛もあるわけですが）、と望む人は少なくないと思っています。健康で長生きするには、家族も収入もどちらも必要ですから。

3

家事や子育てを主に担当してくれて、少なくともある時期には女性のキャリアを優先させるような男性を望んでいると女性は言います。でも本当にそれを望んでいるんでしょうか？　自分より収入が少なく、家のことをやってくれる男性に、女性は魅力を感じるのでしょうか？（勇敢な男性がこの質問をしてくれました）

私の話を聞きにきた人たちの多くは、こう考えても人前で質問する勇気はありません。ですが、これは非常に切実な問いです。女性も男性も、こと男性の役割に関しては、いまだに伝統的な役割分担にとらわれています。『リーン・イン』は１００万部を超えるヒットになりましたが、『フィフティ・シェイズ・オブ・グレイ』とその続編はその25倍も売れています。金持ちで力のある強い男性がすべての問題を解決してくれるというおとぎ話に惹かれる人は多いのです。でもそれはおとぎ話でしかありません。おとぎ話は人生の計画の土台にはなりません。ベティ・フリーダンが『新しい女性の創造』で言いたかったことは、女性たちがありえないような「理想の女性像」に添って生きようとしているということでした。完璧な妻であり完璧な母でありながら、神秘的な女性の魅力を振りまき続けられる、そんな人間は存在しない、ということです。女性たちは、そんな神話を否定して、現実の人生に基づいた女性観を求めました。洋服も宝石も子育ても友情も、その他の多くの伝統的な女らしさも持ちながら仕事のできる強い女性を目指したのです。シスコシステムズの最高テクノロジー兼戦略責任者だったパッドマスリー・ウォリアーがアスペン・インスティテュートのステージに上って、美しい靴を指さしながら、大企業の経営陣として仕事をしながらもおしゃれでありつづけることはできると宣言したときのことを、私は今も憶えています。

男性も女性も、そろそろ「マッチョ幻想」を捨てて、それぞれの欲や望みや生き方を認め、本物の人間らしくあるときがきていると思います。仕事をしていてもしていなくても、家事を引き受け、子育てを主に担当したり、親の介護をしたりしている男性は、1960年代や70年代に職場に進出した女性と同じ、先駆者なのです。職場で頑張る妻を支える強い男性はフェミニストですし、伝統的な性的役割の殻を破り、人と違う道を行く夫の自信と勇気を認める強い女性もまた、フェミニストなのです。

4 本当に男性は女性と同じくらい上手に家事ができるんでしょうか？ 男性はマルチタスクが苦手で、子供の生理的な求めを敏感に感じ取ることができないと思います。

この質問には、いつも笑ってしまいます。立派な家庭を築くことを、海軍になぞらえて「軍艦の舵《かじ》をとる」とよく言いますよね。男性はもう何世紀も軍艦の舵をとっています（幸い、今では女性も船を任せられるようになりました）。男性が女性ほど上手に家庭を管理できないと考えるのは、性差別にほかなりません。女性が男性ほど仕事ができないと言うのと同じです。ですが、「同じだけ上手に」ということは、「同じ」ではありません。男性と女性はさまざまに違います。もちろん、性差より個人差の方が大きいことは、研究からも明らかです。ですが、男性と女性には、社会的な刷り込みにも生物学的にも違いがあり、男性が女性と違う方法で家庭を管理する場合も少なくないでしょう。そんな場合、男性のやり方が自分のやり方より劣っていると思ってしまう女性がいるかもしれません。

夫のアンディと私を振り返ってみると、ステレオタイプ通りに私の方がマルチタスクは得意で、夫は何時間もひとつのことに集中できるタイプです（本を書ける程度には私も集中力はあるのですが）。ですから、夫は息子たちと何時間もチェスやトランプをしたり、息子たちの楽器の練習に何時間も付き合ったり、その他の分野でも息子たちの興味や情熱を育てることが得意です。夫は、息子が自分で自分の面倒を見るように息子たちを突き放すことがあり、私はそれが時に不満でした。ですが、息子の自立心が育ったことも確かです。私は駆け引きが嫌いです。誠実さ、人間関係（ガールフレンドから先生との関係まで）、心の支えという点で、息子たちが正しいことをするように倫理的に導きたいと思います。私たちのどちらも完璧な親には程遠い存在ですが、幸い家事を手伝ってくれる人をフルタイムで雇うことができ、そのことで本当に助かっています。女性だから私が夫よりも家のことがうまいと思い込むのは、ひどい性差別だと思います。

5 40代の後半から50代半ばの女性への雇用や昇進の機会がない中で、子育てが一番忙しい期間に仕事のペースを緩めたり、横滑りしたり、仕事を辞めたりしていいのでしょうか？

これは難しい質問です。そして大切な問いです。アメリカには、まだ活用されていない人材の厚い層があります。それが、40代から50代の女性です。彼女たちは家族に注いできたのと同じ力を仕事に注ぐ準備ができています。ですが、企業はその価値と能力に気づいていません。私が「ドロップアウトせず、先送りした方がいい」と勧めるのは、そのためです。子育てや介護に軸足を置いている時期でも、なんらかの仕事を続けていた方が、まったく辞めたあとに戻ってくるよりも、追いつきやすくなるでしょう。

そんな中でも、採用と研修に投資してきたのに、仕事と家庭の両立ができずに職場を去る女性が多いことを認識し始めている企業や起業家もいます。投資銀行には「リターンシップ」(ゴールドマン・サックスの作った言葉)という制度が作られ、しばらく仕事から離れていた社員に戻る道を与えていますし、それが産業界にも次第に広まっています。アイ・リローンチ・ドットコムは、このところ増えている、仕事に復帰したい女性と企業を結ぶサービスです。イギリスにはウーマン・リターナーズ・ドットコムというサイトができました。再就職は簡単ではありませんが、人材獲得競争は熾烈ですし、この層は未開の人材の宝庫です。就職するかわりに、同じような状況にいる女性たちと起業する女性も少なくありません。

6 私はシングルペアレントです。子育てか仕事かを選ぶ余裕はありません。その場合はどうなんでしょうか?

講演会では必ずこの質問が出ます。シングルマザーやシングルファーザーは、自分で選んだにしろそうでないにしろ、ますます増えています。異性の両親とふたり以上の子供という伝統的な核家族は今や少数派です。片親といってもシングルマザーとは限りません。離婚後に共同養育権を得る男性も増えていますし、シングルファーザーになる男性も増えています。結婚しないまま代理母を通じて子供を持つ男性もいます。

私の知るシングルペアレントの多くは女性ですが、みな恐ろしいほど要領が良く、効率的です。シングルマザーといえば、貧しく不利な状況に置かれた白人以外の女性を想像するかもしれませんが、実際には「物事をやり遂げる人」と思った方がいいでしょう。とはいえ、多くのシングルペアレントに助けが必要なことも事実です。親戚の手を借りることも必要ですが、自治体レベルでも、国レベルでも、ケア政策を導入すべきです。有給の育児休暇や介護休暇、手ごろで質の高い保育園や介護施設、予約なしで利用できるケアセンターなどは、カップルよりもシングルペアレントへの恩恵が大きいでしょう。最後にもう一度、家族の定義を考え直した方がいいように思います。血がつながってもつながっていなくても、お互いに愛し、支え合うのが家族でしょう。シェアハウスや地域に優しい政策やテクノロジーを進め、隣人や友達がシングルペアレントを助けて子供やお年寄りのお世話をしやすくなるような環境や、成長した子供たちが親の面倒を見やすい環境を作ることが、シングルペアレントの助けになるでしょう。

7―息子さんたちに、将来についてどんな風に語っていますか？

アトランティック誌の記事が出て数年後、この本を書いているときでさえ、私は息子たちをフェミニストとして育てようとしながら、まだ伝統的な性的役割に囚われて、息子たちは仕事を通して自分を定義づけるものだと思い込んでいました。ですが、今では、家族が彼らの支えになり、やりがいと成長の源になる大切なものだと伝えています。息子はどちらも芸術の道に進もうとしているので、もし結婚した相手が男性であれ女性であれ安定的な収入のある人なら、息子たちが子育ての主導権を握る立場に立つ可能性が高いことも、もちろん話しています。それから、私と夫の面倒も、必要な場合には少なくともなんらかの形で見る心構えもしてほしいと伝えています。

もし娘がいたら、経済的に自立できなければならないし、その準備をするように伝えるでしょう。人生は長く、予期せぬことが起きるものです。誰でも経済的に自立できることが欠かせません。やむを得ず自立することもあるでしょうし、そうしたくて自立することもあるでしょう。子供たちに望むのは、幸せに長生きしてほしいということです。親としての私たちの仕事は、人生のさまざまな局面を乗り越えられるように、子供たちを準備させてあげることです。

8―ヒラリー・クリントンの下で働いた感想は？

ヒラリーは素晴らしい上司です。自分のスタッフだけでなく国務省の全員が家庭と仕事を両立しやすいように、できることをすべてしてくれました。家庭の事情で、閣僚よりも遅く出勤したり、早く帰ったり、会議に出られなかったり、一時的に自宅から仕事をしたりといったことを許してくれました。ですが同時に、納税者のお金を無駄にしないことにも気を配っていましたし、国の利益を優先させる責任も感じていました。仕事を片付けることは必須でしたし、自分たちのスケジュールよりも世界のスケジュールに合わせなければなりませんでした。ですから、私が週に数日だとしてもニュージャージー州のプリンストンから国務省の仕事をするのは不可能でした。

9―男性上司より厳しい女性上司についてしまったら、どうしたらいいですか？

この質問があまりに多いので、私は落ち込んでしまいます。年配の女性の下で働くのは年配の男性より大変だという女性は多いのです。まず、その女性が、今よりもはるかに女性差別のひどい環境でここまできたことに敬意を表したいと思います。私より10歳ほど年上の、１９７０年代はじめに社会に出た女性たちが男性社会の中で差別に立ち向かい、私たちのために扉を開けてくれなければ、私たちは今ここに立っていなかったでしょう。ですから、そのことに感謝したいと思います。それから、ひと世代前にキャリアを築いた人たちは全員、医師から投資銀行家から大学教授まで、自分たち流以外は「生ぬるい」と思っていることも、理解する必要があります。ご両親が、自分たちの時代がどれほど厳しかったかを説教していたでしょう！　その上で、あなたの上司の起こした革命が環境を変え、男性にも女性にも育児や介護と仕事の両立を可能にしたこと、そのおかげで多くの女性が仕事を続け成功していることを、率直に語り合う努力をしましょう。

正直に言えば、それでもあまり前進はないかもしれません。その場合には、フェミニストの秘密の武器を探しましょう。娘を持つ年配の男性です。自分の愛する、知的で教育程度の高い、野心を持つ娘が、子育てをしながら仕事を続けることができなくなってはじめて、職場の障害に気づく男性は少なくありません。そんな年配の男性を委員会に引き入れて、「21世紀のより良い働き方」を推進する政策を作りましょう。また、そんな男性を自分の上司にするように働きかけるという手もあります。

10

あなたの主張は、どちらかと言うとエリートのフェミニズムではありませんか？　いわゆる「大企業の白人フェミニズム」的なものではないでしょうか？　「すべてを手に入れる」よりもただ生き抜くだけで精いっぱいの、ほとんど選択肢のない大多数の女性たちはどうなんでしょう？

自分の出自や自分が歩んできた道から逃れることはできません。私は確かに恵まれた白人です（大企業勤めではありませんが）。ですが、「なぜ女性はすべてを手に入れられないのか」という アトランティック誌への投稿とこの本には、ある大きな違いがあります。2012年には「どうしたらより多くの女性がトップに昇れるか」が私の関心事でした。しかし、それは恵まれた女性が直面する問題であって、大多数の女性、特に低収入の女性たち、しかも白人以外の層が直面する問題ではないことに気づかされました。

逆に、「ケア」に注目すれば、恵まれた女性たちがお金で解決している問題が見えてきます。育児や介護の国家的なインフラから最も恩恵を受けるのは、所得層の底辺にいる女性たちでしょう。そうした女性たちは、一家の大黒柱として収入を得ながら子育ても介護もひとりでこなし、有給休暇などなく、しばしば仕事か家族かをやむを得ず選ぶ局面に立たされ、手頃で質の高い保育園や介護施設などほとんどないような状況に置かれています。ケアに価値を置くということは、有償であれ無償であれケアの担い手に価値を置くということです。アメリカでケアの仕事に従事している人のほとんどは、非白人女性です。その賃金は、犬を散歩させる人やバーテンダーや駐車場の係員と同程度です。蒲艾真は全国家庭内労働者協会で、この問題を取り上げています。また『尊厳の時代』という著書で、私と同じように、ケアのインフラを作ることを呼びかけています。

私は文章でも講演でも、「すべてを手に入れる」というフレーズを使わないようにしています。そうではなくて、すべての人に役立つものに目を向けましょう。そして私たち全員が、愛する人をケアできるような文化と政策と体制を作ることを目指しましょう。

謝辞

私が考えていたことを本にする作業は、これまでで一番難しい仕事だった。例の「なぜ女性はすべてを手に入れられないのか」がアトランティック誌に出る1週間前、私はエージェントになにがあっても仕事と家庭についての本は書かないと断言していた。外交政策の本を書きたかった（今もそうだ）。それなのに、2週間後には契約を結んでいた。あの記事への津波のような反応が私の気持ちを変え、このトピックについてもっと多くの声を反映しなければならないと確信したからだ。あの記事が出た後に、私に直接メールをくれたり、オンラインで議論に参加し、コメントしてくれた人たちにまず、お礼を言いたい。その中には友人も元生徒もいた。ほとんどはまったく知らない人たちだった。全員に返事ができなかったことを申し訳なく思う。でも、批判も含めていただいた手紙やメールにはすべて目を通し、それが私の思考を形作ってくれた。

読者のコメントはその後も続き、それは私にとって聞けば答えてくれる「こだま」のような存在になった。私は女性団体で何百回となく講演をした。地方の高齢者。投資銀行家。営業担当者。学生。外交官。弁護士。人事担当者。起業家。コミュニティ団体。質問を受けたりコメントをもらったあとは必ず、そうした意見と私の感じたことを書き留めた。そんな中で、私の心にいまだに突き刺さっているやりとりがある。聴衆の奥の方で静かに座っていた女性が講演のあと、立ち去ろうとしていた私を脇に呼んでこう言った。20数年前、彼女は障害児の息子を抱えていた。彼女は仕事を辞め、自分の夢を諦めて、息子の世話をした。彼女は私の記事と講演に礼を言ってくれた。この20年間、自分を負け犬のように感じていたと言う。彼女の顔がいまだに目に浮かぶ。そのとき胸にこみ上げた感情も憶えている。あれほどの勇気と強さを持った人が、社会の期待に添えないと感じ、余分な重荷を抱えて生きていかなくてはならないなんて。彼女はある意味でお手本だ。少なくともアメリカ社会はもっと彼女のような人をお手本にできる。キャリアよりも家族を優先させたあの女性や彼女のような無数の女性たちに礼を言うべきなのは、私たちの方なのだ。

この本を書き始めてから、これまで知らなかった研究、評論、報告、意見、ブログ、ツイートの世界に遭遇した。何年も仕事と家庭の問題について考えたり書いたりしてきた非凡な男女のグループの仲間に入れてもらった。そうした人たちがリンクや記事や本や意見を次々に送ってくれた。ツイッター仲間のナネット・フォンダ、カリ・ヨスト、クリスティン・マスチェカ、パトリック・フィッツギボンズ、そしてハンドル名しか知らない多くの仲間に感謝している。ジャーナリストたちにもお礼を言いたい。マリア・シュライバー、リサ・ベルキン、ＫＪ・デル・アントニア、アナンド・ギリダラダス、ティム・クレイダー。バンカーで慈善事業家のエイドリアン・アルシュット。１９８５年に『母親の仕事』を出版したデボラ・ファロウズには特に感謝している。あの本は当時の30年先を行っていた。今なら『親の仕事』というタイトルになっていただろう。

学術とシンクタンクの世界では、まずジョアン・ウィリアムズに感謝したい。メディアから一気に注目を浴びたときに最初に私が電話をかけたのが、今では必読書になった『不屈の性』を書いたジョアンだった。家族と仕事研究所のエレン・ガリンスキ、ボストン大学の高齢化と仕事問題研究所のマーシー・ピット－カトソウフ、プリンストン大学の子供の健康センターのサラ・マクラナハン、ウォートンスクールのスチュワート・フリードマンと彼の率いるワークライフ統合プロジェクト、ハーバード・ビジネススクールのロビン・エリー、ジョージタウン・ロースクールのチャイ・フェルドブラムとケイティー・コリガン、マッキンゼーでコアリーダーシッププロジェクトを率いるジョアナ・バーシュに感謝する。彼ら彼女らの価値ある仕事に助けられた。

女性と仕事と家族に関する研究に長年資金を提供してくれたアルフレッド・P・スローン財団のキャスリーン・クリステンセンには、私たち全員からお礼を言いたい。

マクロ経済学、心理学、社会学、政治学、ジェンダー研究の多くの偉大な研究者が、その人生を調査と分析と理論形成に捧げ、男女平等についての思考と知識の限界を広げてくれた。分野は違うが同じ研究者としてこれほどの仕事にはどれだけ言葉を尽くしても感謝しきれない。クラウディア・ゴールディン、セシリア・ロウズ、ローレンス・カッツ、キャスリーン・ガーソン、パメラ・ストーン、アーリー・ホックシールド、ステファニー・クーンツ、ロイス・ホフマン、リズ・ヤングブレード、フランシーヌ・ブロー、ジョアン・トロント、サラ・ラディック、キャロル・ギリガン、デイヴィッド・A・J・リチャーズ、マーザリン・バナジ、レスリー・パーロウ、シルビア・アン・ヒューレット、その他大勢の研究者にお礼を言いたい。

執筆という作業は、さまざまな情報源から大量の情報を取り込んで一連のアイデアやストーリーに落とし込み、そのアイデアを生きたものにすることだ。少数精鋭の学生ボランティア軍団が受信箱にあふれるメールをすべて整理してくれたことに感謝している。ブレット・ケラー、キャット・ムーディ、アレクサンドラ・ウッツィー、ミカ・バンパス、そしてカール・ウェストファル。調査助手になってくれた優秀な若い女性たちにもお礼を言いたい。ハナ・サフォード、ベルタ・バックアー、レベッカ・グリンドレー、ジュリー・ローズ、アン・フランシス・ドゥーフィー、リリ・ティマーマン、ジョイス・ジャン、ジュリア・テイラー・ケネディ。あなたたちがいなければ、この本は書けなかった。

ジェシカ・グロースはリサーチャーとして、ストーリーテラーとして、なんでも相談できる相手として、替えのきかない存在だった。グレース・ローゼンは短期間だったが注の整理を手伝ってくれた。そして、信頼できる読者チームにも感謝している。アリソン・ストレンジャー、ビル・バーク‐ホワイト、ノラ・ジョフ・エリシュ、ジャニー・バトル・リチャーズ、そしてコーナー・ウィリアムズ。トム・ヘイルとミッシェル・ノリスージョンソンは急な頼みにもかかわらず、重要な部分を読んでくれた。ニン・アンドリューズはタイトルと装丁に関して素晴らしいアドバイスをくれた。ジュディ・エデルシャイムは人生の物語を私に託してくれた。

ボブとナン・コーハン夫妻は、的を得た指摘をしてくれたばかりか、この本に深い影響を与えてくれた。ふたりの愛と支えと業績は夫と私のお手本だ。ふたりの友情とワインと楽しい会話は、執筆中の長い週末を明るくしてくれた。

２０１３年の９月に私はニューアメリカ財団のＣＥＯに就任した。この本の完成に向けた数か月のあいだ、辛抱強く支えてくれたニューアメリカ財団の仲間たちに、心からの感謝を送りたい。リサ・グアンシーと彼女が率いる早期教育チームは、０歳から８歳までのケアと教育の劇的なインパクトを私に教えてくれた。リズ・マンディ、エリザベス・ワインガルテン、ブリジット・シュルツは養育とケアのプログラムで素晴らしい調査と執筆をしてくれた。デイヴィッド・グレイはこの分野で貴重な男性の意見を提供してくれた。

アトランティック誌のデイヴィッド・ブラッドリーと優秀なチームにも感謝したい。コービー・クマー、ドン・ペック、スコット・ストッセル、そしてジェイムズ・ベネットは、あの「なぜ女性はすべてを手に入れられないのか」を信じてくれた。あの記事がなければ、この本は生まれていなかった。そして、初期の読者チームのみんな、シャーリー・ティルマン、マーサ・ミノウ、ナンシー・ワイス・マルキエル、ケイト・ライリー、レベッカ・ブルーベイカー、そしてレベッカ・ストーン、ありがとう。

ケアについての本を書く上で、この３年間、私をさまざまな形でケアしてくれた人たちにも感謝したい。ダイアン・スピーゲル、ジョイス・ホフマン、スティーブ・ケネリー、アジズ・エル＝バダウイ、ジミー・リード、そしてワシントンのルームメイトで昔からの親友のエイミー・マッキントッシュとジェフ・トービン。

ランダムハウスの編集チームは手取り足取り私を支えてくれた。賢く、温かく、素敵なスーザン・カミルは、最初のミーティングでこう言った。「おばあさんのことを教えて下さい」。その言葉が私に違う発想を与えてくれた。スーザンは飴と鞭を上手に使って私の背中を押し、アトランティック誌の記事をはるかに超えるものを書かせてくれた。ジェシカ・シンドラーとサム・ニコルソンはスーザンと協力して私の知見を磨いてくれた。サムはグループで唯一の男性として、特に役に立ってくれた。サムが皮肉でもなんでもなく「省略の美学」を真剣に私に教えてくれたことは、いまだに忘れられない。プリンストンを卒業したばかりの彼が、大学院の学部長に文章の書き方を教えていたのだから！　それでも、彼のおかげできっとこれからはもっと上手に書けるようになるだろう。ランダムハウスのマーケティングと宣伝チームにも大変お世話になった。テレサ・ゾロ、サリー・マービン、ロンドン・キング、プーナム・マンサ、リー・マーチャント、アンドレア・デワード、マックス・ミンクラー、ありがとう。優秀なコピーエディターのエイミー・ライアンとベス・ピアソン。校閲のナンシー・エルギン。デザイナーのスーザン・ターナー。装丁のベン・ワイズマン。そして制作マネジャーのサンドラ・スジャーセン。そのほかのランダムハウスのみんな。社長兼発行人のジーナ・セントレロ、副発行人のトム・ペリー。顔を合わせる機会がなかったけれど、タイトルや印刷や販売までさまざまな面で苦労してくれた人たち。緊急時に助けてくれた、リッピンコット・マッシー・マキルキンのアマンダ・パニッチにも感謝する。

アシスタントのハナ・パッセンが私のもとで働き始めたのは２０１２年9月。ハナは私の執筆過程のすべてを見ていた。肩書こそ「アシスタント」だが、実際には私の生活管理責任者で、研究助手のチームからランダムなフォーカスグループまで、すべてをまとめ上げてくれている。この原稿を何稿も読み、意見をくれた。本当にありがとう。

テリー・マーフィは、家族を大切にする人は仕事も一流で、一生頼りになる存在だということを証明してくれた。ハーバード・ロースクールにいた私のもとで、テリーは１９９０年代の終わりから働き始めた。彼女がルーマニアから息子を呼び寄せたあとは、必要に応じて遠隔勤務ができるような環境を整えた。15年後、彼女自身が博士号を取得し、プロの編集者になり、娘と息子を育てあげ、今も私にとって欠かせない存在であり続けている。テリーもこの原稿を読み、鋭い意見をくれ、情報源を追跡し、脚注を確かめてくれた。彼女は母親としてこの本の生きた見本でもある。

リッピンコット・マッシー・マキルキンのウィル・リッピンコットは、世界最高のエージェントだ。直接、そしてメールでも、電話でも、彼はいつもそばにいて私を支えてくれた。彼が私の代理人であることを誇りに思うし、友人として彼を信頼している。

この本では自分の家族のことをたびたび書いてきた。昔からそうだったように、今回も家族は私の一番の応援団になってくれた。この3年間、休暇中や家族の集まりでいつも、「本はどうなってる?」と聞いてくれた。最終稿が出来上がるまで助言をくれ、改善点や言い回しを教えてくれた。友達に言わせると、私は「親のあたりくじを引いた」らしい。確かにそうだ。母のアン・スローターは80歳にしてなお心身ともに美しく、その場を明るくしてくれる。父のネッド・スローターは人格と誠実さの本当の意味を私たちに教えてくれた。弟のブライアンとホーク・スローター、義妹のローレル・ベケット・スローターとジェニファー・チオッカ・スローター。いつまでも一緒にダンスを踊れますように。特に弟のホークはこの原稿を2度読んで、注意深い意見をくれ、何度もメールでさまざまな指摘を送ってくれた。おかげで、ランダムハウスの私の担当者たちにも彼の名前が知れ渡った。そして、夫のアンディの家族にもお礼をしたい。フランチェスカ・モラビシックは「第3の人生」でシニアアスリートとして大活躍している。義妹のジュリア・モラビシックは強くてしなやかなシングルマザーだ。才能あるエドワード・フレッチャーはいとこでもありメンターでもある。そしてエディス・モラビシックは私たちみんなの面倒を見てくれている。

ケアの意味を教えてくれた親戚のみんなにも感謝する。アレキサンダー・スローター、メアリー・ピープルズ・スローター、メアリー・ホーク・スローター、デイヴィッドとジョディ・スローター、ジョージアン・チオッカ、ジャン・ミシェル・リンボッシュ、クリスティアン・ルクレア、キャロライン・リンボッシュ、アンリ・バン・デ・ベルデ、ジャン-フレデリック・リンボッシュ、ミッシェル・ワーデル、パトリック・リンボッシュ。甥と姪たちにもお礼を言いたい。ジェーン・スローター、リビー・スローター、ケイト・スローター、マイケル・スローター、グウェン・スローター、ショーン・ボウリング。あなたたちが大きくなったらこの本を読んでもらえると嬉しいし、それがあなたたちの選択の参考になることを願っている。一番上の姪のリリー・スローターが最初の仕事として小学校の教員助手を選んだことを誇りに思う。彼女は両親が与えてくれた愛と教訓を、子供たちに注いでいる。

もうこの辺でおしまいにしよう。省略の美学を私が身に着けていないのは明らかだ。でもこの本を3人の男性に捧げたい。アンディ、この物語は私のものであり、あなたのものでもある。この本は野心に燃える意志の強い2人が、純粋に対等な結婚を求める物語だ。深い愛と献身に満ちたその旅は、山あり谷ありだった。あなたは私について来てくれた。プリンストンに、中国に、政府の仕事に、そしてまたプリンストンに。あなた自身も学者として成功しながら、思いがけない形で子育ての主導権を握ってくれた。あなたがいなければ、今の私はなかった。そしてなにより、あなたは私を笑わせてくれる。自分に対して笑っていられるのは、あなたのおかげだ。すべてのことに、ありがとう。

息子のエドワードとアレキサンダーへ。この本を書きながら、自分を世界一の偽善者だとずっと感じてきた。息子たちと一緒にいるために家に戻ったと書きながら、この本を仕上げるためにコンピュータから片時も離れられなかったのだから！　ふたりならよくわかっていると思うけど、私にとって「家にいる」という言葉にはいろいろな意味がある。「今後2週間はすごく忙しいけど、そのあとは……」。それでも、あなたたちの母親であることを誇りに思い、幸せに感じている。あなたたちがどう思っているか知らないけれど、親の仕事は永遠に終わりませんから！（と願っている）。

日本語版解説――私のUnfinished Business

篠田真貴子（株式会社ほぼ日取締役ＣＦＯ）

２０１２年、“Why Women Still Can't Have It All”（なぜ女性はすべてを手に入れられないのか）という記事が、アメリカで大変話題になりました。その記事を発端にして、３年をかけてまとめられたのが、本書です。記事と本書の著者であるアン＝マリー・スローターさんは、名門プリンストン大学の教授で、外交を専門にしていました。また、彼女はオバマ政権で国務省の幹部に就任しています。外交を専門にするスローターさんが、なぜ、女性のキャリアに関する本を書いたのでしょうか。それは、彼女が、華々しい外交のキャリアと家庭のはざまで大いに葛藤したからでした。

２００９年、スローターさんは国務省の政策企画本部長に就任しました。それは、外交の専門家であるスローターさんにとって、キャリアをステップアップさせるための大きなチャンスでした。彼女は中学生と小学生の息子を大学教授である夫に任せ、自宅から２５０キロ離れた首都ワシントンＤＣへの単身赴任を決めます。ところが赴任後、中学生の息子が問題行動を繰り返すようになってしまいました。スローターさんは息子と向き合ううち、「息子たちの近くに戻りたい」という自分の気持ちに、徐々に気づいていきます。せっかく掴んだチャンスでしたが、結局、スローターさんは２年で国務省を退職することになりました。

スローターさんは、２０１２年の論考でこの経験をまとめ、前述の記事を書きました。「自分は『努力すれば仕事と家庭を両立できる』と信じて疑わず、後輩女性にもそのようにアドバイスしてきたけれど、必ずしもそうではないとわかった」。スローターさんは記事のなかでそんなふうに問題提起しました。

記事への反応は世代によって大きく二分された、とスローターさんは本書で書いています。スローターさんと同年代や上の世代は「今日まで培った女性活躍の土壌を損なう」と記事を非難する向きが多く、逆に下の世代は「よくぞ本当のことを言ってくれた」と共感を寄せたそうです。世代によって賛否が分かれた背景には、アメリカにおける女性活躍の歴史と現状があります。アメリカのウーマン・リブ運動は１９６０年代から盛り上がり、女性に対する伝統的な固定概念の打破を目指しました。スローターさん自身は、ウーマン・リブを率いた人たちの「娘」の世代にあたります。スローターさんの世代は、「これからの時代は、努力すれば男性と遜色ないキャリアが手に入る」と信じて育ちました。しかし、スローターさんが社会に出た１９８０年代、アメリカでは日本のような産休・育休制度が整備されておらず、公的な保育園の仕組みもありませんでした。そしてその状況は、今日に至るまで大きく変化していません。つまり、アメリカという国は、女性活躍の意識は高いものの、現実的な面からいえば、子育てしながら働くにはたいへん厳しい環境にあるのです。私はアメリカでＭＢＡをとりましたが、卒業後、同級生のアメリカ人女性たちから、夫の転勤に伴って仕事を辞めた、あるいは育児との両立のため安心できる預け先探しに苦労し、シッターさん候補を十数人も面接した、などの経験談を聞いています。このように、スローターさんより若い世代では、働き続けたい女性は増えたものの、多くの人が仕事と育児の両立の難しさに直面し、上の世代の掲げる理想と現実との狭間で葛藤しています。その葛藤を捉えたのが、スローターさんの論考でした。

本書では、まずPart1で、そうした理想と現実のギャップを「ウソとホント」という形で描き出しています。女性のキャリアと家庭の両立、家庭にもっとコミットしたい男性の視点、また育児への専念によって生じるキャリアの中断に関して、一般的な社会通念と現実を対比しながら問題提起しています。続くPart2では、Part1で示した多岐にわたる課題の解決の糸口として、問題を「女性のキャリアと家庭」から捉え直し、「競争とケアのバランスの見直し」に再定義しようと提案しています。「人間は社会の中で他者と競争し、同時に他者をケアしながら、発展してきた。競争もケアも、どちらも等しく本源的な人間の性質だ。しかし、現代のアメリカは、競争に高い価値をおき、ケアには価値を認めていない。このひずみが、課題の根幹ではないか」。スローターさんは、そう指摘しています。そしてPart3では、「ケア」の価値をもっと理解することから始めようと、家庭、キャリア、職場、社会の4つの領域において、一歩踏み出すためのアイデアを提案しています。

私は、本書をまるで自分のための実用書のように読みました。私には、中学生と小学生のふたりの子がおり、会社員としてずっとフルタイムで働いてきました。子供たちを出産したときは外資系大企業の中間管理職で、仕事を続けたくて保育園に入りやすい地域に引っ越し、出張のたびに育児のやりくりに奔走していました。海外転勤の打診があったときは、家族が日本から離れられないことを理由に断り、組織人として失格かも……と悩んだこともありました。ですから、本書に描かれた「ウソとホント」は私の経験と重なり、何か所も線を引いて「そうそう！」と共感する気持ちを欄外にメモしながら読み進めることになりました。

ところが、さらに読み進めるうち、私自身が思い込みに縛られて、現実をあるがままに受け入れられていないかもしれない……と気づきはじめました。たとえば、あるとき、家のPCで「女性は仕事と家庭を両立できない？」という記事を読んでいました。小学生の娘が覗き込んでそのタイトルを読み、「ママ、両立できないって本当なの？」と私に尋ねました。「両立できるわよ」と私は即答しました。しかし「ママは、どう？」と娘にたたみかけられたとき、私は一瞬躊躇してしまったのです。「できてると思うけど……」。そのとき私は、娘に対して「ママは両立できている」とスパッと言い切れない自分に直面して、ちょっと動揺しました。たとえば子供が下校する時間、私はほとんど家にいません。夕食を準備する時間までには帰宅しているけれど、子供にとってはいつも家にいるお母さんのほうがいいのかもしれない。フルタイムのお母さんと同じようにできてはじめて「両立」と言える。そんな価値観が私の心の奥底にまだある、ということに直面してしまったのです。

また、こんなこともありました。育児や家庭運営にしっかりコミットしている男性と話す機会があったのですが、彼の話を聞きながら、実は、私は心の中に「男性がそこまでする必要があるのかな？」というわずかな引っかかりを感じたのです。もちろんそんなことは口に出さず、むしろ彼の姿勢に疑問を感じた自分の偏見に近い気持ちを努力して抑えつけました。本書を読んで、そのとき自分の中に封印した育児に対する古い価値観を、生々しく思い出しました。仕事と育児を両立するという理想。あるいは、両立できるという信念。そして、両立の負荷が周囲に理解されないことへの不満と、理解されなくても頑張っているというねじれたプライド。私のなかには、そういった複数の価値観がばらばらと存在しているように思います。

本書を読みながら、私はそういった自分の中にある複数の価値観にひとつひとつ向き合っていくような気持ちになりました。読みながら過去のさまざまな出来事を少しずつ思い出し、自分が信じてしまっている「ウソ」の根強さにため息をつき、直面を避けていた「ホント」に出会い直すような感覚を味わいました。

Ｐａｒｔ２にある「競争とケア」に関する主張は、本書の中核です。「競争」と「ケア」は、どちらも人と社会にとって歴史を貫く概念であり、人の本性に関わるとても本質的な要素です。私は、この概念を知ることで、広い課題に対しても、個人的な課題についても、捉え方を深めることができました。たとえば現在の日本の女性活躍推進の取り組みに対し、私は、経済偏重に過ぎ、表層的だと感じています。しかし、なぜ自分がそう感じるか、うまく説明できていませんでした。改めて考えると、現在の日本にも、競争に高い価値を置く一方で、ケアに低い価値しか見出さないという歪んだ価値観が根強くあります。それは、人間社会の歴史から見るとバランスを欠いたものであるにも関わらず、そのバランスの悪さを問い直した議論はなされていません。現在の女性活躍推進の議論に私がどこかで賛同できない理由は、これかもしれない。本書を通して、このように整理ができました。

また、個人的な課題でいえば、私自身も、育児を通して「競争とケア」のバランスをたびたび調整していたことを思い出しました。たとえば、私が会社に間に合う時間に家を出られるように段取りを組んでも、赤ちゃんは、出かける直前におむつを盛大に汚してしまったりします。毎日そのような事件に直面し、私は、仕事は先を見通すことが大事なのに対し、育児は仕事の真逆で、見通しにこだわらずに受け入れることが大事なんだ、と痛切に感じるようになりました。言い換えれば、「競争」に過剰適応していた私でしたが、育児を通して「ケア」の力を身につけ、「ケア」の価値に気づいていったのだと思います。それは、人間として、そして職業人として、貴重な成長機会でした。本書を読むことは、そういった自分の成長や経験をあらためて整理するという貴重な機会になりました。それは、ある面では過去の肯定であり、同時に未来への新しいテーマ設定でもあります。

最後になりますが、本書には、仕事と家庭を両立する具体的な方法のようなことは書いてありません。それでもこの本は、私にとって、そして多くの育児や介護などのケアに関わる仕事人にとって、意義ある実用書であり得ます。なぜなら、「何を大切にして毎日生きていくか」を自分に問い、矛盾も含めた自分と向き合うよう、背中を押してくれるからです。はっきりした答えがほしい人には、あまり親切な本ではないかもしれません。しかし、考えてみてください。「競争とケア」という人間の本性を自分の人生にどう取り込むかということを自らに問うことなく、職場や家庭で要領よく周囲の期待に応える術をだけ一生懸命覚えても、後でむなしくなるだけではないでしょうか。本書の原題は"*Unfinished Business*"、「まだケリのついていない積み残しの仕事」という意味です。本書を手にしたあなたのunfinished businessは何でしょうか。それを自問自答し、自らの課題として捉えなおすことに、著者が本書にこめた意義があるのです。

dream/2013/08/14/c2fc6092-04fa-11e3-88d6-d5795fab4637_story.html.

＊49　Raj Chetty, Nathaniel Hendren, Patrick Kline, and Emmanuel Saez, "Where Is the Land of Opportunity? The Geography of Intergenerational Mobility in the United States," *Quarterly Journal of Economics* 129, no. 4 (2014): 1553-1623.

＊50　Claire Cain Miller, "Can Family Leave Policies Be Too Generous? It Seems So," *New York Times*, August 10, 2014, nytimes.com/2014/08/10/upshot/can-family-leave-policies-be-too-generous-it-seems-so.html.

＊51　Francine D. Blau and Lawrence M. Kahn, "Female Labor Supply: Why Is the US Falling Behind?," Institute for the Study of Labor Discussion Paper No. 7140, January 2013, ftp.iza.org/dp7140.pdf. ブラウとカーンは，アメリカにおける女性の労働参加率は，有給の家族休暇がないために低下しており，同じ原因で女性がより管理職や専門職につく可能性が高まるとしている．「一方で，このような（有給の育児介護休暇がない）政策は，キャリア志向の低い女性（または，仕事を減らすことを望むような人生の段階にある女性）が労働力に加わることを促す．他方で，有給の育児介護休暇やパートタイム期間が長すぎると，仕事熱心な女性でもパートタイムや低レベルの地位を選ぶ方向に促してしまうことになる．さらに，雇用主から見ると，どの女性がこうした選択肢を選ぶかわからないので，キャリア志向の高い女性への統計的差別につながる場合もある」．

＊52　Carol Gilligan, *Joining the Resistance* (Cambridge, UK: Polity Press, 2011), p. 25.

＊53　Christopher L. Eisgruber and Lawrence G. Sager, *Religious Freedom and the Constitution* (Cambridge, MA: Harvard University Press, 2007), eBook, loc. 53 of 3816. 法学者のアイスグルーバーとセイジャーは「平等な自由」という言葉を作り出した．この言葉は宗教の平等と自由に必要なふたつの考え方を議論するためのもので，そのうちのひとつは「平等な敬意」である．

おわりに

＊1　David Brooks, *The Road to Character* (New York: Random House, 2015), p. 6.（ブルックス『あなたの人生の意味』）

＊2　Emily Esfahani Smith and Jennifer L.Aaker, "Millennial Searchers," *New York Times*, November 30, 2013, nytimes.com/2013/12/01/opinion/sunday/millennial-searchers.html.

＊45　Gretchen Livingston, "Among 38 Nations, U.S. Is the Outlier When It Comes to Paid Parental Leave," Pew Research Center, December 12, 2013, pewresearch.org/fact-tank/2013/12/12/among-38-nations-u-s-is-the-holdout-when-it-comes-to-offering-paid-parental-leave; Sarah Thompson, Robin Osborn, David Squires, and Miraya Jun, eds., "International Profiles of Health Care Systems, 2012," Commonwealth Fund, November 2012, commonwealthfund.org/~/media/Files/Publications/Fund%20Report/2012/Nov/1645_Squires_intl_profiles_hlt_care_systems_2012.pdf.

アメリカは国民皆保険制度と母親の有給の産後休暇制度のない，数少ない先進国のひとつである．一方で，父親の育児休暇制度のある国もあり，一部の国はその制度が充実している．ノルウェー，アイルランド，アイスランド，スロベニア，スウェーデン，ドイツでは父親に8週間以上の有給の育児休暇を与えている．

高齢者や慢性病を抱えている人に対して，デンマークは手厚いケアを提供している．コモンウェルス財団によると，この何年かのあいだに施設介護は奨励されなくなり，在宅介護推奨の方向に政策が意識的に切り替えられた．慢性疾患患者の大半は在宅介護を望んでいる（アメリカでは高齢者の大半も在宅介護を望んでいる）．デンマークでは，医師の紹介のある在宅看護（*hjemmesygepleje*）は無料である．永久在宅介護（*hjemmehjælp*）は無料だが，一時的な在宅介護は収入によって費用を負担することになっている．単身者なら年収DKK138,600（US$23,776）以上，カップルならDKK208,200（US$35,715）以上が基準である．

＊46　T. R. Reid, "Norway Pays Price for Family Values," *Washington Post*, November 1, 1998, cited in Ann Crittenden, *The Price of Motherhood: Why the Most Important Job in the World Is Still the Least Valued* (New York: Henry Holt, 2002), p. 192.

＊47　"A Family Affair: Intergenerational Social Mobility across OECD Countries," OECD Economic Policy Reforms, Going for Growth, 2010, oecd.org/tax/public-finance/chapter%205%20gfg%202010.pdf.

＊48　Raj Chetty, Nathaniel Hendren, Patrick Kline, Emmanuel Saez, and Nick Turner, "Is the United States Still a Land of Opportunity? Recent Trends in Intergenerational Mobility," *American Economic Review, Papers and Proceedings* 104, no. 5 (2014): 141-47; Miles Corak, "Social Mobility and Social Institutions in Comparison: Australia, Canada, the United Kingdom, the United States," Sutton Trust/Carnegie Foundation Seminar on Social Mobility, London, May 21-22, 2012, milescorak.files.wordpress.com/2012/05/social_mobility_summit_v3.pdf; Rana Foroohar, "What Ever Happened to Upward Mobility?," *Time*, November 14, 2011, content.time.com/time/magazine/article/0,9171,2098584,00.html; Fareed Zakaria, "The Downward Path of Upward Mobility," *Washington Post*, November 9, 2011, washingtonpost.com/opinions/the-downward-path-of-upward-mobility/2011/11/09/gIQAegpS6M_story.html; Fareed Zakaria, "Social Immobility Erodes the American Dream," *Washington Post*, August 14, 2013, washingtonpost.com/opinions/fareed-zakaria-social-immobility-erodes-american-

＊26　同上, p. 188.
＊27　同上, p. 198.
＊28　同上, p. 318.
＊29　Ai-jen Poo, *The Age of Dignity*, pp. 2-4, 24.
＊30　Nancy Folbre, ed., *For Love and Money: Care Provision in the United States* (New York: Russell Sage, 2012), p. 187.
＊31　Ai-jen Poo, *Age of Dignity*, p. 4.
＊32　Nancy Folbre, Candace Howes, and Carrie Leana, "A Care Policy and Research Agenda," in Nancy Folbre, ed., *For Love and Money: Care Provision in the United States* (New York: Russell Sage, 2012), pp. 183-204.
＊33　"Military Child Care: DOD Is Taking Actions to Address Awareness and Availability Barriers," Government Accountability Office, February 2012, gao.gov/assets/590/588188.pdf.
＊34　Marcy Whitebook, Deborah Phillips, and Carollee Howes, *Worthy Work, STILL Unlivable Wages: The Early Childhood Workforce 25 Years after the National Child Care Staffing Study,* Center for the Study of Child Care Employment, Institute for Research on Labor and Employment, University of California, Berkeley, 2014, irle.berkeley.edu/cscce/wp-content/uploads/2014/11/ReportFINAL.pdf.
＊35　"Sheila Lirio Marcelo: Founder, Chairwoman & CEO," Care.com, care.com/sheila-marcelo.
＊36　Michael B. Farrell, "Care.com's IPO Raises About $91m," *Boston Globe*, January 24, 2014, bostonglobe.com/business/2014/01/24/care-com-raises-million-ipo/N5navjOBBhUWRM1y0p0IBL/story.html.
＊37　Chris Deiterich, "Bright Horizons Blazes in Its Debut," *Wall Street Journal*, January 25, 2013, online.wsj.com/news/articles/SB10001424127887323539804578263932897208500.
＊38　Aaron Glantz, "Multigenerational Housing Is a Real Estate Growth Niche," *New York Times*, April 21, 2011, nytimes.com/2011/04/22/us/22cncmultigenerational.html.
＊39　Patricia Leigh Brown, "Growing Old Together, in New Kind of Commune," *New York Times*, February 27, 2006, nytimes.com/2006/02/27/national/27commune.html.
＊40　"What Is Caring Across Generations?," Caring Across Generations, caringacross.org/about-us.
＊41　"About FCA," Family Caregiver Alliance, caregiver.org/about-fca.
＊42　"About," Caring Economy Campaign, caringeconomy.org.
＊43　John Winthrop, "A Model of Christian Charity (1630)," Gilder Lehrman Institute of American History,gilderlehrman.org/sites/default/files/inline-pdfs/A%20Model%20of%20Christian%20Charity.pdf.
＊44　"Maternity Pay and Leave," Gov.uk, gov.uk/maternity-pay-leave/pay.

December 12, 2011, parenting.blogs.nytimes.com/2011/12/12/fox-news-anchor-pushes-paid-family-leave.

＊13 Jonathan Cohn, "The Hell of American Day Care," *New Republic*, April 15, 2013, newrepublic.com/article/112892/hell-american-day-care; "Parents and the High Cost of Child Care: 2014 Report," Child Care Aware of America, 2014.

＊14 Brigid Schulte, " 'Mad Men' Era of U.S.Family Policy Coming to an End?," *Washington Post*, February 12, 2014, washingtonpost.com/blogs/she-the-people/wp/2014/02/12/mad-men-era-of-us-family-policy-coming-to-an-end.

＊15 "American Women Applauds President Obama's Action on Paid Family Leave and Paid Sick Days," American Women, January 15, 2015, americanwomen.org/news/american-women-applauds-president-obamas-action-on-paid-family-leave-and-paid-sick-days.

＊16 Jamie Bulen, "Family Caregiving Caucus Co-Chaired by U.S. Senator Ayotte," AARP, March 3, 2015, states.aarp.org/family-caregiving-caucus-co-chaired-by-us-senator-ayotte.

＊17 Jana Kasperkevic, "Kay Bailey Hutchison: Not a Feminist, but an Advocate for Women," *Guardian*, August 12, 2014, theguardian.com/money/us-money-blog/2014/aug/12/kay-bailey-hutchison-not-feminist-senator-business.

＊18 "The Family and Medical Insurance Leave Act（The FAMILY Act）Fact Sheet," National Partnership for Women and Families, 2014, nationalpartnership.org/research-library/work-family/paid-leave/family-act-fact-sheet.pdf; "H.R. 3712—Family and Medical Insurance Leave Act of 2013," congress.gov/bill/113th-congress/house-bill/3712; "State Paid Family Leave Insurance Laws," National Partnership for Women & Families, October 2013, nationalpartnership.org/research-library/work-family/paid-leave/state-paid-family-leave-laws.pdf; Betsy Firestein, Ann O'Leary, and Zoe Savitsky, "A Guide to Implementing Paid Family Leave: Lessons from California," Labor Project for Working Families, 2011, paidfamilyleave.org/pdf/pfl_guide.pdf.

＊19 John Gerzema and Michael D'Antonio, *The Athena Doctrine: How Women*（*and Men Who Think Like Them*）*Will Rule the Future*（San Francisco: Jossey-Bass, 2013）, eBook, loc. 204 of 5309（ジョン・ガーズマ，マイケル・ダントニオ著，有賀裕子訳『女神的リーダーシップ――世界を変えるのは，女性と「女性のように考える」男性である』プレジデント社，2013年）.

＊20 同上, loc. 181 of 5309.

＊21 Christopher F. Karpowitz and Tali Mendelberg, *The Silent Sex: Gender, Deliberation, and Institutions*（Princeton, NJ: Princeton University Press, 2014）, p. 19.

＊22 同上, p. 16.

＊23 同上, p. 259.

＊24 同上, p. 260.

＊25 同上, pp. 137-38.

権法が提出された．もし成立すれば，患者保護並びに医療費負担適正化法（通称オバマケア）への意図せぬ影響が出てしまうはずだった．雇用者がパートタイム労働者の健康保険負担を廃止するインセンティブになり得た．だがこの法案は成立しなかった．以下を参照：congress.gov/bill/113th-congress/house-bill/675.

しかし，独自の規制を設け始めた州や都市もある．カリフォルニア州とコネチカット州はパートタイム従業員への病欠の付与を義務付けた．ワシントンDC，シアトル，ポートランド，ニューヨーク，ジャージーシティもまた法案を通過させた．以下を参照：Reid Wilson, "California on Brink of Requiring Paid Sick Days for Part-Time Workers," *Washington Post*, September 2, 2014, washingtonpost.com/blogs/govbeat/wp/2014/09/02/california-on-brink-of-requiring-paid-sick-days-for-part-time-workers.

*9　1967年の年齢による雇用差別禁止法（Pub. L. 90-202）（ADEA）は，40歳以上の人に対する雇用差別を禁止している．この法律は，「採用，解雇，給与，任務，昇進，人員削減，研修，福利厚生，その他いかなる雇用条件に関しても，差別を禁じるものである」．以下を参照："Age Discrimination," U.S. Equal Employment Opportunity Commission, eeoc.gov/laws/statutes/adea.cfm.

加えて，1975 年の年齢による差別禁止法は，連邦政府の資金援助を受けるプログラムや活動での年齢による差別を禁じている．1998年の労働力投資法（WIA）の188項は，WIATitleIが資金援助するプログラムや活動への応募者，従業員，参加者を年齢により差別することを禁じている．以下を参照："Age Discrimination," U.S Department of Labor, dol.gov/dol/topic/discrimination/agedisc.htm.

政策分野において，アメリカ退職者協会は50歳を超える人々のために政策の提唱を行っている．また，50歳以上の層のニーズや市場環境，またはトレンドに関する研究や情報を政策提案者に提供している．以下を参照："Age Discrimination Fact Sheet," AARP, April 2014, aarp.org/work/employee-rights/info-02-2009/age_discrimination_fact_sheet.html.

*10　Alice Park, "School Should Start Later So Teens Can Sleep, Urge Doctors," *Time*, August 14, 2014, time.com/3162265/school-should-start-later-so-teens-can-sleep-urge-doctors; National Association for Year Round Learning, nayre.org; "Learning Time in America: Trends to Reform the American School Calendar: A Snapshot of Federal, State, and Local Action," Education Commission of the States, 2011, ecs.org/docs/LearningTimeinAmerica.pdf; Charles Ballinger and Carolyn Kneese, *School Calendar Reform: Learning in All Seasons* (Lanham, MD: R&L Education, 2006).

*11　これらすべての提案に関する議論の概要については，バーモント州初の女性知事となったマデレーン・クーニンによる以下の記事を参照：*The New Feminist Agenda: Defining the Next Revolution for Women, Work, and Family* (White River Junction, VT: Chelsea Green Publishing, 2012).

*12　KJ Dell'Antonia, "Fox News Anchor Pushes Paid Family Leave," *New York Times*, bill/942.

州や自治体レベルでは，12の州と２つの都市で妊娠中の労働者に「合理的な便宜」を図ることを義務付ける法律を通過させている．ここには負荷の少ない仕事への異動から，トイレ休憩や給水休憩の追加といったことが含まれる．以下を参照："Reasonable Accommodations for Pregnant Workers: State Laws," National Partnership for Women & Families, April 2014, nationalpartnership.org/research-library/workplace-fairness/pregnancy-discrimination/reasonable-accommodations-for-pregnant-workers-state-laws.pdf.

2015年３月，最高裁はヤング対UPSの裁判で，雇用者は妊娠中の社員に，一時的に普通の仕事ができない社員と同等の便宜を図らなければならないという判決を下した．以下を参照：*Young v. United Parcel Service* 135 S. Ct. 1338（2015）.

＊6　ケアリングアクロスジェネレーションズは主に４つの活動を通して全国的なムーブメントを作ろうとしている組織である．４つの活動とは，文化を変える運動，自治体と州と連邦政府の政策提言，オンラインキャンペーン，そして市民による草の根運動だ．詳しくは以下を参照：caringacross.org/about-us.

アメリカ退職者協会が発行する報告書の第２版によると，ほとんどのアメリカ人は介護費用を負担できない．施設介護の平均費用は高齢者所得の中間値の246パーセントにも上る．最も所得の高い５州においても，中間値の171パーセントに達している．在宅介護の方が割安ではあるが，それでも所得中間値の84パーセントに上る．「一般の高齢者世帯がこの費用を長期間負担することは不可能だ」とアメリカ退職者協会は書いている．以下を参照：Susan C. Reinhard, Enid Kassner, Ari Houser, et al., "Raising Expectations: A State Scorecard on Long-Term Services and Supports for Older Adults, People with Physical Disabilities, and Family Caregivers," AARP, 2014, aarp.org/content/dam/aarp/research/public_policy_institute/ltc/2014/raising-expectations-2014-AARP-ppi-ltc.pdf.

＊7　医師で著作家でもあるアトゥール・ガワンデは人間らしく最期を迎えられるような選択肢を提示し，老いと人生の終末について率直で深い議論を展開している．詳しくは，アトゥール・ガワンデの『死すべき定め』を参照．

＊8　イギリスでは，2000年のパートタイム労働者法により，客観的な理由がなければパートタイムの社員にフルタイムの社員よりも不利な契約を結ばせることを禁じている．パートタイムの社員が法律に照らして差別的な扱いを受けていることが明らかな場合は，労働裁判所に訴えることができる．以下を参照：FindLaw UK, findlaw.co.uk/law/employment/discrimination/500293.html.

アイルランドでは，2001年の労働者（パートタイム）保護法により，パートタイムの社員にフルタイムの社員よりも不利な労働条件を強いることを禁止している．社員は違反を人権委員会に申し出ることができる．以下を参照：Citizens Information Board, Public Service Information, Ireland, citizensinformation.ie/en/employment/types_of_employment/employment _rights_of_part_time_workers.html.

アメリカでは，2013年にジャニス・D・シャコウスキ議員からパートタイム労働者人

Universal Pre-K Is Successful," *Here & Now*, February 20, 2014, hereandnow.wbur.org/2014/02/20/universal-pre-kindergarten.

オクラホマ州は就学前教育を就学後教育と同じように扱い，学区がヘッドスタートのような連邦政府による就学前支援プログラムと組んだり，その他の組織と組んで資金調達を行うことを認めている．詳しくは以下を参照："Oklahoma," National Institute for Early Education, 2013, nieer.org/sites/nieer/files/Oklahoma_0.pdf.

オクラホマ州ではストレスを感じている両親のもとに社会福祉士を派遣し，子育てについてのアドバイスを行っている．詳しくは以下を参照：Nicholas Kristof, "Oklahoma! Where the Kids Learn Early," *New York Times*, November 9, 2013, nytimes.com/2013/11/10/opinion/sunday/kristof-oklahoma-where-the-kids-learn-early.html.

アメリカ進歩センター（CAP）は全児童への就学前教育を計画している．この計画では，連邦政府が子供１人につき１万ドルを上限として州の予算と同額を上乗せすることになっている．貧困家庭は就学前教育が無料で受けられ，裕福な家庭は収入に応じて学費を支払うことになる．全世帯への子育て支援にはお金がかかるが，社会全体がそこから恩恵を受ける．詳しくは以下を参照：Cynthia G. Brown, Donna Cooper, Juliana Herman, et al., "Investing in Our Children: A Plan to Expand Access to Preschool and Child Care," Center for American Progress, 2013, americanprogress.org/issues/education/report/2013/02/07/52071/investing-in-our-children.

ジョージア州も全児童への就学前教育を提供しており，ニューヨーク州やミネソタ州も検討中である．以下を参照：Reid Wilson, "New York Will Begin Universal Pre-kindergarten," *Washington Post*, March 31, 2014, washingtonpost.com/blogs/govbeat/wp/2014/03/31/new-york-will-begin-universal-pre-kindergarten.

＊5　"Supreme Court Backs Pregnant UPS Worker," *Forbes*, March 25, 2015, forbes.com/sites/ashleaebeling/2015/03/25/supreme-court-backs-pregnant-ups-worker.

妊婦を保護する連邦法はあるが――障害を持つアメリカ人法，妊婦差別禁止法，育児介護休業法など――解釈次第で抜け道はいくらでもある．その結果，妊婦が産休やその他の便宜を受けられないケースも多い．以下を参照："It Shouldn't Be a Heavy Lift: Fair Treatment for Pregnant Workers," National Women's Law Center, June 2013, nwlc.org/sites/default/files/pdfs/pregnant_workers.pdf.

この報告書は，既存の法律が妊婦を守ることを約束しているにも関わらず，妊婦が雇用者から便宜を拒否されている現状を示している．たとえばワシントンDCのファストフード店で働く女性は，トイレ休憩の回数を制限され，仕事中に水を飲んだことで注意を受けた．レンタカー会社の社員は無給の産休に入ることを強いられ，その後解雇された．UPSの社員は妊娠中に負担の少ない仕事に就くことを許されなかった．一方で妊娠中でない怪我をした社員が負担の少ない仕事を与えられていた．妊婦の雇用保護を確保するためには，妊娠中労働者平等法の成立が必須である．以下を参照："S.942: Pregnant Workers Fairness Act," Congress.gov, 2013, congress.gov/bill/113th-congress/senate-

*27　Cali Ressler and Jody Thompson, "How to Get Employees to Manage Themselves," Change This, issue 106-01, June 5, 2013, changethis.com/manifesto/show/106.01.ManageWork/.
*28　パロアルト・ソフトウェアのサブリナ・パーソンズCEOとのインタビュー（2014年12月17日）.
*29　同上
*30　Richard Dobbs, Anu Madgavkar, Dominic Barton, et al., "The World at Work: Jobs, Pay, and Skills for 3.5 Billion People," McKinsey Global Institute, McKinsey & Company, June 2012, mckinsey.com/insights/employment_and_growth/the_world_at_work.
*31　ビル・ゲイツによる世界経済フォーラムでの講演（2008年1月24日）より，Bill & Melinda Gates Foundation, gatesfoundation.org/media-center/speeches/2008/01/bill-gates-2008-world-economic-forum.

11　思いやりのある市民になる

*1　"Latest Annual Data," United States Department of Labor, 2013, dol.gov/wb/stats/recentfacts.htm.
*2　Ai-Jen Poo, with Ariane Conrad, *The Age of Dignity: Preparing for the Elder Boom in a Changing America* (New York: New Press, 2015), p. 143.
*3　ファミリーケアアライアンスには，各州のケア提供者が支援を見つけるためのファミリーケアナビゲーターと，オンラインの議論と支援グループであるリンク２ケアが含まれる．リンク２ケアを運営するのはファミリーケアアライアンスとナショナルセンターオンケアギビングで，後者は介護や子育て政策に関する法案をとりまとめ，関係者への情報源にもなっている．caregiver.org上で無料のニュースレターも配信し，月に２回，法案や活動や資金などの情報を提供している．詳しくは以下を参照："About FCA," Family Caregiver Alliance, caregiver.org/about-fca, and "Newsletters," Family Caregiver Alliance, caregiver.org/newsletters.
*4　アメリカでは就学前教育（小学校に入学するまでの２年間）への州による投資は進んでいない．州が資金提供して就学前教育を受ける４歳児の割合はこの10年で２倍に増えたが，全体の28パーセントにとどまっている．就学前教育のない州も10州ある．詳しくは以下を参照：W. Steven Barnett, Megan E. Carolan, James H. Squires, and Kirsty Clarke Brown, "The State of Preschool 2013," National Institute for Early Education, 2013, nieer.org/sites/nieer/files/yearbook2013.pdf.
　オクラホマ州は，全児童に就学前学習を与えるプログラムを展開中で，他州のお手本となっている．オクラホマ州の就学前学習に従事する教師は全員大学卒業資格と幼児教育の専門資格を持ち，小学校，中学校，高校の教師と同じ給与を与えられる．詳しくは以下のインタビューを参照：Robin Young interview with Steven Dow, "Why Oklahoma's

January 18, 2009, bizjournals.com/denver/stories/2009/01/19/focus1.html.

*13 Openwork.org.

*14 "Workplace Awards: Delta Air Lines," When Work Works, Families and Work Institute and the Society for Human Resource Management, 2014, whenworkworks.org/workplace-awards/delta-air-lines.

*15 "Workplace Awards: Southern California Gas Company," When Work Works, Families and Work Institute and the Society for Human Resource Management, 2014, whenworkworks.org/workplace-awards/southern-california-gas-company.

*16 Joan Blades and Nanette Fondas, *The Custom-Fit Workplace: Choose When, Where, and How to Work and Boost Your Bottom Line* (San Francisco: Jossey-Bass, 2010), pp. 58-59, citing "Telework Facts & Stats," Telework Coalition, telcoa.org/resources/references/telework-tools/telework-facts-stats; "Workspace Utilization and Allocation Benchmark," GSA Office of Government-wide Policy, July 2012, gsa.gov/graphics/ogp/Workspace_Utilization_Banchmark_July_2012.pdf.

*17 Douglas MacMillan, "To Recruit Techies, Companies Offer Unlimited Vacation," *Businessweek*, July 19, 2011, businessweek.com/articles/2012-07-19/to-recruit-techies-companies-offer-unlimited-vacation.

*18 同上

*19 Todd Wasserman, "Coming to a Couch Near You: A New Wave of Telecommuting," *Mashable*, April 10, 2014, mashable.com/2014/04/10/the-telecommuting-dream-is-dead.

*20 Shayndi Raice, "Goldman Seeks to Improve Working Conditions for Junior Staffers," *Wall Street Journal*, October 28, 2013, online.wsj.com/news/articles/SB10001424052702303471004579164051099280722.

*21 William Alden and Sydney Ember, "Banks Ease Hours for Junior Staff, but Workload Stays Same," *New York Times*, April 9, 2014, dealbook.nytimes.com/2014/04/09/banks-ease-hours-for-junior-staff-but-workload-stays-same.

*22 Stephanie Emma Pfeffer, "10 Steps to Negotiating for a Flexible Work Arrangement," *Woman's Day*, July 10, 2013, womansday.com/life/work-money/tips/a7013/flex-time.

*23 Andrew J. Oswalk, Eugenio Proto, and Daniel Sgroi, "Happiness and Productivity," University of Warwick Working Paper, February 10, 2014, www2.warwick.ac.uk/fac/soc/economics/staff/eproto/workingpapers/happinessproductivity. pdf.

*24 Cali Ressler and Jody Thompson, *Why Work Sucks and How to Fix It: The Results-Only Revolution* (New York: Portfolio, 2008), eBook, p. 10.

*25 Hubert Joly, "Best Buy CEO on Leadership: A Comment I Made Was Misconstrued," *Star Tribune*, March 17, 2013, startribune.com/opinion/commentaries/198546011.html.

*26 "Diversity and Inclusion," Gap Inc., *Social & Environmental Responsibility Report 2011/2012*, gapinc.com/content/csr/html/employees/diversity-and-inclusion. html.

＊20　Alix Kates Shulman, "A Marriage Agreement," *Up from Under* 1, no. 2 (August-September 1970): 5-8.

＊21　Rebecca Onion, "The Pre-Pregnancy Contract," *Slate*, July 10, 2014, slate.com/articles/double_x/doublex/2014/07/pre_pregnancy_contract_signing_on_the_dotted_line_to_avoid_household_conflict.single.html.

10　職場を変革する

＊1　"Future of Work: There's an App for That," *Economist*, January 3, 2015, economist.com/news/briefing/21637355-freelance-workers-available-moments-notice-will-reshape-nature-companies-and?fsrc=scn/tw_ec/there_s_an_app_for_that.

＊2　Kevin Roose, "Does Silicon Valley Have a Contract-Worker Problem?," *New York*, September 18, 2014, nymag.com/daily/intelligencer/2014/09/silicon-valleys-contract-worker-problem.html.

＊3　Thomas W. Malone, *The Future of Work: How the New Order of Business Will Shape Your Organization, Your Management Style, and Your Life* (Cambridge, MA: Harvard Business School Press, 2004), p. 74.（トーマス・マローン著，高橋則明訳『フューチャー・オブ・ワーク』武田ランダムハウスジャパン，2004年）SAG-AFTRAについては以下を参照：sagaftra.org/union-information.

＊4　Deborah Epstein Henry, Suzie Scanlon Rabinowitz, and Garry A. Berger, *Finding Bliss: Innovative Legal Models for Happy Clients and Happy Lawyers* (Chicago: American Bar Association, 2015).

＊5　"Future of Work: There's an App for That."

＊6　著者へのメール（2015年４月２日）.

＊7　Openwork.org.

＊8　キャスリーン・クリステンセンとのインタビュー：Alfred P. Sloan Foundation, October 9, 2014.

＊9　Ellen Galinsky and Mike Aitken, "2013 Guide to Bold New Ideas for Making Work Work," When Work Works, 2012, p. 6, familiesandwork.org/downloads/2013GuidetoBoldNewIdeas.pdf. ここに挙げたのは，家庭と仕事研究所と人材ソサエティが選ぶ働きやすい会社賞の受賞企業である．選考にあたっては社員と雇用者を成果と職場の柔軟性で厳格に評価している．社員のレーティングが評価スコアの３分の２を占める．

＊10　同上, p. 62.

＊11　Cathy Benko and Anne Weisberg, "Mass Career Customization™: A New Model for How Careers Are Built," *Ivey Business Journal*, May/June 2008, iveybusinessjournal.com/publication/mass-career-customization-a-new-model-for-how-careers-are-built.

＊12　Renee McGaw, "Life Balance Issues Are Gender-Neutral," *Denver Business Journal*,

＊5　Barry Bosworth and Kathleen Burke, "Differential Mortality and Retirement Benefits in the Health and Retirement Study," Brookings Institution, April 8, 2014, brookings.edu/research/papers/2014/04/differential-mortality-retirement-benefits-bosworth.

＊6　"Welcoming the Age of the Explorer," Future of Work Research Consortium, October 2014, hotspotsmovement.com/uploads/newsletters/theexplorer.html; Lynda Gratton, *The Shift: The Future of Work Is Already Here* (New York: HarperCollins, 2011).

＊7　Barrie Hopson and Katie Ledger, *And What Do You Do? Ten Steps to Creating a Portfolio Career* (London: A & C Black, 2009).

＊8　David Brooks, "The Moral Bucket List," *New York Times*, April 12, 2015, nytimes.com/2015/04/12/opinion/sunday/david-brooks-the-moral-bucket-list. html.

＊9　Lisa Belkin, "The Opt-Out Revolution," *New York Times*, October 26, 2003, nytimes.com/2003/10/26/magazine/26WOMEN.html.

＊10　Judith Warner, "The Opt-Out Generation Wants Back In," *New York Times*, August 7, 2013, nytimes.com/2013/08/11/magazine/the-opt-out-generation-wants-back-in.html.

＊11　Hanna Rosin, *The End of Men* (New York: Riverhead Books, 2012).

＊12　Reid Hoffman, Ben Casnocha, and Chris Yeh, *The Alliance: Managing Talent in the Networked Age* (Boston: Harvard Business Review Press, 2014), eBook, p. 12.（リード・ホフマン，ベン・カスノーカ，クリス・イェ著，篠田真貴子監訳『ALLIANCE アライアンス――人と企業が信頼で結ばれる新しい雇用』ダイヤモンド社，2015年）

＊13　同上

＊14　同上, p. 19.

＊15　"Career Intermission Pilot Program Update," U.S. Navy official website, October 2009, public.navy.mil/bupers-npc/reference/messages/Documents/NAVADMINS/NAV2009/NAV09301.txt; Rear Adm. Tony Kurta, "Career Intermission Pilot Program Updated," Navy Live, May 16, 2013, navylive.dodlive.mil/2013/05/16/career-intermission-pilot-program-updated.

＊16　Stephen Losey, "Air Force to Offer 3 Years Off for Airmen to Start Families," *Air Force Times*, May 15, 2014, airforcetimes.com/article/20140515/CAREERS/305150044/Air-Force-offer-3-years-off-airmen-start-families.

＊17　同上

＊18　McKinsey & Company, "Take Time," Agile Future Forum, November 2014, agilefutureforum.co.uk/wp-content/uploads/2014/11/Case-Study-McKinsey.pdf.

＊19　Abbie E. Goldberg, Julianna Z. Smith, and Maureen Perry-Jenkins, "The Division of Labor in Lesbian, Gay, and Heterosexual New Adoptive Parents," *Journal of Marriage and Family* 74 (2012): 812-28, wordpress.clarku.edu/agoldberg/files/2012/03/Goldberg-Smith-Perry-Jenkins-2012-JMF.pdf; Lawrence A. Kurdek, "The Allocation of Labor by Partners in Gay and Lesbian Couples," *Journal of Family Issues* 28, no. 1 (2007): 132-48.

＊3　Tara Sophia Mohr, "Slaughter's Story Made the Cover—What Stories Got Left Out?," *Huffington Post*, July 9, 2012, huffingtonpost.com/tara-sophia-mohr/having-it-all_b_1658131.html.
＊4　Laura Rozen, "Policy Planning's Anne-Marie Slaughter Signs Off," *Politico*, February 3, 2011, politico.com/blogs/laurarozen/0211/Policy_Planning_chief_Anne Marie_Slaughter_signs_off.html.
＊5　Elizabeth Bumiller, "One of the Pentagon's Top Women Is Stepping Down," *New York Times*, December 11, 2011, nytimes.com/2011/12/13/us/michele-flournoy-resigns-as-a-top-pentagon-adviser.html.
＊6　同上
＊7　著者へのメール（2011年9月14日）.
＊8　White House Working Families Summit, Part 2, Washington, D.C., June 23, 2014, c-span.org/video/?320109-101/white-house-working-families-summit-part-2.
＊9　Cali Williams Yost, *Work + Life: Finding the Fit That's Right for You* (New York: Riverhead Books, 2004); Dan Schwabel, "Cali Williams Yost: Why We Have to Rethink Work Life Balance," *Forbes*, January 8, 2013, forbes.com/sites/danschawbel/2013/01/08/cali-williams-yost-why-we-have-to-rethink-work-life-balance.
＊10　Joan Blades and Nanette Fondas, *The Custom-Fit Workplace: Choose When, Where, and How to Work and Boost Your Bottom Line* (San Francisco: Jossey-Bass, 2010), pp.10-11; E. Kelly Moen and R. Huang, " 'Fit' Inside the Work/Family Black Box: An Ecology of the Life Course, Cycles of Control Reframing," *Journal of Occupational and Organizational Psychology* 81 (2008): 411-33; Judy Casey and Karen Corday, "Work-Life Fit and the Life Course: An Interview with Phyllis Moen," Sloan Work and Family Research Network, *Network News* 11, no. 9 (September 2009).

9　キャリアプランを立てる（計画どおりにはいかないとしても）

＊1　From Eisenhower's speech to the National Defense Executive Reserve Conference in Washington, D.C., November 14, 1957 ; in National Archives and Records Service, *Public Papers of the Presidents of the United States, Dwight D. Eisenhower*, 1957 (Washington, DC: Government Printing Office, 1958), p. 818.
＊2　Social Security Online, "Life Expectancy Calculator," Social Security Administration, socialsecurity.gov/cgi-bin/longevity.cgi.
＊3　Felicitie C. Bell and Michael L. Miller, "Life Tables for the United States Social Security Area 1900-2100," Social Security Administration, April 7, 2009, socialsecurity.gov/oact/NOTES/s2000s.html.
＊4　Social Security Online, "Life Expectancy Calculator."

time/magazine/article/0,9171,152609,00.html.

*32 Lisa Miller, "The Retro Wife."

*33 Jenifer Senior, *All Joy and No Fun*, p. 79.

*34 同上, p. 87.

*35 Gretchen Livingston, "The Rise of Single Fathers: A Ninefold Increase Since 1960," Pew Research Center Social and Demographic Trends, June 2013, pewsocialtrends.org/files/2013/07/single-fathers-07-2013.pdf; Kelly Musick and Ann Meier, "Are Both Parents Always Better than One? Parental Conflict and Young Adult Well-being," *Social Science Research* 39, no. 5 (2010): 814-30.

*36 "Loving v. Virginia: The Case Over Interracial Marriage," ACLU, aclu.org/racial-justice/loving-v-virginia-case-over-interracial-marriage.

*37 Mary Francis Berry, "The Mother of All Debates; The Father's Hour," *New York Times*, February 10, 1993, nytimes.com/1993/02/10/opinion/the-mother-of-all-debates-the-father-s-hour.html.

*38 同上

*39 Viviana A. Zelizer, *Pricing the Priceless Child: The Changing Social Value of Children* (Princeton, NJ: Princeton University Press, 1994), pp. 62-64.

*40 同上, pp. 97-98.

*41 Suzan Faludi, *Stiffed: The Betrayal of the American Man* (New York: HarperCollins, 2010), eBook, p. 816.

*42 Abigail Rine, "Feminist Housedude," *Mama Unabridged*, March 21, 2013, mamaunabridged.com/2013/03/21/feminist-housedude.

Part 3 平等への道

*1 Jeffrey Rosen, "The New Look of Liberalism on the Court," *New York Times*, October 5, 1997, nytimes.com/1997/10/05/magazine/the-new-look-of-liberalism-on-the-court.html.

*2 Anne-Marie Slaughter, "Can We All 'Have It All'?," TEDGlobal 2013, June 2013, ted.com/talks/anne_marie_slaughter_can_we_all_have_it_all.

8 話し方を変える

*1 Rich Ferraro, "Facebook Introduces Custom Gender Field to Allow Users to More Accurately Reflect Who They Are," GLAAD, February 13, 2014, glaad.org/blog/facebook-introduces-custom-gender-field-allow-users-more-accurately-reflect-who-they-are.

*2 Gloria Feldt, "Why Women Must Seize This Moment," CNN, March 14, 2013, cnn.com/2013/03/10/opinion/feldt-women-balance.

nurture/2013/06/15/8f0758ea-d3e6-11e2-a73e-826d299ff459_story.html.
＊14　Jennifer Senior, *All Joy and No Fun: The Paradox of Modern Parenting* (New York: HarperCollins, 2014)（シニア『子育てのパラドックス』).
＊15　T. J. Mathews and Brady E. Hamilton, "Delayed Childbearing: More Women Are Having Their First Child Later in Life," NCHS Data Brief No. 21, August 2009, cdc.gov/nchs/data/databriefs/db21.pdf.
＊16　Senior, *All Joy and No Fun*, p. 7.
＊17　Milton Mayeroff, *On Caring* (New York: Harper & Row, 1971), p. xv, quoting Andras Angyal.（ミルトン・メイヤロフ『ケアの本質』より）
＊18　Katrin Bennhold, "When Dad Becomes the Lead Parent," *New York Times*, July 9, 2013, nytimes.com/2013/07/10/world/europe/When-Dad-Becomes-the-Lead-Parent.html.
＊19　Paul Taylor, ed., "The Decline of Marriage and Rise of New Families," Pew Research Center Social and Demographic Trends, November 18, 2010, pewsocialtrends.org/files/2010/11/pew-social-trends-2010-families.pdf.
＊20　Hanna Rosin, *The End of Men* (New York: Riverhead Books, 2012), p. 15.
＊21　Guy Raz, "An NPR Host's Other Job: Stay-At-Home Dad," *Atlantic*, March 17, 2011, theatlantic.com/national/archive/2011/03/an-npr-hosts-other-job-stay-at-home-dad/72588.
＊22　Gianna Palmer, "What Impact Has 'Lean In' Had on Women?," BBC News, March 5, 2015, bbc.com/news/business-31727796.
＊23　Mary-Ann Russon, "50 Shades of Grey Joins Top 10 Bestselling Books: How Many Have You Read?," *Internatinal Business Times*, February 27, 2014, ibtimes.co.uk/50-shades-grey-joins-top-10-bestselling-books-how-many-have-you-read-1438234.
＊24　Marianne Bertrand, Emir Kamenica, and Jessica Pan, "Gender Identity and Relative Income Within Households," National Bureau of Economic Research Working Paper Series, May 2013, nber.org/papers/w19023.
＊25　Betsy Polk and Maggie Ellis Chotas, *Power Through Partnership: How Women Lead Better Together* (San Francisco: Berrett-Koehler, 2014), p. 14.
＊26　Debora L. Spar, *Wonder Women: Sex, Power, and the Quest for Perfection* (New York: Farrar, Straus and Giroux, 2013), p. 234.
＊27　同上
＊28　同上, p. 233.
＊29　Betsey Stevenson and Justin Wolfers, "The Paradox of Declining Female Happiness," *American Economic Journal: Economic Policy* 1, no. 2 (2009): 190-225.
＊30　Gro Harlem Brundtland, *Madam Prime Minister: A Life in Power and Politics* (New York: Farrar, Straus and Giroux, 2002), p. 57.（グロ・ブルントラント著，竹田ヨハネセン裕子訳『世界で仕事をするということ』PHP研究所，2004年）
＊31　Nancy Gibbs, "Norway's Radical Daughter," *Time*, June 24, 2001, content.time.com/

＊43 Ryan Park, "What Ruth Bader Ginsburg Taught Me."
＊44 バラク・オバマ大統領，モアハウス大学での卒業スピーチより（2013年5月19日），whitehouse.gov/the-press-office/2013/05/19/remarks-president-morehouse-college-commencement-ceremony.

7 ありのままで

＊1 Lisa Miller, "The Retro Wife," *New York*, March 17, 2013, nymag.com/news/features/retro-wife-2013-3.
＊2 Aaron Gouveia, "It's Time to Stop Treating Dads Like Idiots," *Huffington Post*, May 20, 2013, huffingtonpost.com/aaron-gouveia/its-time-to-stop-treating-dads-like-idiots_b_3179351.html.
＊3 Claude Steele, *Whistling Vivaldi: How Stereotypes Affect Us and What We Can Do*（New York: W. W. Norton, 2010）, eBook, pp.131-32.
＊4 著者へのメール（2012年9月8日）.
＊5 Jack O'Sullivan, "The Masculinity Debate," *Guardian*, May 21, 2013, theguardian.com/commentisfree/2013/may/21/masculinity-debate-men-fear-ridicule-matriarchy.
＊6 Navneet Magon and Sanjay Kalra, "The Orgasmic History of Oxytocin: Love, Lust, and Labor," *Indian Journal of Endocrinology and Metabolism*, 15, suppl. 13, September 2011: 5156-61, ncbi.nlm.nih.gov/pmc/articles/PMC3183515.
＊7 T. H. Clutton-Brock, *The Evolution of Parental Care*（Princeton, NJ: Princeton University Press, 1991）, p. 132.
＊8 Craig Howard Kinsley and Kelly G. Lambert, "The Maternal Brain," *Scientific American*, January 2006, www2.sunysuffolk.edu/benharm/Articles/the%20maternal%20brain%20-%20kinsley.pdf.
＊9 Kelly G. Lambert, "The Parental Brain: Transformations and Adaptations," *Physiology & Behavior*, 107（2012）, 792-800, ncbi.nlm.nih.gov/pubmed/22480732.
＊10 Benedetta Leuner, Erica R. Glasper, and Elizabeth Gould, "Parenting and Plasticity," *Trends in Neurosciences*, 33, no. 10 (October 2010): 465-73, ncbi.nlm.nih.gov/pubmed/20832872.
＊11 Pilyoung Kim, Paola Rigo, Linda C. Mayes, et al., "Neural Plasticity in Fathers of Human Infants," *Social Neuroscience* 9, no. 5（2014）: 522-35, tandfonline.com/doi/abs/10.1080/17470919.2014.933713.
＊12 Christian Jarrett, "How Becoming a Father Changes Your Brain," *Wired*, July 17, 2014, wired.com/2014/07/how-becoming-a-father-changes-your-brain.
＊13 Brigid Schulte, "With Exposure to Babies, Rodent Dads' Brains, Like Moms', Become Wired for Nurture," *Washington Post*, June 15, 2013, washingtonpost.com/local/with-exposure-to-babies-rodent-dads-brains-like-moms-become-wired-for-

Sexuality (New York: Harper Perennial, 2011), eBook, p. 132.（クリストファー・ライアン，カシルダ・ジェタ著，山本規雄訳『性の進化論――女性のオルガスムは，なぜ霊長類にだけ発達したか？』作品社，2014年）

*30 Paul Sseabright, *The War of the Sexes* (Princeton, NJ: Princeton University Press, 2012), p. 16.

*31 Bebe Moore Campbell, *Successful Women, Angry Men* (New York: Random House, 1987), p.68.

*32 Marianne Bertrand, Emir Kamenica, and Jessica Pan, "Gender Identity and Relative Income Within Households," National Bureau of Economic Research Working Paper, May 2013, faculty.chicagobooth.edu/emir.kamenica/documents/identity.pdf; Liana C. Sayer, Paula England, Paul Allison, and Nicole Kangas, "She Left, He Left: How Employment and Satisfaction Affect Men's and Women's Decisions to Leave Marriages," *American Journal of Sociology* 116, no. 6 May 2011: 1982-2018, ncbi.nlm.nih.gov/pmc/articles/PMC3347912; Wendy Wang, Kim Parker, and Paul Taylor, "Breadwinner Moms," Pew Research Center Social and Demographic Trends, May 29, 2013, pewsocialtrends.org/2013/05/29/breadwinner-moms.

*33 "Spanx Speaks: Founder Sara Blakely," 2013 Women in the World Summit, April 2013, livestream.com/womenintheworld/womenintheworld/videos/15577625; Ralph Gardner, Jr., "Alpha Women, Beta Men," *New York*, 2003, nymag.com/nymetro/news/features/n_9495.

*34 Ryan Park, "What Ruth Bader Ginsburg Taught Me."

*35 Gretchen Livingston, "Growing Number of Dads Home with the Kids; Chapter 2: Why Are Dads Staying Home?," Pew Research Center Social and Demographic Trends, June 5, 2014, pewsocialtrends.org/2014/06/05/chapter-2-why-are-dads-staying-home.

*36 Mohamed El-Erian, "Father and Daughter Reunion," *Worth*, May/June 2014, worth.com/index.php/component/content/article/4-live/6722-father-and-daughter-reunion.

*37 Max Schireson, "Why I Am Leaving the Best Job I Ever Had," Max Schireson's blog, August 5, 2014, maxschireson.com/2014/08/05/1137.

*38 Jeremy Adam Smith, *The Daddy Shift: How Stay-at-Home Dads, Breadwinning Moms, and Shared Parenting Are Transforming the American Family* (Boston: Beacon Press, 2009).

*39 Shirley Leung, "A Welcome Role Reversal," *Boston Globe*, June 13, 2014, bostonglobe.com/business/2014/06/12/number-stay-home-dads-rising/OnmubpLSzZgC5XLzaO93uM/story.html.

*40 Bronnie Ware, *The Top Five Regrets of the Dying* (New York: Hay House, 2012)（ブロニー・ウェア著，仁木めぐみ訳『死ぬ瞬間の５つの後悔』新潮社，2012年）

*41 Bronnie Ware "Top 5 Regrets of the Dying", *Huffington Post*, January 21, 2012, huffingtonpost.com/bronnie-ware/top-5-regrets-of-the-dyin_b_1220965.html.

*42 同上

the Richest Guys on Earth," iSpot.tv, ispot.tv/ad/7j2u/2014-chevrolet-malibu-the-car-for-the-richest-guys-on-earth.

＊13 "New 2015 Commercial—#RealStrength Ad | Dove Men+Care," YouTube video, posted by dovemencareus, January 20, 2015, youtube.com/watch?v=QoqWo3SJ73c.

＊14 Kim Parker and Wendy Wang, "Modern Parenthood: Roles of Moms and Dads Converge as They Balance Work and Family," Pew Research Center, Social and Demographic Trends, March 14, 2013, pewsocialtrends.org/files/2013/03/FINAL_modern_parenthood_03-2013.pdf.

＊15 "About Us," GoodMen Project, undated, goodmenproject.com/about.

＊16 Betsy Bury, Dartmouth Class of 1987, *25th Reunion Class Book* (Hanover, NH: Dartmouth College, 2012), p. 27.

＊17 著者へのメール（2015年1月20日）.

＊18 Michael Kimmel, "Solving the 'Boy Crisis' in Schools," *Huffington Post*, April 30, 2013, huffingtonpost.com/michael-kimmel/solving-the-boy-crisis-in_b_3126379.html.

＊19 Thomas A. DiPrete and Claudia Buchmann, *The Rise of Women: The Growing Gender Gap in Education and What It Means for American Schools* (New York: Russell Sage Foundation, 2013).

＊20 Sean F. Reardon, "The Widening Academic Achievement Gap Between the Rich and the Poor: New Evidence and Possible Explanations," in Greg J. Duncan and Richard J. Murnane, eds., *Whither Opportunity? Rising Inequality, Schools, and Children's Life Chances* (New York: Russell Sage Foundation, 2011).

＊21 Sharon Lewis, Michael Casserly, Candace Simon, et al., "A Call for Change: Providing Solutions for Black Male Achievement," Council of the Great City Schools, December 2012, cgcs.org/cms/lib/DC00001581/Centricity/Domain/4/A%20Call%20For%20Change_FinaleBook.pdf.

＊22 同上

＊23 Wayne Martino, "Gendered Learning Practices: Exploring the Costs of Hegemonic Masculinity for Girls and Boys in Schools," in *Gender Equity: A Framework for Australian Schools* (Canberra, Australia: Ministerial Council for Employment, Education, Training, and Youth Affairs, 1997).

＊24 Kimmel, "Solving the 'Boy Crisis' in Schools."

＊25 DiPrete and Buchmann, *The Rise of Women*, chapter 6.

＊26 著者へのメール（2013年2月19日）.

＊27 著者へのメール（2014年5月21日）.

＊28 Sarah Blaffer Hrdy, *Mothers and Others: The Evolutionary Origins of Mutual Understanding* (Cambridge, MA: Belknap Press of Harvard University Press, 2009), p. 134.

＊29 Christopher Ryan and Cacilda Jethá, *Sex at Dawn: The Prehistoric Origins of Modern*

Admissions Numbers Released," *Daily Pennsylvanian*, March 26, 2014, thedp.com/article/2014/03/breaking-admissions-numbers-released.

＊26　Crittenden, *The Price of Motherhood*, p. 1.

＊27　"World's Toughest Job—#worldstoughestjob— Official Video," YouTube video, posted by cardstore, April 14, 2014, youtube.com/watch?v =HB3xM93rXbY.

＊28　著者へのメール（2012年10月31日）.

＊29　著者へのメール（2012年 6 月30日）.

＊30　Margaret Fortney, "What Princeton Women Want," *Daily Princetonian*, January 7, 2013, dailyprincetonian.com/opinion/2013/01/what-princeton-women-want.

6　女性運動の次は男性運動

＊1　Matt Villano, "I Hate Being Called a Good Dad," *New York Times*, November 9, 2012, parenting.blogs.nytimes.com/2012/11/09/i-hate-being-called-a-good-dad.

＊2　アンドリュー・ロマノの プリンストンクラブでのセミナーにての発言より "Why Women Still Can't Have It All," April 10, 2013.（ロマノは2000年 7 月10日に行われた全米黒人地位向上協会の年次総会でのジョージ・W・ブッシュのスピーチよりこの言葉を引用している）.

＊3　Simon Kuper, "How Brad Pitt Brings Out the Best in Dads," *Financial Times*, October 10, 2014.

＊4　著者へのメール（2012年 6 月21日）.

＊5　Ryan Park, "What Ruth Bader Ginsburg Taught Me About Being a Stay-at-Home Dad," *Atlantic*, January 8, 2015, theatlantic.com/features/archive/2015/01/what-ruth-bader-ginsburg-taught-me-about-being-a-stay-at-home-dad/384289.

＊6　Kunal Modi, "Man Up on Family and Workplace Issues: A Response to Anne-Marie Slaughter," *Huffington Post*, July 12, 2012, huffingtonpost.com/kunal-modi/man-up-on-family-and-work_b_1667878. html?utm_hp_ref=media.

＊7　著者へのメール（2011年 9 月 4 日）.

＊8　Jessica Grose, "The Lesson from Baseball's Paternity Leave Controversy: Paternity Leave Is Not Controversial," *Slate*, April 7, 2014, slate.com/blogs/xx_factor/2014/04/07/mlb_paternity_leave_controversy_a_happy_ending_to_the_boomer_esiason_flap.html.

＊9　"Huggies—Dad Test Trailer," Vimeo video, posted by Vince Soliven, 2013, vimeo.com/49980480.

＊10　Chris Routly, "We're Dads, Huggies. Not Dummies," Change.org, March 2012, change.org/petitions/we-re-dads-huggies-not-dummies.

＊11　同上

＊12　シボレーマリブのテレビコマーシャルより（2014年 9 月14日放送）, "The Car for

Function of an Early Childhood Educational Program: An Abecedarian Project Follow-Up," *Developmental Psychology* 48, no. 4, July 2012: 1033-43.

＊7　Frances Campbell, Gabriella Conti, James J. Heckman, Seong Hyeok Moon, Rodrigo Pinto, Elizabeth Pungello, and Yi Pan, "Early Childhood Investments Substantially Boost Adult Health," *Science* 343, no. 6178, March 28, 2014: 1478-85.

＊8　Keren Brown Wilson, Atul Gawande, *Being Mortal*（New York: Henry Holt, 2014）, pp. 103-7; p.105（ガワンデ『死すべき定め』）より引用.

＊9　Allison Stevens, "Working Moms Not Exhausted? Oh Yes We Are," *Women's e-News*, July 10, 2012.

＊10　Alison Gopnik, *The Philosophical Baby: What Children's Minds Tell Us About Truth, Love, and the Meaning of Life*（New York: Farrar, Straus and Giroux, 2009）, p.72.（アリソン・ゴプニック著，青木玲訳『哲学する赤ちゃん』亜紀書房，2010年）.

＊11　Jennifer Senior, *All Joy and No Fun: The Paradox of Modern Parenting*（New York: HarperCollins, 2014）, p. 102.（ジェニファー・シニア著，高山真由美訳『子育てのパラドックス――「親になること」は人生をどう変えるのか』英治出版，2015年）

＊12　Adam Grant, *Give and Take: A Revolutionary Approach to Success*（New York: Viking, 2013）（アダム・グラント著，楠木建監訳『Give & Take――「与える人」こそ成功する時代』三笠書房，2014年）.

＊13　同上, p. 32.

＊14　Milton Mayeroff, *On Caring*（New York: Harper & Row, 1971）（ミルトン・メイヤロフ著，田村真ほか訳『ケアの本質――生きることの意味』ゆみる出版，1987年）.

＊15　Ruth Nanda Anshen, "What This Series Means," Mayeroff, *On Caring*,「あとがき」より.

＊16　Mayeroff, *On Caring*, p. 1.

＊17　同上, p. 7.

＊18　同上, p. 19.

＊19　同上, p. 24.

＊20　James B. Stewart, "Looking for a Lesson in Google's Perks," *New York Times*, March 15, 2013, nytimes.com/2013/03/16/business/at-google-a-place-to-work-and-play.html.

＊21　Mayeroff, *On Caring*, p. 21.

＊22　エリック・リース のゲビン・ニューサムとのインタビューより引用 *Citizenville: How to Take the Town Square Digital and Reinvent Government*（New York: Penguin, 2013）, p. 99.

＊23　David Brooks, The Road to Character（New York: Random House, 2015）（デイヴィッド・ブルックス著，夏目大訳『あなたの人生の意味――先人に学ぶ「惜しまれる生き方」』早川書房，2017年）.

＊24　Gunnar, "Worthy Work, STILL Unlivable Wages."

＊25　Michael Winerip, "A Chosen Few Are Teaching for America," *New York Times*, July 11, 2010, nytimes.com/2010/07/12/education/12winerip.html; Fiona Glisson, "Breaking:

feminists-split-by-michelle-obamas-work-as-first-lady/2013/01/18/be3d636e-5e5e-11e2-9940-6fc488f3fecd_story.html.

＊32 Taigi Smith, "What Happens When Your Hood Is the Last Stop," in Daisy Hernández and Bushra Rehman, eds., *Colonize This! Young Women of Color on Today's Feminism* (New York: Seal, 2002), pp. 54-64.

＊33 Mary Helen Washington, ed., *Invented Lives: Narratives of Black Women 1860-1960* (Garden City, NY: Anchor, 1987), p. 395.

＊34 Alice Walker, "One Child of One's Own: A Meaningful Digression Within the Work(s)," *Ms.*, August 1979, p. 75.

＊35 Kate Bolick, "Single People Deserve Work-Life Balance, Too," *Atlantic*, June 28, 2012.

＊36 著者へのメール（2012年6月24日）.

＊37 Folbre, *For Love and Money*, p. xi.

＊38 "Ai-jen Poo," National Domestic Workers Alliance, domesticworkers.org/aijen-poo.

＊39 "Domestic Workers' Bill of Rights," New York State Department of Labor, labor.ny.gov/legal/domestic-workers-bill-of-rights.shtm.

＊40 Ai-jen Poo, with Ariane Conrad, *The Age of Dignity: Preparing for the Elder Boom in a Changing America* (New York: New Press, 2015), p. 115.

＊41 Atul Gawande, *Being Mortal* (New York: Henry Holt, 2014), p. 79.（アトゥール・ガワンデ著，原井宏明訳『死すべき定め――死にゆく人に何ができるか』みすず書房，2016年）.

5 資産運用は子育てより難しい？

＊1 著者へのメール（2013年4月29日）.

＊2 Ann Crittenden, *The Price of Motherhood: Why the Most Important Job in the World Is Still the Least Valued* (New York: Henry Holt), p. 73.

＊3 Megan Gunnar, "Worthy Work, STILL Unlivable Wages: The Early Childhood Workforce 25 Years After the National Child Care Staffing Study," New America, Panel Discussion, November 18, 2014, newamerica.org/education-policy/worthy-work-still-unlivable-wages.

＊4 Committee on Integrating the Science of Early Childhood Development, *From Neurons to Neighborhoods: The Science of Early Childhood Development* (Washington, DC: National Academies Press, 2000), pp. 3-4.

＊5 Sabrina Tavernise, "Project to Improve Poor Children's Intellect Led to Better Health, Data Show," *New York Times*, March 28, 2014, nytimes.com/2014/03/28/health/project-to-improve-intellect-of-poor-children-led-to-better-health-too-research-finds.html.

＊6 Frances A. Campbell, Elizabeth P. Pungello, Kirsten Kainz, et al., "Adult Outcomes as a

Least Valued (New York: Henry Holt, 2001), p.6.

＊16 Gloria Steinem, " 'Women's Liberation' Aims to Free Men Too," *Washington Post*, June 7, 1970.

＊17 Alice Walker, *In Search of Our Mothers' Gardens: Womanist Prose* (San Diego: Harcourt Brace Jovanovich, 1983)(アリス・ウォーカー著, 荒このみ訳『母の庭をさがして』東京書籍, 1992年); Patricia Hill Collins, "What's in a Name? Womanism, Black Feminism, and Beyond," *Black Scholar* 26, no. 1 (Winter/Spring 1996): 9-17.

＊18 Catherine Rottenberg, "Hijacking Feminism," Al Jazeera, March 25, 2013, aljazeera.com/indepth/opinion/2013/03/201332510121757700.html.

＊19 Catherine Rottenberg, "Happiness and the Liberal Imagination: How Superwoman Became Balanced," *Feminist Studies* 40, no. 1 (2014), bgu.ac.il/~rottenbe/FeministStudies40-1-Rottenberg.pdf.

＊20 Susan Faludi, "Feminism for Them?," *The Baffler*, no. 24 (2014), thebaffler.com/past/feminism_for_them.

＊21 著者へのメール (2012年8月10日).

＊22 Riane Eisler and Kimberly Otis, "Unpaid and Undervalued Care Work Keeps Women on the Brink," *The Shriver Report*, January 22, 2014, shriverreport.org/unpaid-and-undervalued-care-work-keeps-women-on-the-brink/#_edn2.

＊23 Nancy Folbre, "The Pauperization of Mothers: Patriarchy and Public Policy in the United States," *Review of Radical Political Economics*, 16, no. 4 (1985): 72-88.

＊24 Nancy Folbre, ed., *For Love and Money: Care Provision in the United States* (New York: Russell Sage Foundation, 2012), p. xiv.

＊25 Michelle Budig and Melissa Hodges, "Differences in Disadvantage: How the Wage Penalty for Motherhood Varies Across Women's Earnings Distribution," *American Sociological Review* 75, no. 5 (2010): 705-28; Michelle Budig, "The Fatherhood Bonus and the Motherhood Penalty," Third Way Next, 2013, content.thirdway.org/publications/853/NEXT_-_Fatherhood_Motherhood.pdf.

＊26 Warren and Tyagi, *The Two-Income Trap*, p. 59.

＊27 ピュー研究所のリチャード・フライ／グレチェン・リビングストンから著者へのメール (2014年6月24日).

＊28 Hanna Rosin, *The End of Men* (New York: Riverhead Books, 2012), pp. 4-5.

＊29 同上, p. 85; Liza Mundy, *The Richer Sex*, pp. 62-68.

＊30 "Male Nurses Becoming More Commonplace, Census Bureau Reports," United States Census Bureau, February 25, 2013, census.gov/newsroom/press-releases/2013/cb13-32.html.

＊31 Lonnae O'Neal Parker, "Four Years Later, Feminists Split by Michelle Obama's 'Work' as First Lady," *Washington Post*, January 18, 2013, washingtonpost.com/lifestyle/style/

*6 Sarah Blaffer Hrdy, "The Past, Present and Future of the Human Family," Tanner Lectures on Human Values, delivered at the University of Utah, February 27 and 28, 2001, tannerlectures.utah.edu/_documents/a-to-z/h/Hrdy_02.pdf.

*7 Pamela Stone, *Opting Out? Why Women Really Quit Careers and Head Home* (Berkeley: University of California Press, 2007), p. 145.

*8 "Single Motherhood in the United States—A Snapshot," Legal Momentum, Women's Legal Defense and Education Fund, 2012, legalmomentum.org/sites/default/files/reports/single-mothers-snapshot_0.pdf.

*9 Timothy Casey and Laurie Maldonado, "Worst Off—Single Parent Families in the United States: A Cross-National Comparison of Single Parenthood in the U.S. and 16 Other High Income Countries," Legal Momentum, Women's Legal Defense and Education Fund, December 2012, legalmomentum.org/sites/default/files/reports/worst-off-single-parent.pdf; Matt Bruenig, "The Poorest Norwegian Children Are Twice as Rich as the Poorest American Children," Demos: An Equal Say and An Equal Chance for All, January 12, 2015, demos.org/blog/1/12/15/poorest-norwegian-children-are-twice-rich-poorest-american-children.

*10 Terrie Morgan-Besecker, "Minimum Wage Earners Struggle to Survive," *Times-Tribune*, December 22, 2013, thetimes-tribune.com/news/minimum-wage-earners-struggle-to-survive-1.1605234.

*11 Ajay Chaudry, Juan Pedroza, and Heather Sandstrom, "How Employment Constraints Affect Low-Income Working Parents' Child Care Decisions," Urban Institute, Brief 23, February 2012, urban.org/Uploaded PDF/412513-How-Employment-Constraints-Affect-Low-Income-Working-Parents-Child-Care-Decisions.pdf.

*12 "1996 Welfare Amendments," Social Security History, ssa.gov/history/tally1996.html; Mary B. Larner, Donna L. Terman, and Richard E. Behrman, "Welfare to Work: Analysis and Recommendations," *The Future of Children* 7, no. 1 (Spring 1997), futureofchildren.org/futureofchildren/publications/docs/07_01_Analysis.pdf; Mary Daly and Joyce Kwok, "Did Welfare Reform Work for Everyone? A Look at Young Single Mothers," Federal Reserve Bank of San Francisco Economic Letter, August 3, 2009, frbsf.org/economic-research/publications/economic-letter/2009/august/welfare-reform-single-mothers.

*13 Joan Entmacher, Katherine Gallagher Robbins, Julie Voghtman, and Lauren Frohlich, "Insecure & Unequal: Poverty and Income Among Women and Families 2000-2012," National Women's Law Center, September 2013, nwlc.org/sites/default/files/pdfs/final_2013_nwlc_povertyreport.pdf; Casey and Maldonado, "Worst Off."

*14 Elizabeth Warren and Amelia Warren Tyagi, *The Two-Income Trap: Why Middle-Class Mothers and Fathers Are Going Broke* (New York: Basic, 2003), pp. 97-122.

*15 Ann Crittenden, *The Price of Motherhood: Why the Most Important Job in the World Is Still the*

＊68 Brad M. Barber and Terrence Odean, "Boys Will Be Boys: Gender, Overconfidence and Common Stock Investment," *Quarterly Journal of Economics* 16, no. 1 (2001): 261-92; Meredith Jones, "Women in Alternative Investments: A Marathon, Not a Sprint," Rothstein Kass, December 2013, kpmg-institutes.com/content/dam/kpmg/kpmginstitutes/pdf/2014/women-in-alternative-investments.pdf.

＊69 Sendhil Mullainathan and Eldar Shafir, *Scarcity: The New Science of Having Less and How It Defines Our Lives* (New York: Henry Holt, 2013).

＊70 John Coates, *The Hour between Dog and Wolf: Risk-Taking, Gut Feelings and the Biology of Boom and Bust* (New York: Penguin Press, 2012)（ジョン・コーツ著，小野木明恵訳『トレーダーの生理学』早川書房，2013年）.

＊71 同上, pp. 273-74.

＊72 Joan C. Williams, "Why Men Work So Many Hours," *Harvard Business Review*, May 29, 2013, blogs.hbr.org/cs/2013/05/why_men_work_so_many_hours.html.

Part 2　色眼鏡を捨てる

4　競争とケア

＊1 Barbara Presley Noble, "At Work: And Now the 'Sticky Floor,' " *New York Times*, November 22, 1992, nytimes.com/1992/11/22/business/at-work-and-now-the-sticky-floor.html.

＊2 Judith Warner, *Perfect Madness: Motherhood in the Age of Anxiety* (New York: Riverhead Books, 2005).

＊3 "Statistical Overview of Women in the Workplace," Catalyst, March 3, 2014, catalyst.org/knowledge/statistical-overview-women-workplace.

＊4 Maria Shriver and Olivia Morgan, *The Shriver Report: A Woman's Nation Pushes Back from the Brink* (New York: Palgrave Macmillan, 2014); Laryssa Mykyta and Trudi J. Renwick, "Changes in Poverty Measurement: An Examination of the Research SPM and Its Effects by Gender," U.S. Census Bureau Working Paper, January 2013; Suzanne M Bianchi, "Feminization and Juvenilization of Poverty: Trends, Relative Risks, Causes, and Consequences," *Annual Review of Sociology* 25 (1999): 307-33; Sara McLanahan and Erin Kelly, "The Feminization of Poverty: Past and Future," in *Handbook of the Sociology of Gender* (New York: Plenum Publishing Corp., 1999): 127-45; Diane Pearce, "The Feminization of Poverty: Women Work and Welfare," *Urban & Social Change Review* 11, nos. 1-2 (1978): 28-36.

＊5 Alison Wolf, *The XX Factor: How the Rise of Working Women Has Created a Far Less Equal World* (New York: Crown Publishers, 2013), eBook, pp.17-18.

＊52 Brigid Schulte, "5 Reasons Why You Shouldn't Work Too Hard," *Washington Post*, February 21, 2014, washingtonpost.com/blogs/she-the-people/wp/2014/02/21/5-things-you-get-from-working-too-hard/?tid=pm_pop.

＊53 Diana T. Kurylko, "Mercedes Beats BMW in Luxury Race," *Automotive News,* January 6, 2014, autonews.com/article/20140106/RETAIL01/301069959/mercedes-beats-bmw-in-luxury-race.

＊54 Rebecca Ray, Milla Sanes, and John Schmitt, "No Vacation Nation Revisited," Center for Economic Policy, May 2013, cepr.net/documents/publications/no-vacation-update-2013-05.pdf.

＊55 Robert Asher and Ronald Edsforth, with Stephen Merlino, eds., *Autowork* (Albany, NY: State University of New York Press, 1995), p.156.

＊56 Brigid Schulte, *Overwhelmed*, p. 161.

＊57 同上, p. 162.

＊58 Mihaly Csikszentmihalyi, *Creativity: Flow and the Psychology of Discovery and Invention* (New York: HarperCollins, 1996), pp. 129-30.（ミハイ・チクセントミハイ著，浅川希洋志監訳『クリエイティヴィティ――フロー体験と創造性の心理学』世界思想社，2016年）.

＊59 Douglas Thomas and John Seely Brown, *A New Culture of Learning: Cultivating the Imagination for a World of Constant Change* (Scott's Valley, AZ: Create Space Independent Publishing Platform, 2011), eBook, loc. 1370-89.

＊60 Timothy Keller, *Every Good Endeavor* (New York: Dutton, 2012), p. 41.

＊61 同上, p. 42.

＊62 同上, p. 41. 以下の記事より知見を借りた：Anand Giriharadas, "Keeping One's Work in Perspective," *New York Times*, December 29, 2012, nytimes.com/2012/12/29/us/29iht-currents29.html.

＊63 John F. Helliwell, Richard Layard, and Jeffrey Sachs, eds.,「世界幸福度報告2015」(国連持続可能開発ソリューションネットワーク, 2015年), worldhappiness.report/ed/2015.

＊64 "Paul Tudor Jones Comments on the Lack of Female Traders," *Washington Post*, May 23, 2013, washingtonpost.com/local/education/paul-tudor-jones-comments-on-the-lack-of-female-traders-during-u-va-event/2013/05/07/871a3fc4-b723-11e2-aa9e-a02b765ff0ea_story.html.

＊65 Michelle Celarier, "Hedge Fund Women Not Bashing Paul Tudor Jones for Saying Having Babies Makes Women Lousy Traders," *New York Post*, May 25, 2013, nypost.com/2013/05/25/hedge-fund-women-not-bashing-paul-tudor-jones-for-saying-having-babies-makes-women-lousy-traders.

＊66 Jacki Zehner, "Can Mothers Be Traders?," LinkedIn Post, May 25, 2013, linkedin.com/today/post/article/20130525134605-25295057-can-mothers-be-traders.

＊67 "Paul Tudor Jones Comments on the Lack of Female Traders."

*39 Scott Coltrane, Elizabeth C. Miller, Tracy DeHaan, and Lauren Stewart, "Fathers and the Flexibility Stigma," *Journal of Social Issues* 69, no. 2 (2013): 279-302.

*40 Anna Beninger and Nancy M. Carter, "The Great Debate: Flexibility vs. Face Time," Catalyst, July 2013, catalyst.org/knowledge/great-debate-flexibility-vs-face-time-busting-myths-behind-flexible-work-arrangements.

*41 Maria Shriver, "The Female Face of Poverty," *Atlantic*, January 8, 2014, theatlantic.com/business/archive/2014/01/the-female-face-of-poverty/282892.

*42 Jon Graef, "Fired Whole Foods Worker Rhiannon Broschat-Salguero: 'I'm Not Going to Choose My Job Over My Son,' " *Chicagoist*, February 9, 2014, chicagoist.com/2014/02/09/fired_whole_foods_worker_rhiannon_b.php.

*43 Transcript, "Why Women's Economic Security Matters for All," Center for American Progress, Washington, D.C., September 18, 2014, cdn.americanprogress.org/wp-content/uploads/2014/09/09.18.14-CAP-Womens-Economic-Security-transcript.pdf.

*44 Jenny Brown, "Enough with the Just In Time Schedules, Say Retail Workers," *Labor Notes*, November 19, 2012, labornotes.org/2012/11/enough-just-time-schedules-say-retail-workers#sthash.sFnhjWIq.dpuf.

*45 Susan J. Lambert, "When Flexibility Hurts," *New York Times*, September 20, 2012, nytimes.com/2012/09/20/opinion/low-paid-women-want-predictable-hours-and-steady-pay.html.

*46 Jodi Kantor, "Working Anything but 9 to 5," *New York Times*, August 13, 2014, nytimes.com/interactive/2014/08/13/us/starbucks-workers-scheduling-hours.html.

*47 Jodi Kantor, "Starbucks to Revise Policies to End Irregular Schedules for Its 130,000 Baristas," *New York Times*, August 14, 2014, nytimes.com/2014/08/15/us/starbucks-to-revise-work-scheduling-policies.html.

*48 Maureen Dowd, "Campaign Profile; A Primer: How the White House Budget Czar Not Only Survives, but Thrives," *New York Times*, September 22, 1992, nytimes.com/1992/09/22/us/1992-campaign-campaign-profile-primer-white-house-budget-czar-not-only-survives.html.

*49 Andrew Nusca, "IBM's Rometty: 'Growth and Comfort Don't Coexist,' " *Fortune*, October 7, 2014, fortune.com/2014/10/07/ibms-rometty-growth-and-comfort-dont-coexist.

*50 Arianna Huffington, *Thrive: The Third Metric to Redefining Success and Creating a Life of Well-Being, Wisdom, and Wonder* (New York: Harmony Books, 2014), p. 1.（アリアナ・ハフィントン著，服部真琴訳『サード・メトリック――しなやかにつかみとる持続可能な成功』CCCメディアハウス，2014年）.

*51 "The First Ever 2014 Cadillac ELR: Poolside," YouTube video, posted by Cadillac, February 7, 2014, youtube.com/watch?v=qGJSI48gkFc.

2013).

＊21 Robyn Ely, Pamela Stone, and Colleen Ammerman, "Rethinking What You 'Know' About High-Achieving Women," *Harvard Business Review*, December 2014, hbr.org/2014/12/rethink-what-you-know-about-high-achieving-women.

＊22 Marc Tracy, "Here Come the Daddy Wars," *New Republic*, June 14, 2013, newrepublic.com/article/113490/daddy-wars-will-be-mommy-wars-men.

＊23 Kim Parker and Wendy Wang, "Modern Parenthood: Roles of Moms and Dads Converge as They Balance Work and Family," Pew Research Center Social and Demographic Trends, March 14, 2013, pewsocialtrends.org/files/2013/03/FINAL_modern_parenthood_03-2013.pdf.

＊24 Joan Williams, *Unbending Gender: Why Family and Work Conflict and What to Do About It* (New York: Oxford University Press, 2000), p. 22.

＊25 Brigid Schulte, *Overwhelmed: Work, Love and Play When No One Has the Time* (New York: Sarah Crichton Books, 2014), p. 77.

＊26 Padavic, Ely, and Reid, "The Work-Family Narrative as a Social Defense," p. 19.

＊27 同上, p. 20.

＊28 Debora L. Spar, *Wonder Women: Sex, Power, and the Quest for Perfection* (New York: Sarah Crichton Books, 2013), p. 201.

＊29 著者へのメール（2013年４月８日).

＊30 Ariane Hegewisch and Yuko Hara, "Maternity, Paternity, and Adoption Leave in the United States," Institute for Women's Policy Research, May 2013, iwpr.org/publications/pubs/maternity-paternity-and-adoption-leave-in-the-united-states-1.

＊31 Kenneth Matos and Ellen Galinksy, "2014 National Study of Employers," Families and Work Institute, April 2014, familiesandwork.org/downloads/2014NationalStudyOfEmployers.pdf.

＊32 同上, p. 30.

＊33 同上

＊34 Fredric R. Van Deusen, Jacquelyn B. James, Nadia Gill, Sharon P. McKechnie, "Overcoming the Implementation Gap," Boston College Center for Work and Family, February 2007, p. 30, bc.edu/content/dam/files/centers/cwf/research/publications/pdf/BCCWF%20Flex%20Study%202007.pdf.

＊35 Patrick Jenkins and Harriet Agnew, "Sexism and the City," *Financial Times*, January 17-18, 2015, ft.com/intl/cms/s/2/7c182ab8-9c33-11e4-b9f8-00144feabdc0.html#axzz3UTFyp2mH.

＊36 Joan C. Williams, Jennifer Glass, Shelly Correll, and Jennifer L. Berdahl, Special Issue: The Flexibility Stigma, *Journal of Social Issues*, 69, no. 2 (2013).

＊37 著者へのメール（2012年６月21日).

＊38 Joan Blades and Nanette Fondas, p.48.

＊8　Michelle J. Budig, Joya Misra, and Irene Boeckmann, "The Motherhood Penalty in Cross- National Perspective: The Importance of Work-Family Policies and Cultural Attitudes," *Social Politics: International Studies in Gender, State & Society* 19, no. 2（2012）: 163-93.

＊9　Mark Perry and Andrew G. Biggs, "The '77 Cents on the Dollar' Myth About Women's Pay," *Wall Street Journal*, April 7, 2014, wsj.com/articles/SB10001424052702303532704579483752909957472.

＊10　Claire Cain Miller, "The Upshot: The Motherhood Penalty vs. the Fatherhood Bonus," *New York Times*, September 6, 2014, nytimes.com/2014/09/07/upshot/a-child-helps-your-career-if-youre-a-man.html.

＊11　Stephanie Coontz, "Progress at Work, but Mothers Still Pay a Price," *New York Times*, June 9, 2013, nytimes.com/2013/06/09/opinion/Sunday/coontz-richer-childless-women-are-making-the-gains.html; Kristin Rowe-Finkbeiner, "The Real Feminist Nightmare," *Politico*, November 25, 2013, politico.com/magazine/story/2013/11/the-real-feminist-nightmare-not-michelle-obama-100339.html#.VWX-Y0ZBEnM.

＊12　"On Pay Gap, Millennial Women Near Parity—for Now," Pew Research Center Social and Demographic Trends, December 11, 2013, pewsocialtrends.org/2013/12/11/on-pay-gap-millennial-women-near-parity-for-now.

＊13　同上

＊14　Wendy Wang, Kim Parker, and Paul Taylor, "Breadwinner Moms," Pew Research Center Social and Demographic Trends, May 29, 2013, pewsocialtrends.org/2013/05/29/breadwinner-moms.

＊15　Kim Parker and Wendy Wang, "Modern Parenthood," Pew Research Center Social and Demographic Trends, March 2013, pewsocialtrends.org/2013/03/14/modern-parenthood-roles-of-moms-and-dads-converge-as-they-balance-work-and-family.

＊16　"Family Caregiving: The Facts," Centers for Disease Control and Prevention, September 2011, cdc.gov/aging/caregiving/facts.htm.

＊17　Amanda Marcotte, "Wendy Davis' Daughters: Our Mom Did a Great Job," *Slate*, January 21, 2014, slate.com/blogs/xx_factor/2014/01/28/was_wendy_davis_a_bad_mother_because_her_husband_contributed_a_lot_of_childcare.html.

＊18　Manny Fernandez and Laurie Goodstein, "Life Story of Wendy Davis Swings from Strength to Flash Point in Texas Campaign," *New York Times*, January 29, 2014, nytimes.com/2014/01/30/us/texas-democrat-defends-back-story-under-criticism.html.

＊19　著者へのメール（2013年２月22日）.

＊20　"Life Interests—1992 and 2012," Work/Life Integration Project, Wharton School, University of Pennsylvania, worklife.wharton.upenn.edu/research/life-interests-of-wharton-students/1992-and-2012. 個人的な経験については以下を参照：Stewart D. Friedman, *Baby Bust: New Choices for Men and Women in Work & Family*（Philadelphia: Wharton Digital Press,

31, 2012, washingtonpost.com/blogs/wonkblog/wp/2012/07/31/wages-arent-stagnating-theyre-plummeting.

＊31　Eileen Patten and Kim Parker, "A Gender Reversal on Career Aspirations," Pew Research Center Social and Demographic Trends, April 19, 2012, pewsocialtrends.org/2012/04/19/a-gender-reversal-on-career-aspirations.

＊32　"Read an Excerpt of Liza Mundy's 'The Richer Sex,' " ABC News, January 9, 2014, abcnews.go.com/blogs/politics/2014/01/read-an-excerpt-of-liza-mundys-the-richer-sex.

＊33　Liza Mundy, "Daddy Track: The Case for Paternity Leave," *Atlantic*, January/February 2014, heatlantic.com/magazine/archive/2014/01/the-daddy-track/355746/2.

3　職場のウソ

＊1　（ワークライフ）バランスという考え方を肯定する本もあれば，それを否定し幸福を約束する本もある．また相性という考え方を勧める本もある．この問題については以下を参照：Sharon Meers and Joanna Strober, *Getting to 50/50: How Working Parents Can Have It All*（Berkeley: Cleis Press, 2013）; A. Roger Merrill and Rebecca R. Merrill, *Life Matters: Creating a Dynamic Balance of Work, Family, Time, & Money*（New York: McGraw-Hill, 2003）; Teresa A. Taylor, *The Balance Myth: Rethinking Work-Life Success*（Austin: Greenleaf Book Group Press, 2013）; Matthew Kelly, *Off Balance: Getting Beyond the Work-Life Balance Myth to Personal and Professional Satisfaction*（New York: Hudson Street Press, 2011）; Cali Williams Yost, *Work + Life: Finding the Fit That's Right for You*（New York: Riverhead, 2004）; and Joan Blades and Nanette Fondas, *The Custom-Fit Workplace: Choose When, Where, and How to Work and Boost Your Bottom Line*（San Francisco: Jossey-Bass, 2010）.

＊2　Kiera Butler, Dave Gilson, Josh Harkinson, Andy Kroll, and Laura McClure, "Harrowing, Heartbreaking Tales of Overworked Americans," *Mother Jones*, July/August 2011, motherjones.com/politics/2011/06/stories-overworked-americans.

＊3　"Stress in America: Paying with Our Health," American Psychological Association, February 4, 2015, apa.org/news/press/releases/stress/2014/stress-report.pdf.

＊4　"Adult Labor and Working Conditions: Rankings," World Policy Forum, 2015, worldpolicyforum.org/topics/adult-labor-and-working-conditions/rankings.

＊5　Irene Padavic, Robin Ely, and Erin Reid, "The Work-Family Narrative as a Social Defense: Explaining the Persistence of Gender Inequality in Organizations," Harvard Business School Working Paper, March 2015.

＊6　同上

＊7　"Highlights of Women's Earnings in 2013," U.S. Bureau of Labor Statistics, Report 1051, December 2014, bls.gov/opub/reports/cps/highlights-of-womens-earnings-in-2013.pdf.

world-in-providing-paid-family-leave.html.
＊15 "Fact Sheet #28: The Family and Medical Leave Act," U.S. Department of Labor, Wage and Hours Division, revised 2012, dol.gov/whd/regs/compliance/whdfs28.pdf.
＊16 同上
＊17 Stephanie Pappas, "Why Gay Parents May Be the Best Parents," *LiveScience,* January 15, 2012, livescience.com/17913-advantages-gay-parents.html.
＊18 Frank Ligtvoet, "The Misnomer of 'Motherless' Parenting," June 22, 2013, nytimes.com/2013/06/23/opinion/sunday/the-misnomer-of-motherless-parenting.html.
＊19 "Family Stability May Be More Crucial than Two Parents for Child Success," Research News, Ohio State University, August 31, 2009, Yesearchnews.osu.edu/archive/familystability.htm.
＊20 "The First Eight Years: Giving Kids a Foundation for Lifetime Success," Annie E. Casey Foundation, December 2, 2013, aecf.org/~/media/Pubs/Initiatives/KIDS%20COUNT/F/FirstEightYears/AECFTheFirstEightYears2013.pdf.
＊21 I Timothy 5:8, Bible, King James Version（New York: Thomas Nelson Publishers, 1971）.
＊22 Verse 4:34, "The Women," English translation, Quranic Arabic Corpus, corpus.quran.com/translation.jsp?chapter=4&verse=34.
＊23 Gretchen Livingston, "Growing Number of Dads Home with the Kids; Chapter 2: Why Are Dads Staying Home?," Pew Research Center Social and Demographic Trends, June 5, 2014, pewsocialtrends.org/2014/06/05/chapter-2-why-are-dads-staying-home.
＊24 Wendy Wang, Kim Parker, and Paul Taylor, "Breadwinner Moms," Pew Research Center Social and Demographic Trends, May 29, 2013, pewsocialtrends.org/2013/05/29/breadwinner-moms/2.
＊25 Paul Taylor, ed., "The Decline of Marriage and Rise of New Families," Pew Research Center Social and Demographic Trends, November 18, 2010, pewsocialtrends.org/files/2010/11/pew-social-trends-2010-families.pdf.
＊26 Liza Mundy, *The Richer Sex: How the New Majority of Female Breadwinners Is Transforming Sex, Love and Family*（New York: Simon & Schuster, 2012）; Hanna Rosin, *The End of Men: And the Rise of Women*（New York: Riverhead, 2012）.
＊27 "United States: The Rich and the Rest," *Economist*, October 13, 2012, economist.com/node/21564418.
＊28 Elizabeth Warren and Amelia Warren Tyagi, *The Two-Income Trap: Why Middle-Class Parents Are Going Broke*（New York: Basic Books, 2004）.
＊29 Bradford Plumer, "The Two-Income Trap," *Mother Jones*, November 8, 2004, motherjones.com/politics/2004/11/two-income-trap.
＊30 Dylan Matthews, "Wages Aren't Stagnating, They're Plummeting," *Washington Post*, July

＊33　Sylvia Ann Hewlett, *Creating a Life: Professional Women and the Quest for Children* (New York: Talk Miramax, 2002), p. 33.

2　男性神話のウソ

＊1　Lily Ledbetter, with Lanier Scott Isom, *Grace and Grit: My Fight for Equal Pay and Fairness at Goodyear and Beyond* (New York: Crown, 2012), pp. 6-7.（リリー・レッドベター，ラニアー・S・アイソム著，中窪裕也訳『賃金差別を許さない！――巨大企業に挑んだ私の闘い』岩波書店，2014年）

＊2　"Highlights of Women's Earnings in 2013," U.S. Bureau of Labor Statistics, Report 1051, December 2014, bls.gov/opub/reports/cps/highlights-of-womens-earnings-in-2013.pdf.

＊3　著者へのメール（2012年７月20日）.

＊4　Jennifer L. Berdahl, Vicki J. Magley, and C. R. Waldo, "The Sexual Harassment of Men? Exploring the Concept with Theory and Data," *Psychology of Women Quarterly*, 20 (1996): 527-47.

＊5　Joan C. Williams, "The Daddy Dilemma: Why Men Face a 'Flexibility Stigma' at Work," *Washington Post*, February 11, 2013, washingtonpost.com/national/on-leadership/the-daddy-dilemma-why-men-face-a-flexibility-stigma-at-work/2013/02/11/58350f4e-7462-11e2-aa12-e6cf1d31106b_story.html.

＊6　同上

＊7　Jennifer L. Berdahl and Sue H. Moon, "Worker Mistreatment of Middle Class Workers Based on Sex, Parenthood, and Caregiving," *Journal of Social Issues* 69 (2013): 341-66.

＊8　Joan C. Williams, Mary Blair-Loy, and Jennifer L. Berdahl, "Cultural Schemas, Social Class, and the Flexibility Stigma," *Journal of Social Issues* 69 (2013): 209-34.

＊9　Claire Cain Miller, "Paternity Leave: The Rewards and the Remaining Stigma," *New York Times*, November 7, 2014, nytimes.com/2014/11/09/upshot/paternity-leave-the-rewards-and-the-remaining-stigma.html.

＊10　*Bates v. 84 Lumber Co.*, No. 05-5554 (6th Cir. 2006).

＊11　著者へのメール（2012年７月13日）.

＊12　Andrew Cohen, " 'Having It All'? How About: 'Doing the Best I Can'?," *Atlantic*, June 27, 2012, theatlantic.com/business/archive/2012/06/having-it-all-how-about-doing-the-best-i-can/258898.

＊13　Guy Friddell, *Colgate Darden: Conversations with Guy Friddell* (Charlottesville, VA: University Press of Virginia, 1978), p. 100.

＊14　Tara Siegel Bernard, "In Paid Family Leave, U.S. Trails Most of the Globe," *New York Times*, February 22, 2013, nytimes.com/2013/02/23/your-money/us-trails-much-of-the-

"Divorce, Women's Earnings, and Retirement over the Life Course," chapter8 in K. Couch, M. C. Daly, and J. Zissimopoulos, eds., *Lifecycle Events and Their Consequences: Job Loss, Family Change, and Declines in Health* (Stanford, CA: Stanford University Press, 2013), pp.133-57.

＊22 Robyn Ely, Pamela Stone, and Colleen Ammerman, "Rethinking What You 'Know' About High-Achieving Women," *Harvard Business Review*, December 2014, hbr.org/2014/12/rethink-what-you-know-about-high-achieving-women.

＊23 Kim Parker and Wendy Wang, "Modern Parenthood," Pew Research Center Social and Demographic Trends, March 14, 2013, pewsocialtrends.org/2013/03/14/modern-parenthood-roles-of-moms-and-dads-converge-as-they-balance-work-and-family.

＊24 Carol Hymowitz, "Behind Every Great Woman," *Bloomberg Businessweek*, January 4, 2012, businessweek.com/magazine/behind-every-great-woman-01042012.html.

＊25 Andrea Shalal-Esa, "Hewson's Long Lockheed Journey Ends at the Top," Reuters, November 9, 2012, reuters.com/article/2012/11/10/us-lockheed-hewson-idUSBRE8A904T20121110.

＊26 Marjorie Censer, "After Nearly 30 Years with Lockheed, Hewson Is Named Chief Executive," *Washington Post*, November 13, 2012, washingtonpost.com/business/capitalbusiness/after-nearly-30-years-with-lockheed-hewson-is-named-chief-executive/2012/11/13/173cc04a-2cdc-11e2-a99d-5c4203af7b7a_story.html.

＊27 Doug Cameron and Joann S. Lublin, "Vaulted to Top at Lockheed, and Ready to Navigate Cliff," *Wall Street Journal*, November 11, 2012, online.wsj.com/news/articles/SB10001424127887324439804578113250113672078.

＊28 Rebecca Hughes Parker, "The Unsteady Rise of the Power Mom and the Diapering Dad," April 12, 2013, rebeccahughesparker.com/2013/04/12/the-unsteady-rise-of-the-power-mom-and-the-diapering-dad（初出は2013年５月のProfessionelle.me as part of the Professionelle Talks series）.

＊29 "Makers: Women Who Make America, Abby Pogrebin," PBS, February 26, 2013, video.pbs.org/video/2331420920.

＊30 Jill R. Aitoro, "Marillyn Hewson: Inside Out," *Washington Business Journal*, February 1, 2013, bizjournals.com/washington/print-edition/2013/02/01/marillyn-hewson-inside-out.html?page=2.

＊31 Timothy L. O'Brien, "Why Do So Few Women Reach the Top of Big Law Firms?," *New York Times*, March 19, 2006, nytimes.com/2006/03/19/business/yourmoney/19law.html.

＊32 "Committee Opinion: Female Age-Related Fertility Decline," American College of Obstetricians and Gynecologists, March 2014, acog.org/Resources-And-Publications/Committee-Opinions/Committee-on-Gynecologic-Practice/Female-Age-Related-Fertility-Decline.

＊7 "The Surgical Workforce in the United States: Profile and Recent Trends," American College of Surgeons Health Policy Research Institute, April 2010, acshpri.org/documents/ACSHPRI_Surgical_Workforce_in_US_apr2010.pdf.

＊8 Elena Moya, "Glass Ceiling Is Thicker in Investment Banking than in Other Areas of Finance," *Financial News*, March 28, 2011, efinancialnews.com/story/2011-03-28/glass-ceiling-is-thicker-in-investment-banking-than-in-other-areas-of-finance?ea9c8a2de0ee111045601ab04d673622.

＊9 Linda Basch and Jacki Zehner, "Women in Fund Management," National Council for Research on Women, June 2009, regender.org/sites/ncrw.org/files/wifm_report.pdf.

＊10 Liana Christin Landivar, "Disparities in STEM Employment by Sex, Race and Hispanic Origin," American Community Survey Reports, September 2013, census.gov/prod/2013pubs/acs-24.pdf.

＊11 Erin Carlyle, "The World's Richest Women," *Forbes*, March 7, 2012, forbes.com/sites/erincarlyle/2012/03/07/the-worlds-richest-women.

＊12 Martin E. Seligman, *Learned Optimism: How to Change Your Mind and Your Life* (New York: Vintage, 2011), eBook, pp. 144-72.（マーティン・セリグマン著，山村宜子訳『オプティミストはなぜ成功するか』パンローリング，2013年）

＊13 Sheryl Sandberg, *Lean In: Women, Work and the Will to Lead* (New York: Knopf, 2013), p.8（シェリル・サンドバーグ著，村井章子訳『リーン・イン――女性，仕事，リーダーへの意欲』日本経済新聞出版社，2013年）

＊14 Katty Kay and Claire Shipman, *The Confidence Code: The Science and Art of Self-Assurance—What Women Should Know* (New York: HarperCollins, 2014), p. xviii.（クレア・シップマン，キャティー・ケイ著，田坂苑子訳『なぜ女は男のように自信をもてないのか』CCCメディアハウス，2015年）

＊15 著者へのメール（2013年6月13日）.

＊16 Pamela Stone, *Opting Out? Why Women Really Quit Careers and Head Home* (Berkeley: University of California Press, 2007), p. 115.

＊17 Carey Goldberg, "Sheryl Sandberg's Biggest Blind Spot," WBUR, April 2, 2013, cognoscenti.wbur.org/2013/04/02/lean-in-carey-goldberg.

＊18 著者へのメール（2012年6月22日）.

＊19 Maria Shriver and the Center for American Progress, "A Woman's Nation Pushes Back from the Brink: Executive Summary," *The Shriver Report*, January 12, 2014, shriverreport.org/a-womans-nation-pushes-back-from-the-brink-executive-summary-maria-shriver.

＊20 "Marriage and Divorce: Patterns by Gender, Race, and Educational Attainment," *Monthly Labor Review*, October 2013, bls.gov/opub/mlr/2013/article/marriage-and-divorce-patterns-by-gender-race-and-educational-attainment.htm.

＊21 Kenneth A. Couch, Christopher R. Tamborini, Gayle Reznik, and John W. R. Phillips,

注

はじめに

＊1　2014年12月3日付の記録.
＊2　著者へのメール（2012年6月26日）.

Part 1　決まり文句を超えて

＊1　Betty Friedan, *The Feminine Mystique*, 50th anniversary edition（New York: W. W. Norton and Company, 2013）, eBook, p.1.（ベティ・フリーダン著，三浦 冨美子訳『新しい女性の創造』大和書房，2004年）.
＊2　同上, loc. 144 of 8353.

1　女性神話のウソ

＊1　"Gender and Generation in the Workplace," Families and Work Institute, 2004, familiesandwork.org/downloads/GenerationandGender.pdf; Jane Leber Herr and Catherine Wolfram, "Work Environment and 'Opt-Out' Rates at Motherhood Across High-Education Career Paths," National Burean of Economic Research Working Paper Series（February 2009）, nber.org/papers/w14717.pdf.
＊2　著者へのメール（2012年12月3日）.
＊3　Karen Z. Kramer, Erin L. Kelly, and Jan B. McCulloch, "Stay-at-Home Fathers: Definition and Characteristics Based on 34 Years of CPS Data," *Journal of Family Issues*, September 12, 2013. jfi.sagepub.com/content/early/2013/09/09/0192513X13502479.abstract?papetoc.
＊4　Lia Macko and Kerry Rubin, *Midlife Crisis at 30: How the Stakes Have Changed for a New Generation—And What to Do About It*（Emmaus, PA: Rodale, 2004）, p. 10.
＊5　"Women in Law in Canada and the U.S.," Catalyst, March 11, 2013, catalyst.org/knowledge/women-law-us.
＊6　Martha S. West and John Curtis, "AAUP Faculty Gender Equity Indicators 2006," American Association of University Professors, 2006, aaup.org/NR/rdonlyres/63396944-44BE-4ABA-9815-5792D93856F1/0/AAUPGenderEquityIndicators2006.pdf.

[著者]
アン＝マリー・スローター（Anne-Marie Slaughter）
プリンストン大学教授（国際法学・国際政治学）。ニューアメリカ財団CEO。女性初のプリンストン大学公共政策大学院院長、アメリカ国際法学会会長を歴任。ヒラリー・クリントン国務長官のもとで政策企画本部長を務める。フォーリンポリシー誌が世界を代表する革新的なリーダーや知識人を選ぶ「世界の頭脳100」に2009年から４年連続で選出。2012年、女性の仕事と育児の両立の困難を訴えた記事「なぜ女性はすべてを手に入れられないのか」をアトランティック誌に発表し、全米で大きな話題を呼ぶ。フェミニズムの論客としても知られ、『リーン・イン』のシェリル・サンドバーグ（フェイスブックCOO）とともにその発言が注目されている。２児の母。

[解説者]
篠田真貴子（しのだ・まきこ）
株式会社ほぼ日取締役ＣＦＯ。慶應義塾大学経済学部卒業。ペンシルベニア大学でMBA取得。日本長期信用銀行（現 新生銀行）、マッキンゼー・アンド・カンパニー、ノバルティスファーマ、ネスレニュートリション株式会社を経て現職。監訳書にリード・ホフマン他『アライアンス』（ダイヤモンド社）がある。

[訳者]
関美和（せき・みわ）
杏林大学外国語学部准教授。慶應義塾大学文学部・法学部卒業。ハーバード・ビジネススクールでMBA取得。電通、モルガン・スタンレー、クレイ・フィンレイ投資顧問東京支店長を経て現職。翻訳書にピーター・ティール『ゼロ・トゥ・ワン』、クリス・アンダーソン『MAKERS　21世紀の産業革命が始まる』（以上、NHK出版）ほか多数。

仕事と家庭は両立できない？——「女性が輝く社会」のウソとホント

2017年 8 月 3 日　初版第 1 刷発行
2019年 6 月18日　初版第 5 刷発行

著　　者　アン＝マリー・スローター
解 説 者　篠田真貴子
訳　　者　関美和

発 行 者　長谷部敏治

発 行 所　NTT 出版株式会社
〒 141-8654 東京都品川区上大崎 3-1-1 JR 東急目黒ビル
営業担当　TEL 03（5434）1010　FAX 03（5434）1008
編集担当　TEL 03（5434）1001
http://www.nttpub.co.jp/

装　　幀　松田行正

印刷・製本　精文堂印刷株式会社

Printed in Japan
ISBN 978-4-7571-2362-5　C0034